Carolina Maria de Jesus

percursos literários

Organização de
Aline Arruda, Iara Barroca e Luana Tolentino

Carolina Maria de Jesus
percursos literários

malê

Direção: Vagner Amaro & Francicso Jorge

Carolina Maria de Jesus: percursos literários
ISBN: 978-65-87746-20-3
Capa: Bruno Francisco Pimentel
Diagramação: Maristela Meneghetti
Edição: Vagner Amaro
Revisão: Fernanda Sousa, Louise Branquinho

Texto revisado segundo o novo Acordo Ortográfico da Língua Portuguesa.

Dados internacionais de catalogação na publicação (CIP)
Vagner Amaro – Bibliotecário - CRB-7/5224

C292 Carolina Maria de Jesus: percursos literários / Organização de Aline Arruda, Iara Barroca, Luana Tolentino. Rio de Janeiro : Malê, 2022.
314 p; 23 cm

ISBN 978-65-87746-20-3

1. Jesus, Carolina Maria (1914-1977), 2. História e crítica literária brasileira I. Título

CDD. B869.9

Índice para catálogo sistemático: I. História e crítica literária brasileira B869.9

2022
Editora Malê
Rua do Acre, 83, sala 202, Centro, Rio de Janeiro, RJ
contato@editoramale.com.br
www.editoramale.com.br

Carolina Maria de Jesus autografando o livro Quarto de despejo.
Fonte: Arquivo Nacional

Sumário

3. CONTORNOS DO CORPO: A ESCRITA DOS SENTIDOS EM CAROLINA MARIA DE JESUS

4. O TRÁGICO, A MEMÓRIA E O TESTEMUNHO NAS NARRATIVAS DE CAROLINA MARIA DE JESUS

5. CAROLINA MARIA DE JESUS: UMA EDUCADORA

6. ARQUIVOS DELINEADOS: HISTÓRICOS SOBRE O PERCURSO E A RECEPÇÃO DA OBRA DE CAROLINA MARIA DE JESUS NA IMPRENSA

APRESENTAÇÃO

O meu livro foi uma fada que transformou-me de gata borralheira a princesa. Os meus sonhos estão concretizando. Eu desejava uma casa de alvenaria. Consegui. O que emociona-me é introduzir a chave na fechadura e abrir a porta e saber que a casa é minha. Tem hora que tenho vontade de dar um grito para ser ouvido no Universo:
Viva meu livro!
Viva os meus dois anos de grupo escolar!
E viva os livros, porque é a coisa que eu mais gosto, depois de Deus
(Carolina Maria de Jesus).

Este livro vem reforçar a grandeza e a magnitude da obra dessa autora brasileira no contexto literário nacional e internacional. Em 2016, a publicação *Memorialismo e resistência: estudos sobre Carolina Maria de Jesus* recolheu textos diversos, apresentados no VI Colóquio Mulheres em Letras, organizado pelo grupo de pesquisa Letras de Minas/Mulheres em Letras, em abril de 2014, em comemoração ao centenário de Carolina Maria de Jesus. Por ser ela escritora homenageada do Colóquio, vários especialistas, professores, doutores e mestres, bem como grande parte da comunidade acadêmica de mestrandos e doutorandos, puderam expor, por meio de debates e apresentações orais, a intensidade e a relevância das temáticas que compõem o universo literário de Carolina, no qual se destacam, em profundidade, as análises de seus "diários" e de tantos outros autores com os quais sua obra foi comparada. Além dos textos publicados naquela ocasião, este novo livro é integrado por outras análises e reflexões, em novos textos-vozes de estudiosos e especialistas da obra de Carolina Maria de Jesus.

A publicação chega também após o momento em que *Quarto de despejo:*

diário de uma favelada – obra mais conhecida de Carolina – completa 60 anos de sua primeira publicação. O livro, caracterizado como um diário, é um marco na literatura brasileira, uma vez que trouxe pela primeira vez os relatos de quem sentiu a "tontura da fome" e a precariedade da vida na favela. Editado por Audálio Dantas em 1960, o livro marca o projeto literário da autora, pois além de terem sido vendidos 10 mil exemplares nos três primeiros dias do lançamento e outros 90 mil exemplares nos primeiros seis meses após sua publicação, foi traduzido para 13 línguas estrangeiras, tendo sido adaptado para o teatro e para a TV. Sabemos que, infelizmente, o mesmo não ocorreu com as outras publicações da autora; entretanto, essa realidade vem sendo revertida atualmente pelo atual mercado editorial brasileiro, graças aos esforços de sua família e dos inúmeros pesquisadores de sua obra.

No primeiro capítulo, intitulado **Traços do silêncio e do espaço na obra de Carolina Maria de Jesus**, Maria Nazareth Soares Fonseca nos propõe "romper os muros da miséria silenciada" a partir da acepção de que, para Carolina, "catar papel se limita com escrever". O texto de Osmar Pereira Oliva nos traz uma leitura sobre os paratextos em *Quarto de despejo* e como eles revelam "a fome da escrita" de que se valia Carolina para a constituição de seus espaços. Cristiane Côrtes, por sua vez, nos apresenta uma forte reflexão sobre "a poética do fora e a escrita de Carolina Maria de Jesus", apontando suas reflexões para as questões de gênero e as relações de subalternidade que perpassam a obra da escritora. No mesmo traçado sobre os espaços e os silenciamentos, Luciana Pimenta nos presenteia com as "legências" de Carolina Maria de Jesus, tendo por fio condutor de suas análises a escrita literária de Carolina como *placement*.

No segundo capítulo do livro, intitulado **Vozes-mulheres: diálogos entre Carolina Maria de Jesus e outras escritoras,** José Carlos Sebe Bom Meihy propõe uma reflexão sobre modernização, escrita feminina e diários mineiros, numa perspectiva comparativa entre os escritos de Carolina Maria de Jesus e de Maura Lopes Cançado. Luciana Paiva Coronel reflete sobre escrita e moradia em Carolina Maria de Jesus, chamando a atenção para os ecos do discurso da escritora inglesa Virginia Woolf que se fazem ouvir na voz de Carolina. Em um estudo sobre a "palavra escrita", Roberta Maria Ferreira Alves analisa o poder da palavra enquanto instrumento de resistência entre as vozes narrativas de Carolina Maria de Jesus e da escritora estadunidense Alice Walker. Nessa mesma perspectiva, Alessandra Corrêa de Souza discorre sobre as "intersecções e diferenças nos discursos de Carolina Maria de Jesus" em *Quarto de despejo* e as da sindicalista afro-peruana Delia Zamudio, em seu depoimento publicado em *Piel de mujer*.

No terceiro capítulo, **Contornos do corpo: a escrita dos sentidos em Carolina Maria de Jesus**, Elzira Divina Perpétua chama a atenção para o "pensamento poético" de Carolina de Jesus. Através de trechos dos diários da autora, a pesquisadora discorre sobre os ideais de Carolina como escritora e os contornos que sua escrita e sua carreira ganharam. Sobre o apreço da escritora mineira acerca de seus textos em versos, Amanda Crispim analisa o lugar da poesia de Carolina em sua obra. Na perspectiva da solidão da escrita, em diálogo com Marguerite Duras, Imaculada Nascimento aborda a importância da literatura para Carolina em seu cotidiano, analisando trechos de seu diário mais famoso, que são comparados à ficção, junto ao romance *Pedaços da fome*. Raffaella Fernandez e Marcelle Leal ressignificam, por sua vez, o corpo de escritora de Carolina, que, através de sua "poética de resíduos", firma traços do passado em seus diários e recupera arquivos memoriais para suas narrativas. Dessa forma, as autoras situam Carolina Maria de Jesus na literatura que descende dela, como a escrita marginal de Ferréz, a literatura de "escrevivência" de Conceição Evaristo, ou o canto dos restos cotidianos dos poetas do slam.

Em **O trágico, a memória e o testemunho nas narrativas de Carolina Maria de Jesus**, quinto capítulo deste livro, Maria Madalena Magnabosco lança a pergunta "quem é Carolina Maria de Jesus?" e traça percursos da linguagem, do trágico e do testemunho para responder a indagação. Aline Alves Arruda, por sua vez, analisando os textos autobiográficos "Minha vida" e "Sócrates africano" reflete sobre o conceito de *escrita performática* para Carolina Maria de Jesus. No artigo seguinte, Fernanda R. Miranda faz importantes considerações sobre *Diário de Bitita*, título do livro de Carolina dado na ocasião da sua primeira publicação na França, em 1980, e *Minha vida* ou *Um Brasil para os brasileiros*, título original dado pela autora. A pesquisadora situa o texto autobiográfico na "experiência da história negra no Brasil pós-abolição", da qual emergem "contramemórias coloniais". Transitando pela representação da mulher, Eliane da Conceição Silva procura perceber na obra de Carolina Maria de Jesus elementos que digam respeito a uma crítica feminista, "atenta aos estereótipos das mulheres na literatura", bem como intenciona enfatizar os aspectos de uma ginocrítica, atentando para a "produção literária feita por uma mulher".

No sexto capítulo, **Carolina Maria de Jesus: educadora**, por meio do relato de uma proposta teórico-pedagógica, Luana Tolentino apresenta a importância de Carolina para os estudos do campo da Educação e aborda as possibilidades que *Quarto de despejo* oferece para o reconhecimento e a valorização dos sujeitos que frequentam turmas da Educação de Jovens e Adultos que, assim como a escritora afro-mineira, não tiveram condições de concluir os estudos na idade certa. Em diálogo com o pensamento do crítico literário de Antonio Candido, Elisangela Aparecida Lopes Fialho e Claraelisa Martins Mariano exploram o fato de que, em muitas passagens de *Quarto de despejo*, o ato da leitura é retratado como um direito, "como uma necessidade premente". Escrito por Geny Ferreira Guimarães, Hildália Fernandes Cunha Cordeiro e Danielle Cristina Anatólio dos Santos, o terceiro texto deste capítulo celebra os cem anos de nascimento de Carolina, ocorrido em 2014. Nele, as pesquisadoras registram a presença do pensamento e da obra de Carolina Maria de Jesus nas periferias de Salvador, Bahia, como ferramenta de empoderamento e emancipação das mulheres negras.

Tendo como pano de fundo arquivos e acervos, no capítulo **Arquivos delineados: históricos sobre o percurso e a recepção da obra de Carolina Maria de Jesus na imprensa,** Sergio Barcellos da Silva recupera a trajetória de Carolina Maria de Jesus na imprensa, iniciada na década de 1940. O pesquisador faz uma cartografia das entrevistas concedidas pela escritora, sobretudo, na imprensa carioca. Barcellos ressalta a sagacidade de Carolina para conseguir espaço na mídia, o que foi fundamental para o início de sua carreira. Kelen Benfenatti Paiva volta os olhares para Arquivo Público Municipal de Sacramento (MG), que guarda parte do espólio da escritora. Mário Augusto Medeiros da Silva rememora, por fim, através de cartas e discursos, a recepção de Carolina em entidades e jornais do Movimento Negro dos anos de 1960, marcada por aprovação e conflitos.

Publicando, portanto, essa coletânea de artigos sobre Carolina Maria de Jesus, este volume faz um tributo à autora no momento em que celebramos o reconhecimento e a afirmação da Literatura Afro-Brasileira, que alcança cada vez mais adeptos, com escritoras como a precursora Maria Firmina dos Reis ganhando diversas edições de seus textos, antes apagados da memória historiográfica brasileira. Carolina, insubordinada a todas as formas de exclusão que lhe foram impostas, produziu uma vasta obra literária. É a trajetória da empregada doméstica, lavradora e catadora de papel que se transforma na escritora admirada e pesquisada.

Aline Arruda
Iara Barroca
Luana Tolentino
(organizadoras)

1. TRAÇOS DO SILÊNCIO E DO ESPAÇO NA OBRA DE CAROLINA MARIA DE JESUS

Catar papel se limita com escrever: rompendo os muros da miséria silenciada

Maria Nazareth Soares Fonseca[1]

O título deste texto remete ao belo poema "Catar feijão", de João Cabral de Melo Neto, cujos versos aludem à força de pequenos gestos que, ao servirem de motivação para o poema, podem acentuar nele o seu tom mais vivo. O título tem ainda a intenção de instigar que o catar papel, como o catar feijão, pode se aproximar do gesto de catar palavras de que fala o poema de Cabral. A aproximação entre catar papel e catar palavras no título permite, ainda, que sejam retomados aspectos de reflexões feitas por Zygmunt Bauman no livro *Vidas desperdiçadas* (2005) sobre a crise do nosso planeta com relação à exaustão de formas e meios de subsistência dos que o habitam. A reflexão do filósofo sobre a crescente ameaça de escassez de alimento e de água, que pode agravar tal escassez, problematiza o futuro de muitos habitantes do planeta, o que pode ser constatado pelo incondicional aumento do consumo, o qual leva à exaustão da capacidade de se conviver com a quantidade de dejetos produzidos pelos diferentes mecanismos de expansão do mercado. Os países mais avançados e aqueles que procuram segui-los deparam-se com uma conclusão alarmante: a quantidade imensurável de lixo produzido atualmente decorre do fato de os consumidores serem cada vez mais instigados a consumir.

A reflexão de Bauman abrange, entretanto, aspectos mais terríveis da compulsão transformada em forma de integração no mundo globalizado,

---

1 Professora adjunta da PUC-MG; professora aposentada pela UFMG. Doutora em Literatura Comparada pela UFMG. E-mail: marianazareth@pucminas.br

em que muitos dos aspectos do imediatismo do querer são provocados pelo fortalecimento de mecanismos que instigam o consumo, o que, consequentemente, gera uma imensa quantidade de dejetos, uma produção desenfreada de lixo. Este, talvez, não seja o problema mais grave, se comparado com o crescimento e a movimentação de seres humanos "destituídos de formas e meios de sobrevivência" (BAUMAN, 2005, p. 14). Os dejetos humanos que o capitalismo selvagem produz em volume cada vez maior são transferidos para os lugares onde a modernidade, desde sempre, os alocou: favelas, bairros de lata, caniços, musseques, *shanty tow, slums, makhukhus*[2]. Como uma marca cruel da face desse processo, tenta-se obter lucro com a pobreza, transformando tais lugares em novas rotas de turismo, como o turismo da pobreza que está sendo oferecido por muitas agências de viagens.

Carolina Maria de Jesus, que ficou famosa com a publicação dos seus apontamentos em forma de diário, desponta para o mundo das letras como oriunda de um desses locais de despejo de seres refugados. Moradora da extinta favela do Canindé[3], em São Paulo, viveu parte de sua vida do que lhe rendia o refugo: papel e ferro velho, lata, arame, restos aproveitáveis. Os cadernos velhos encontrados no lixo foram cobertos com a sua letra incerta e com o tom com que expôs ao mundo das letras a miséria dos seres descartados, dos tão dispensáveis quanto a garrafa de plástico vazia e não retornável ou a seringa usada, como pontua Bauman (2005).

Como rejeito, dejeto, resto, lixo, Carolina conseguiu relatar momentos de sua vida e da vida dos refugados, como expôs nos manuscritos que compõem o seu primeiro livro publicado, o *Quarto de despejo: diário de uma favelada*, cuja primeira edição data de 1960. As anotações feitas em papel apanhado do lixo correram mundo afora e motivaram uma discussão calorosa entre os defensores da função aurática da literatura. O livro iria proporcionar uma vasta discussão sobre a escrita dos depoimentos, sobre o modo como a autora construíra as

---

[2] Nomes dados a assentamentos informais urbanos, caracterizados pela construção de habitações precárias e ausência de tratamento de esgoto e, por vezes, sem fornecimento adequado de água e luz.

[3] A favela do Canindé desapareceu em 1961, em uma das muitas investidas da Prefeitura para mudar a face da cidade de São Paulo. Sobre o processo de desfavelização da cidade de São Paulo, ver, entre outros textos, Lara (2011).

anotações sobre uma vivência inusitada: uma mulher negra, mãe solteira que vive do pequeno lucro que consegue com a venda de restos, lixo, refugo, mas que escreve poemas e contos e anotações sobre o seu dia-a-dia.

Nesse primeiro livro publicado, Carolina expõe sua vivência diária com o desamparo, com o enfrentamento da miséria e da fome, que ela considera "a escravatura atual", conforme ela registra no dia 13 de maio de 1958 em seu diário. Escrevendo sobre o seu dia-a-dia, Carolina dá-nos um testemunho do cotidiano da favela e da violência provocada pela fome, pelo álcool e pela dominação do mais forte, ainda que este também seja favelado, refugado como a maioria.

Bauman (2005) observa no livro citado que o mundo globalizado acelera o descarte dos refugados, ao mesmo tempo que se vê acossado por sua existência porque nos espaços ameaçados pela superpopulação do planeta nos dias atuais não há um compartimento reservado ao "refugo humano". Seu raciocínio permite que se pense nas precárias políticas de assentamento dos refugados nos mapas das cidades e no adensamento das áreas ocupadas pela multidão de seres humanos "destituídos de formas e meios de sobrevivência" (BAUMAN, 2005, p. 14), esse mesmo ameaçado pela febre imobiliária e pelas exigências de melhoria no traçado das cidades. Esse movimento fez com que a favela do Canindé, na Zona Norte da cidade de São Paulo, onde Carolina Maria de Jesus morava quando foi descoberta em 1958 pelo repórter Audálio Dantas,fosse demolida pelo prefeito Prestes Maia, em um dos projetos de remodelação dos lugares públicos habitados pela massa de refugados, esta bem menor do que a que hoje disputa moradia nas muitas favelas existentes na cidade de São Paulo.

O cenário descrito pelos apontamentos de Carolina reitera carências características desses espaços nos quais a fome ameaça a maioria dos que sobrevivem com restos de comida, de papel, de metais. Nos apontamentos do dia 13 de maio de 1958, Carolina registra como um dia de chuva dificulta a busca do que foi despejado na rua pelas residências e pelas fábricas:

> Choveu, esfriou. É o inverno que chega. E no inverno a gente come mais. A Vera começou a pedir comida. E eu não tinha. Era a reprise do espetáculo. Eu estava com dois cruzeiros (JESUS, 2007, p. 32).

A consciência de que a favela é o espaço dos descartados está registrada em vários momentos do livro *Quarto de despejo*. Exemplo disso é o registro constante sobre a comida que falta a cada dia, expresso no desabafo "o meu dilema é sempre a comida!", conforme notas do dia 3 de junho de 1958, reiterado em outras anotações nas quais registra o cotidiano de carências que se estampam no rosto dos habitantes da favela. Carolina tem consciência de que ser favelada é ser "rebotalho", é estar no "quarto de despejo". Ela sabe que, nos moldes da sociedade em que vive, "o que está no quarto de despejo ou queima-se ou joga-se no lixo" (JESUS, 2007, p. 33). A consciência de estar num lugar inabitável fica clara no longo registro dos acontecimentos do dia 19 de maio de 1958:

> Às oito e meia da noite eu já estava na favela respirando o odor dos excrementos que mescla (sic) com o barro podre. Quando estou na cidade, tenho a impressão de que estou na sala de visita com seus lustres de cristais, seus tapetes de viludos (sic), almofadas de sitim. E quando estou na favela tenho a impressão de que sou um objeto fora de uso, digno de estar num quarto de despejo (JESUS, 2007, p. 38).

Carolina tem consciência do lugar de exceção que ela, seus filhos e grande parte dos moradores do Canindé ocupam no desenho da sociedade a que pertencem. Paradoxalmente, por vezes, ao mesmo tempo em que ela se alia aos condenados da terra como ela, deles se afasta quando os vê como seus inimigos e de seus filhos. No entanto, em seus apontamentos, há considerações sobre a situação de exclusão que todos da favela vivem, porque ela sabe que, nos espaços degradados, são jogados o lixo e os que precisam viver dele (JESUS, 2007, p. 55). De seus apontamentos surgem quadros de intensa compaixão, como aquele em que registra o episódio do menino negro que comeu carne estragada tirada do lixo e foi encontrado morto (JESUS, 2007, p. 41), ou outro no qual descreve o seu encontro com um preto "rasgado e sujo" que comia doces que a fábrica havia jogado na lama (JESUS, 2007, p. 55), ou quando alude à fraqueza de mulheres e homens que se entregavam ao álcool e às promessas dos políticos que só visitavam a favela em época de eleição para iludir as esperanças dos moradores.

Os apontamentos sobre o cotidiano do "quarto de despejo" também ressaltam o desprezo de Carolina pelas mulheres briguentas, pelos vizinhos invejosos que agridem os seus filhos, pelos brigões e desordeiros. Ela tem lucidez sobre as fronteiras que se erguem entre os que habitam os espaços de alvenaria[4] e os que vivem nos barracos da favela. Há um imaginário que divide os lugares e se reflete nos olhares de ódio que aqueles dos espaços de alvenaria dirigem aos que deturparam o bairro (JESUS, 2007, p. 56). A narradora retrata essas imagens quando, proibida por um negro igual a ela de apanhar as lenhas jogadas pela fábrica (JESUS, 2007, p. 82), assume alguns dos estereótipos que marcam os moradores da favela. Ela, então, veste-se dos trajes legitimados pela ofensa e com eles revida o insulto feito por aquele senhor, quem sabe tão pobre quanto ela, mas que a ameaça, impedindo-a de apanhar as lenhas jogadas como refugo pela fábrica:

> Eu sou da favela do Canindé. Sei cortar de gilete e navalha e estou aprendendo a manejar a peixeira. (...)
> – Onde será que está a minha navalha? Hoje o senhor fica só com uma orelha. Quando eu bebo umas pingas fico meio louca. Na favela é assim, tudo que aparece por lá nós batemos e roubamos o dinheiro e tudo o que tiver no bolso (JESUS, 2007, p. 84).

Vestir o traje montado pelo imaginário que aloca a violência nas favelas nos espaços demarcados pelo esgoto a céu aberto, pelos becos mal iluminados e pela miserabilidade dos barracos, é uma estratégia para revidar a agressão dos que reforçam as fronteiras postas pela desigualdade. Esse jogo perverso de alocação de estereótipos encena a questão social que a favela simboliza no desenho da sociedade brasileira e que se acentua com a competitividade do mercado, que faz com que os refugados se tornem redundantes, desnecessários, como acentua Bauman (2005).

A alocação conseguida por alguns dos excluídos do desenho da

[4] Elzira Perpétua, em *A vida escrita de Carolina Maria de Jesus* (2014), afirma haver várias supressões de frases e de palavras, além de adaptações de trechos dos cadernos anotados por Carolina no livro *Quarto de despejo*, publicado em 1960. Perpétua (2014, p. 164) considera que, por exemplo, as várias supressões de anotações sobre a relação entre Carolina e D. Julita, "de quem Carolina recebia, além de comida e roupas, pagamento pela faxina doméstica", decorre da intenção do organizador do livro de deixar bem marcado "o abismo entre os habitantes da *sala de visitas* ou da *alvenaria* e os do *quarto de despejo*".

sociedade, ainda que em empregos de baixos salários, e a expulsão daqueles que só conseguem sobreviver do refugo, do lixo produzido pela sociedade, dão, por um lado, legitimidade às normas estabelecidas para entrar – se conseguir lugar – no "carro do progresso" (BAUMAN, 2005, p. 24). Por outro lado, estar nesse espaço de refugo e de refugados significa fazer parte dos "redundantes", daqueles considerados não selecionados para entrar no carro do progresso porque são "desnecessários, sem uso – qualquer que sejam os usos e as necessidades responsáveis pelo estabelecimento dos padrões de utilidade e de indispensabilidade" (BAUMAN, 2005, p. 20), legitimados pela sociedade que aceita alguns e exclui uma grande maioria. Bauman mostra a diferença entre os refugados, que se formam em consequência dos rumos tomados pelo capitalismo, em sua roupagem globalizante no mundo atual, e o lumpem proletariado, pensado como uma reserva de mão-de-obra que poderia vir a ser alocada no mercado em decorrência da expansão do capitalismo.

Essas questões são registradas de forma intuitiva, mas muito lúcida, nos cadernos de Carolina Maria de Jesus, escritos com base nas informações sobre o comportamento dos habitantes da favela e nos modos como a exclusão se ressignifica diante da carência constante encenada com os signos da fome, doença, insalubridade, violência e do abandono das políticas públicas. Tais signos reiteram as diferenças entre a favela e os espaços da cidade, metaforicamente considerados "as salas de visitas", e mesmo as casas de alvenaria, muitas vezes situadas na fronteira com o espaço das favelas.

As observações sobre essas questões estão postas com lucidez nas anotações de Carolina, que tem um olho perspicaz sobre os significados do Canindé na arquitetura da cidade de São Paulo e também, sobre o que a favela e os favelados significam para os que não vivem nela. Segundo Jesus (2007), os que vivem uma vida "trapuda e suja" (p. 62) são os mendigos da sociedade, formatam o "aspecto hediondo" (p. 63) da pobreza extrema, vasculham o lixo e os detritos para não recorrerem à ação extrema de quem não consegue suportar a vida. Por isso, Carolina escreve para não ser igual à mãe, que se matou, e nem aos três filhos "por encontrarem dificuldade de viver" (p. 63). Ela resiste, com os seus registros nas folhas amassadas e sujas dos cadernos encontrados no lixo, ao desamparo, saindo, mesmo em dias de chuva, em busca de papel e metais para vender e matar a sua fome e a de seus filhos. Ela escreve para "criar este ambiente de fantasia, para esquecer", diz ela, que "estou na favela", nos apontamentos do dia 12 de julho de 1958 (p. 60), em um dos vários momentos em que a narradora acentua o fato de que escrever é criar novos mundos, diferentes daquele em que ela vive. Paradoxalmente, ao imaginar outros mundos, ela registra o mundo da favela, escreve seus apontamentos que testemunham as condições desse mundo talhado em exclusão.

O livro *Quarto de despejo: diário de uma favelada*, que teve a edição inicial de dez mil volumes esgotada em apenas uma semana[5], traz no seu título a explicitação do gênero em que se inscreve. Considere-se que o diário é um gênero textual que se caracteriza pelo relato quase diário de acontecimentos relativos à vida e ao contexto observado por quem o escreve, embora teóricos como Philippe Lejeune (2008, p. 113) considerem o diário um gênero menor que a autobiografia, e esta "um privilégio reservado aos membros da classe dominante", para quem o silêncio das classes subalternas foi por muito tempo entendido como coisa natural. Lejeune observa que, em épocas mais recentes, surgem os relatos de vida de camponeses e de operários, ressaltando que é um tipo de testemunho que quase sempre é produzido por alguém que pode registrar os depoimentos das pessoas, já que os relatos de vida são produzidos por aqueles que têm domínio da escrita.

As observações de Lejeune referem-se às reflexões produzidas por ele sobre autobiografia e refletem bem o lugar de onde ele emite as suas opiniões. No caso de Carolina, os apontamentos que formatam a escrita de *Quarto de despejo* (1960) e *Casa de alvenaria* (1961) nascem da necessidade de a escritora extravasar o que sentia com relação a si mesma, aos seus filhos e aos lugares que ocupou, como favelada e como mulher negra, no desenho da sociedade a que pertenceu. As anotações feitas em papel e cadernos encontrados no lixo permitem que se retomem as pegadas marcadas pela carência extrema, deixadas não apenas na letra com que preenche os muitos cadernos, mas também nos traços com que

[5] A informação consta em *A vida escrita de Carolina Maria de Jesus* (2014, p. 21), de Elzira Divina Perpétua.

foi registrando os percalços de acontecimentos de sua vida e da favela. Escrever para Carolina significava, como observa Seligmann-Silva (2008, p. 66), uma forma de religar-se a outros espaços e de resguardar o pouco de poesia que a vida miserável minava a cada dia, porque, com sol ou com chuva, precisava sair do seu barraco para catar restos e com eles conseguir comprar o parco alimento com que mataria sua fome e a de seus filhos. Por isso, com a linguagem que consegue dominar, ela descreve as agruras de um lugar que nem serviria para os porcos, porque, como ela mesma escreve, se "puzessem (sic) os porcos aqui, haviam de protestar e fazer greve" (JESUS, 2007, p. 49).

A escritora assume a força que a impele a registrar o seu testemunho não apenas sobre a sua vida e a de seus filhos, mas também sobre o cotidiano de uma favela que crescia em lugar insalubre, preterida pelas políticas urbanas desenvolvidas pelos governantes da cidade de São Paulo. Assim, Carolina, sem o saber, escreveu uma importante crônica de um espaço que já não existe, visto por ela como semelhante a outros que existiam na cidade e que exibiam marcas da perversa divisão espacial e social que se mostra de forma tão contundente nos cenários das grandes cidades brasileiras.

Os apontamentos de Carolina, fincados na realidade dura dos espaços de exclusão, transformaram-se, metaforicamente, em picareta[6] que poderia ajudar a derrubar o muro da invisibilidade dos que foram dispensados da ordem social porque se ajustam ao modelo definido para os "consumidores falhos, incompletos, imperfeitos" (BAUMAN, 2005, p. 23).

Talvez por isso alguns críticos tenham visto no livro apenas um desabafo, sem nenhum outro valor que não o de expor para a sociedade a visão de uma mulher descendente de escravizados que trazia na cor da pele e na extrema penúria que caracterizava sua vida os traços de uma história bastante peculiar da cultura brasileira. Ela, entretanto, teimava em afrontar as ordens culturais e sociais que legitimam, por exemplo, as características textuais do texto autobiográfico, do testemunho e do diário. Indiferente à guerra pelas classificações e determinações dos gêneros textuais, ela registrou, nos apontamentos quase diários que fez do

[6] Valho-me do termo com a força que tem no texto de Seligmann-Silva (2008).

cotidiano da favela, a sua peregrinação em busca do que pudesse ser vendido do lixo recolhido por ela. Considere-se, entretanto, que Carolina produziu também outros tipos de textos, como poemas, romances, provérbios, letras de música, nos quais deixam evidentes recursos próprios da literatura que ela certamente leu, no pouco tempo em que pôde ficar na escola e nos livros que conseguiu recuperar do lixo que revolvia nas ruas da cidade de São Paulo.

Elzira Divina Perpétua, em *A vida escrita de Carolina Maria de Jesus* (2014), recolhe dos manuscritos que conseguiu consultar para a realização de sua pesquisa depoimentos e declarações da escritora que testemunham o seu desejo de escrever livros que pudessem render-lhe o dinheiro com que realizaria o sonho de ter uma casa fora da favela[7]. Várias anotações da escritora aludem à dificuldade para conseguir tempo para escrever porque a dureza da peregrinação em busca de material que pudesse ser revendido roubava-lhe os momentos necessários para escrever seus apontamentos e os textos que ela denominava "contos, provérbios, romances, poemas e letras de música" (PERPÉTUA, 2014, p. 222). Sem um espaço todo seu[8] para escrever, ela dribla as dificuldades do dia a dia, do mesmo modo como consegue arranjar espaço e tempo para escrever o seu sonho de ser reconhecida como escritora, como poetisa. Catar papel, em seu cotidiano, se irmana com escrever e essas duas ações constroem as possibilidades de Carolina Maria de Jesus continuar vivendo.

A quantidade de textos que produziu ao longo da vida indica sua obsessão por escrever. Embora não tenha alcançado sucesso com os livros publicados depois de 1960, ela não desistiu, porque sua salvação estava na escrita. Como afirma Perpétua (2014, p. 235), ela desejava "ver-se projetada como poetisa que sabia burilar as palavras que lhe concederiam a senha de entrada no universo intelectual". Inconscientemente, talvez, Carolina Maria de Jesus recorre à escrita para desviar-se do destino daqueles que, favelados como ela fora um dia, serão cada vez mais descartados das possibilidades de se sentirem incluídos na

---

7 Nas anotações do dia 27 de julho de 1955, Carolina (2007, p. 28) diz: "É que estou escrevendo um livro, para vendê-lo. Viso com esse dinheiro comprar um terreno para sair da favela".

8 A expressão foi tomada à declaração de Virgínia Woolf: **"A mulher precisa ter dinheiro e um teto todo dela se pretende mesmo escrever ficção".**

sociedade e alocados em um dos subempregos, vivendo, por isso, eternamente em zonas de incertezas e precariedades.

Os biógrafos de Carolina Maria de Jesus ressaltam o fato de que o sucesso do livro *Quarto de despejo: diário de uma favelada*, que teve inúmeras edições no Brasil e foi traduzido para várias línguas, não se repetiu com os outros livros posteriormente publicados, alguns, inclusive, por sua própria iniciativa. O interesse despertado pelo primeiro livro talvez tenha sido acentuado pelas reportagens de Audálio Dantas, o jornalista que descobriu Carolina na favela do Canindé, e pela curiosidade dos leitores sobre o fato de uma mulher negra, pobre e favelada ter escrito livros. Uma *avis rara* no mundo dos livros.

Passados mais de 50 anos do lançamento de seu primeiro livro, o nome de Carolina Maria de Jesus volta a ser citado, porque vários estudos sobre a sua obra, inclusive sobre os manuscritos ainda inéditos, indicam facetas de sua escrita que dizem do seu desejo de alcançar o mundo das letras, mas, sobretudo, ressaltam as imagens construídas por ela sobre o significado de poeta, escritor, literatura, que instigam a reflexão sobre as representações imaginárias que levam a escritora a ver-se, por vezes, como alguém especial. Talvez esse seja o engodo maior que perseguiu Carolina Maria de Jesus até o final de seus dias, pois o fato de escrever, e de escrever livros, não lhe garantiu, depois de um efêmero sucesso, o reconhecimento que esperava.

Os estudos sobre sua obra talvez possam mostrar como essa mulher favelada, que tinha o hábito de anotar seu cotidiano e de escrever poemas e romances para fugir da realidade, conseguiu romper as barreiras da indiferença e, com seus escritos, colocou muitas indagações sobre o que de mais condenável tem o progresso, como lucidamente afirma Marisa Lajolo no prefácio à *Antologia pessoal* (1996), livro de poemas de Carolina Maria de Jesus, organizado por José Carlos Sebe Bom Meihy.

Para Carolina, catar papel relaciona-se com escrever em sentidos não construídos pelo belo poema de Cabral, porque, em sua trajetória, esse hábito significava criar mundos possíveis para ela e para os desgarrados da sorte, os legitimados como refugo humano, no cenário mundial que o período em que viveu começava a descortinar.

Referências

BAUMAN, Zygmunt. **Vidas desperdiçadas**. Tradução de Carlos Alberto Medeiros. Rio de Janeiro: Zahar, 2005.

FONSECA, Maria Nazareth Soares. Visibilidade e ocultação da diferença. In: _______ (org.). **Brasil Afro-Brasileiro**. Belo Horizonte: Autêntica, 2000.

JESUS, Carolina Maria de. **Quarto despejo**: diário de uma favelada. 8. 4. reimp. São Paulo: Ática, 1993.

_______. **Quarto de despejo**: diário de uma favelada. 9. ed. São Paulo: Editora Ática, 2007.

_______. **Antologia pessoal**. Organização de José Carlos Sebe Bom Meihy. Rio de Janeiro: Editora UFRJ, 1996.

LARA, Fernão Lopes Ginez. Favela do Vergueiro e modernização à brasileira: apontamentos sobre industrialização e trabalho na formação do capitalismo no Brasil. **Revista Geográfica de América Central**, Costa Rica, número especial EGAL, p. 2-18, 2ª sem. 2011.

LEJEUNE, Philippe. **O pacto autobiográfico**: De Rousseau à internet. Tradução de Jovita Noronha e Maria Inês Guedes. Belo Horizinte: Editora UFMG, 2008.

LOPES, Elisângela Aparecida. **A importância da leitura e da escrita para Carolina Maria de Jesus**: uma analise do seu quarto de despejo. Literafro. Disponível em: <www.letras.ufmg.br/literafro>. Acesso em: 20 mar. 2014.

MELO NETO, João Cabral. Catar feijão. In: _______. **Antologia completa**. Rio de Janeiro: Editora Nova Aguilar, 1994. p. 346.

PERPÉTUA, Elzira Divina. **A vida escrita de Carolina Maria de Jesus**. Belo Horizonte: Nandyala, 2014.

SCHABIB, Luana. **Os cadernos de Carolina**. Disponível em: <http://www.revistabra sileiros.com.br/2014/03/14/os-cadernos-de-carolina/#.UyyTtl68Sso>. Acesso em: 20 mar. 2014.

SCHWARZ, Roberto (Org.). **Os pobres na literatura brasileira**. São Paulo: Brasiliense, 1983.

SELLIGMANN-SILVA. Narrar o trauma – A questão dos testemunhos de catástrofes históricas. **Revista Psicologia Clínica**, Rio de Janeiro, v. 20, n. 1, p. 65-82, 2008.

A fome da escrita – paratextos no *Quarto de despejo*, de Carolina Maria de Jesus

Osmar Pereira Oliva[9]

Primeiramente despertada pela fome, Carolina Maria de Jesus saía de casa ainda de madrugada, catando lixo para sobreviver e sustentar os três filhos. Mas a privação de conforto básico e de alimentação lhe trouxe a inquietação da escrita, uma fome insaciável de colocar no papel suas ansiedades e sofrimentos. O seu diário, escrito de julho de 1955 a janeiro de 1960, apresenta uma linguagem objetiva, crua e realista, mas possui também um lirismo prosaico por meio de certas construções poéticas inusitadas. Observadora do espaço exterior, da rua, do movimento de políticos, de operários e de gente comum, a narradora, ao catar objetos recicláveis e papéis para vender, recolhe também fragmentos de cantigas populares, de versos, de manchetes de jornais e de tantas outras variedades de letras que transitam do espaço midiático e capitalista para os lixões. Este trabalho pretende discutir, nesse sentido, a composição do diário a partir desses "restos" de escritos que constituem paratextos do *Quarto de despejo*.

Na apresentação do livro *Quarto de despejo*, de Carolina Maria de Jesus, o jornalista Audálio Dantas nos informa que se dedicava a uma matéria sobre uma favela que se expandia à beira do rio Tietê, no bairro do Canindé, em São Paulo. Segundo ele, "Lá, no rebuliço favelado, encontrei a negra Carolina, que logo se colocou como alguém que tinha o que dizer. E tinha! Tanto que, na hora, desisti de escrever a reportagem" (DANTAS, 2001, p. 03)[10]. O jornalista nos explica que os escritos compunham cerca de 20 cadernos encardidos que a autora guardava

---

9 Professor Doutor da Unimontes, em Montes Claros. Poeta, contista, ensaísta. E-mail: osmar.oliva@unimontes.br.

10 In: JESUS, Carolina Maria de. Quarto de despejo: Diário de uma favelada. São Paulo: Ática, 2001.

em seu barraco. A matéria que o jornalista buscava estava toda escrita e organizada, da maneira como nenhum escritor poderia escrever, pois os relatos haviam sido registrados com uma visão "de dentro" da favela.

Trechos do diário foram publicados inicialmente no jornal *Folha da Noite*, em 1958, e mais tarde (1959) na revista *O Cruzeiro*. A forma em livro, tal qual a conhecemos, chegou-nos em 1960, com leitura, revisão e edição de texto de Audálio Dantas. Se aceitarmos o pacto de leitura estabelecido pelo diário *Quarto de despejo* e dermos validade às datas nele impressas, podemos afirmar que Carolina Maria de Jesus estava com 40 anos de idade, morava em uma favela no bairro do Canindé e trabalhava como catadora de lixo para sobreviver. Em uma breve entrevista que acompanha a edição de 2001, da Ática, Carolina é questionada sobre por que começou a escrever, ao que responde: "Quando não tinha nada o que comer, em vez de xingar eu escrevia. Tem pessoas que, quando estão nervosas, xingam ou pensam na morte como solução. Eu escrevia o meu diário" (JESUS, 2001, p. 170).

Nessa resposta, vemos a concepção de escrita como compensação, forma de driblar a fome e de passar o tempo, ou como transcendência, no sentido de que escrever desreferencializa espacial e temporalmente as pessoas. Em meio à miséria, à falta de uma moradia digna e de alimentos básicos para si e para seus filhos, a catadora de papel encontra nos relatos escritos diariamente uma tentativa de libertação. Mulher pobre, negra, mãe solteira, quarentona, favelada, mas não ignorante. Leitora de tudo que lhe chegava ao alcance, não só escrito, mas também ouvido do rádio ou dos comentários dos vizinhos, Carolina almejava ganhar dinheiro com os seus livros e melhorar as condições de vida de seus filhos. Tanto é que, antes de conhecer o jornalista Audálio, já havia encaminhado alguns escritos para a Seleção *Reader's Digest*, dos Estados Unidos, que os devolveu sem esperança de publicação. A pobreza de Carolina e o seu semianalfabetismo não podem ser tomados como índices de alienação. Ao contrário, foram motivadores para que ela buscasse ultrapassar sua condição de excluída e marginalizada.

Por que Carolina de Jesus não escreveu poemas? Não temos exemplos de poetas torturados pela dor decorrente da pobreza, da cor negra da pele e da exclusão social, como Cruz e Souza? Jean-Paul Sartre, no seu livro *Que é a literatura?*

(1993), ao estabelecer distinções entre o poeta e prosador, argumenta que a prosa é utilitária por essência, e "o escritor é um falador; designa, demonstra, ordena, recusa, interpela, suplica, insulta, persuade, insinua" (p. 18). Ele compreende a poesia como uma contemplação "desinteressada", visando ao belo, ao estético, à própria linguagem, com finalidade em si mesma, enquanto a prosa pretende a comunicação, estabelecer com o leitor uma relação de cumplicidade, agindo sobre o mundo, tornando-o "revelado". Para Sartre, a função do escritor é fazer com que ninguém possa ignorar o mundo e considerar-se inocente diante dele.

Diante desses apontamentos sartrianos, sem pretender um engajamento político e social para toda e qualquer literatura em prosa, podemos aplicá-los ao diário de Carolina Maria de Jesus, para quem não precisa ser letrado para se chegar à conclusão de que o custo de vista oprime os menos favorecidos. Em vez de poemas, Carolina opta pela prosa porque é por meio dessa forma literária que a sua realidade e a dos demais favelados seriam mais bem descritas e "reveladas" ao seu leitor. A exploração do pobre, as condições sub-humanas a que são submetidas, o controle ideológico do aparelho estatal nos são apresentados por essa brasileira do subúrbio paulista de forma que ninguém que lê os seus diários pode se eximir de conhecer parte significativa da nossa realidade, porque o seu discurso é falador, denuncia a dor e o sofrimento, interpela o leitor. As primeiras linhas do seu diário nos revelam esse grito de revolta e de inconformismo:

> 15 de julho de 1955. Aniversário de minha filha Vera Eunice. Eu pretendia comprar um par de sapatos para ela. Mas o custo dos gêneros alimentícios nos impede a realização dos nossos desejos. Atualmente somos escravos do custo de vida. Eu achei um par de sapatos no lixo, lavei e remendei para ela calçar.
>
> Eu não tinha um tostão para comprar pão. Então eu lavei 3 litros e troquei com o Arnaldo. Ele ficou com os litros e deu-me pão (JESUS, 2001, p. 09).

Ainda que a linguagem seja comedida, , a mensagem da exclusão social grita em todas as páginas do seu diário como um signo da busca de liberdade. Assim, a prosa desvenda o mundo, aproxima-o do leitor, dependendo do lugar de onde o escritor escreve e o que pretende com a sua escrita. Depois de refletir sobre o que é escrever, Sartre (1993, p. 34) pergunta por que escrever, e nos responde que "um dos principais motivos da criação artística é certamente a necessidade de nos sentirmos essenciais em relação ao mundo".

Carlos Vogt, discutindo trabalho, pobreza e trabalho intelectual em Carolina Maria de Jesus, analisa a trajetória de insucessos e de esquecimento que acompanha essa escritora, cuja fama fora tão efêmera e não lhe garantira a almejada estabilidade social. Apesar de seu primeiro livro ter sido traduzido para vários idiomas, morrera na pobreza, no barracão de seu filho José Carlos. Ainda assim, segundo Vogt, o trabalho intelectual de Carolina tinha como principal objetivo o seu posicionamento "desalinhado" do modo de viver na favela, utilizando-se da escrita como meio de insatisfação com a realidade presente, com as injustiças sociais e como afirmação de estar no mundo como alguém que tem algo a dizer:

> Ao transformar a experiência real da miséria na experiência linguística do diário, acaba por se distinguir de si mesma e por apresentar a escritura como uma forma de experimentação social nova, capaz de acenar-lhe com a esperança de romper o cerco da economia de sobrevivência que tranca a sua vida ao dia-a-dia do dinheiro-coisa (VOGT, 1983, p. 209).

Enquanto observa essa realidade e a transcreve, metonimicamente, para os seus diários, a narradora se mostra diferente dos demais habitantes da favela e se esforça em deixar clara essa distinção. Não deseja se prostituir, ameaça escrever para os jornais sobre os atos ilícitos do seu Zuza, critica as ações populistas dos políticos, aponta os "erros" morais dos moradores do Canindé. A sua escrita emerge, portanto, como uma possibilidade de superação da pobreza, fonte de recursos para sair da favela e porta-voz de um ser pensante.

Ocupando o espaço da indiscutível subalternidade, sem condições favoráveis à leitura e à escrita, Carolina poderia ter permanecido em silêncio e apática, como os demais milhares de brasileiros que ainda sobrevivem em situação de exclusão como a sua. Mas a sua fome de comida e o seu anseio de mudar-se da favela a fim de garantir melhores condições de vida para seus filhos tornavam aguda também a sua fome da escrita.

Carolina escrevia porque estava grávida de muitos textos, de muitas leituras, de muitas incompreensões. Seu mundo era rico em diversas linguagens trazidas à favela e aos lixões por meio dos jornais, de pedaços de livros, de discursos de políticos, de músicas ouvidas. E Carolina tinha desejo de colocar-se em relação com essas linguagens todas e de fazer-se ouvida também. Desprovida dos bens essenciais de sobrevivência humana, restou a essa mulher negra e pobre a sua fala, a sua voz, a sua escrita em dezenas de cadernos encardidos, retalhos da memória sua tentativa vital e desesperada de se sentir essencial onde tudo era detrito, resíduo, quarto de despejo.

Em todo o diário vemos a proximidade que há entre fome de comida, fome de leitura e fome de escrita. No dia 2 de junho de 1958, a narradora nos informa que, pela manhã, está sempre nervosa,

> Com medo de não arranjar dinheiro para comprar o que comer. Mas hoje é segunda-feira e tem muito papel na rua. (...) O senhor Manuel apareceu dizendo que quer casar-se comigo. Mas eu não quero porque já estou na maturidade. E depois, um homem não há de gostar de uma mulher que não pode passar sem ler. E que levanta para escrever. E que deita com lápis e papel debaixo do travesseiro (JESUS, 2001, p. 10).

O que alimenta a sua fome de escrita? Que paratextos constituem o *Quarto de despejo*? Antoine Compagnon, em seu livro *O trabalho da citação*, aponta as relações diretas entre leitura e citação, no sentido de que a leitura prepara o texto lido para a lembrança e para a imitação, seja para a repetição, seja para a memória. Em suas palavras, "a citação tenta reproduzir na escrita uma paixão da leitura, reencontrar a fulguração instantânea da solicitação, pois é a leitura, solicitadora e excitante, que produz a citação" (COMPAGNON, 1996, p. 29). Além disso, segundo esse autor, a escrita tem um horror ao vazio, já que o vazio é o lugar da falta, do morto. Das reflexões de Compagnon, desejo ressaltar a paixão pela leitura e a solicitação da escrita por um corpo, por um preenchimento que suture a falta. Carolina, na tentativa de preencher esses vazios da escritura, escreve também quadrinhas populares que entremeia aos relatos diários:

> 8 de setembro
> ...Hoje eu estou alegre. Estou rindo sem motivo. Estou cantando. Quando eu canto, eu componho uns versos. Eu canto até aborrecer da canção. Hoje fiz esta canção:
> Te mandaram uma macumba
> E eu já sei quem mandou
> Foi a Mariazinha
> Aquela eu você amou
> Ela disse que te amava
> Você não acreditou (JESUS, 2001, p. 107).

Apesar das adversidades constantes, Carolina não se desespera, não perde a alegria, renovada por pequenas conquistas: doações recebidas, o pão para o café dos filhos, feijão e arroz para a refeição. E canta. Canta por que o instante existe ou por que existe uma esperança? No diário de Carolina, a narradora prefere a leitura e a escrita a um homem, companheiro de cama. Considera-se "velha" e desinteressada por sexo. Mas nem a fome nem a tristeza lhe afastam da leitura ou da escrita.

Passemos aos comentários de alguns enxertos que a narradora realiza em seu diário. No dia 21 de junho de 1955, estavam distribuindo cartões na favela, com o seguinte texto: "Era para ir buscar *um premio e uma surpresa para seu filho na rua Javaés 771*" (JESUS, 2001, p. 61, grifo nosso). Era o convite para uma festa promocional, mas que serviu de pretexto a Carolina para "revelar" ao leitor a exploração dos pobres nas campanhas eleitorais. Os favelados gastaram o pouco dinheiro que tinham em conduções superlotadas, esperaram horas pelos discursos políticos e pelas fotos para divulgação dessa campanha e os necessitados receberam apenas pães. A observação atenta da narradora ainda registra, nessa mesma cena, outro paratexto, inscrito no aguardado prêmio anunciado pelo cartão acima referido: "Tinha uma mulher com crianças que vieram de Santos e ganhou só um pão e um saquinho de bala e uma régua escolar que estava escrito *Lembrança do Deputado Paulo Teixeira de Camargo*" (JESUS, 2001, p. 62, grifo nosso).

O tom de indignação e de denúncia se estende por todo o relato desse dia e chega ao dia 28 de junho com algumas reflexões também interessantes, mediadas pelos paratextos da música *Pisa na Fulô*[11] e pela manchete do jornal, recortada e colada na narrativa. Segundo a narradora, em baile oferecido na favela pelo senhor Alfredo, somente os nortistas dançaram, pois os paulistas estavam aborrecidos de tanto ouvir e dançar essa música. A referência à música popular brasileira demonstra a presença de retirantes nordestinos na favela do Canindé e reflete, pelo menos em parte, o preconceito quanto a esse povo e a sua cultura. No plano escrito, temos o recorte da manchete de jornal:

> ZUZA, PAI DE SANTO, EM CANA
> "Zuza" está em cana desde ontem, pois ele, que se chama na realidade José Onofre, e tem uma aparência realmente imponente, matinha para lucros extraordinários uma tenda de Umbanda no Bom Retiro, a Tenda Pae Miguel Xangô. É também diretor de uma industria de cadeiras suspeita de irregularidades na Delegacia de Costumes. "Zuza" (foto), foi autuado em flagrante (JESUS, 2001, p. 66).

O mesmo tom de denúncia apresentado no relato da campanha política pode ser observado nesse paratexto. Primeiro, a exploração da fé ingênua das pessoas. Segundo, o tráfico de influências, talvez em parceria com o político anteriormente referido, já que os dois fatos são contados em sequência e inter-relacionados. Essas citações estão a serviço da escritora. Ao juntá-las a sua narrativa, ela simultaneamente delata e requer reconhecimento.

> Citando, fazendo com que um extratexto interfira na escrita, introduzindo um parceiro simbólico, tento escapar, na medida do possível, ao fantasma e ao imaginário. O sujeito da citação é uma personagem equívoca que tem ao mesmo tempo algo de Narciso e de Pilatos. É um delator, um vendido – aponta o dedo publicamente para outros discursos e para outros sujeitos –, mas sua denúncia, sua convocação

[11] Jorge de Lima escreveu *Essa negra Fulô*, no qual descreve as relações entre patrão, escrava e senhora. Na visão do homem branco, a mulher de cor é sedutora, objeto de desejo sexual e uma ameaça à família tradicional, pois usaria seus atributos físicos para roubar o marido da sinhá. *Pisa na Fulô* é um baião-coco composto por João do Vale, em parceria com Ernesto Pires e Silveira Júnior. Em 1957, a cantora Marinês gravou *Pisa na Fulô* para seu disco *Vamos Xaxar com Marinês e Sua Gente*.

> são também um chamado e uma solicitação: um pedido de reconhecimento (COMPAGNON, 2007, p. 50).

No dia 14 de setembro de 1958, uma outra referência indireta é utilizada por Carolina Maria de Jesus para chamar-nos à cumplicidade com o seu diário. Ela comenta a Páscoa segundo a tradição judaica e, judiciosamente, compara as duas perseguições, afirmando que os judeus foram perseguidos porque eram inteligentes e os negros, por causa da cor de sua pele. Moisés, ao ver os judeus descalços e rotos, orou pedindo a Deus que lhes dessem conforto e riquezas, por isso os judeus são todos ricos, enquanto os pretos não tiveram profeta para orar por eles, sentencia a narradora. A sua indignação também se revela nas quadrinhas populares que vai enxertando ao longo do diário, como o seguinte slogan dos estudantes sobre a atuação dos políticos brasileiros:

> Juscelino esfola!
> Adhemar rouba!
> Jânio Mata!
> A Camara apoia!
> E o povo paga! (JESUS, 2001, p. 116).

Por último, gostaria de destacar o efeito metaficcional do diário, quando a autora destaca a participação de um jornalista em reportagem na favela, que publicou trechos dos seus escritos na revista *O Cruzeiro,* como a manchete recortada no livro *Retrato da favela no Diário da Carolina* (JESUS, 2001, p. 150). Carolina já havia escrito que a vida é igual a um livro e que a sua vida, até encontrar-se com o jornalista Audálio, tinha sido preta, preta como a sua pele. Preto era o lugar onde morava. Durante o mês de junho de 1959 os relatos demonstram, repetidamente, a sua esperança na publicação do livro-diário:

> 8 de junho – ... Quando cheguei e abri a porta, vi um bilhete. Conheci a letra do repórter. Perguntei a Dona Nena se ele esteve aqui. Disse que sim. (...) O bilhete dizia que a reportagem vai sair dia 10, no Cruzeiro. Que o livro vai ser editado. Fiquei emocionada.
> O senhor Manoel chegou. Disse-lhe que a reportagem vai sair 4ª feira e que o repórter quer levar o livro para imprimir.

> – Eles ganham dinheiro nas tuas costas e não te pagam. Eles estão te embrulhando. Você não deve entregar-lhe o livro.
> Eu não me imprecionei com as ironias do senhor Manoel (JESUS, 2001, p. 149).

O livro foi publicado pela Editora Francisco Alves e lhe rendeu poucos anos de fama, viagens, jantares com pessoas importantes, congressos, entrevistas e uma casa de alvenaria no bairro de Santana, onde morou com os filhos até 1964. Publicou outros livros (*Casa de alvenaria, Provérbios, Pedaços da fome* e *Um Brasil para brasileiros* – este publicado na França com o título *Journal de Bitita*). Escreveu ainda os romances *Felizarda e Os escravos* (não finalizado), demonstrando a inquietude para a escrita que a acompanhou por toda a vida, apesar de não ter frequentado a escola regularmente e de ter enfrentado as adversidades que o destino lhe reservara. Morreu pobre, esquecida, mas sua literatura testemunha uma voz que denuncia, que clama a participação do leitor e, ao mesmo tempo, revela fragmentos líricos que ultrapassam o verismo, o tom documental e expressam o seu sentimento poético, a sua humilde alegria de estar no mundo.

Referências

COMPAGNON, Antoine. **O trabalho da citação**. Belo Horizonte: Editora da UFMG, 2007.

JESUS, Carolina Maria de. **Quarto de despejo**: Diário de uma favelada. São Paulo: Ática, 2001.

SARTRE, Jean-Paul. **Que é a literatura?** São Paulo: Ática, 1993.

SCHWARZ, Roberto. **Os pobres na literatura**. São Paulo: Brasiliense, 1983.

VOGT, Carlos. Trabalho, pobreza e trabalho intelectual. In: SCHWARZ, Roberto. **Os pobres na literatura**. São Paulo: Brasiliense, 1983.

A poética do fora e a escrita de Carolina Maria de Jesus: gênero e subalternidade

Cristiane Côrtes[12]

O Espaço Literário, com toda a sua vastidão, possibilita a separação entre a palavra e o silêncio, entre o 'eu' e o 'outro', entre a comunicação e sua impossibilidade. Elementos próprios da experiência do impossível para o homem, como a morte, emergem no texto literário como "algo a incomunicar". Dessa forma, percebemos que a Literatura pode abrigar nossos impossíveis, pois lá é o espaço do irreal, do que está fora da realidade e, ao mesmo tempo, dentro. Perceberemos que escrever pode ser levar a palavra até o ponto de ausência em que ela desaparece, onde todos os sentidos estão neutralizados. Interessa-nos pensar aqui mais nesse ponto de ausência do que a própria palavra.

A autora Carolina Maria de Jesus, em sua primeira e mais conhecida obra, *Quarto de despejo: diário de uma favelada* (2000), revela a força da voz feminina e marginal ao imprimir suas considerações acerca de assuntos étnicos, sociais e de gênero. O que nos é caro neste caso é o lugar de fala da autora instaurado no paradoxo do ser e ter, que reverbera em suas reflexões dentro e fora da realidade em que ela vive e que deseja, ou seja, a autora deixa refletir na escrita a revolta por morar no que ela denomina lixo da cidade de São Paulo e o desejo de sair dali. Seu objeto de escrita é sua repulsão. A escrita exterioriza a insatisfação e, ao mesmo tempo, providencia meios de ela sair daquele lugar. O discurso de Carolina vai além de uma forma de expressão: é um mecanismo de poder,

[12] CORTES, Cristiane. Doutora em Teoria da Literatura e Literatura Comparada pela UFMG. Professora efetiva de Literatura do CEFET MG, *campus* IX. Nepomuceno, MG. crisfelipecortes@gmail.com.

como muitos estudos atestam e, a meu ver, evidencia a linguagem literária que dialoga com a realidade de uma forma peculiar e contradiz todo um sistema que procura reconhecer/ legitimar em seu *corpus* a língua padrão e o ponto de vista do homem branco letrado.

Ao optar por contar sua labuta, a autora revela um coletivo silenciado de mulheres solitárias e famintas de pão e cultura que ganham voz através de um sistema de escrita "ex-cêntrico"[13], no qual, apesar de reivindicarem o cânone e o centro, serão sempre margem não pela condição de subalternidade, mas pela peculiaridade estética. A originalidade na escrita carolinesca é seu mais forte traço e o que nos fará aproximá-la das ponderações de Blanchot acerca da escrita do Fora. Sempre fora de contexto, Carolina pertenceu a um meio que a rejeitava por ser letrada e apreciar as artes, e, ao mesmo tempo, não conseguiu se estabelecer na sociedade erudita pela sua trajetória, classe e cor.

Blanchot foi o crítico que, de forma inovadora, demarcou a especificidade do que seria o uso próprio ou funcional da Literatura, constituindo o entendimento de uma realidade própria literária a partir do conceito do Fora, noção forjada nos campos da filosofia e da crítica literária. Com isso, ele desconstrói o mito de que a Literatura é um meio de chegar ao mundo e, contrariamente, considera a hipótese de que ela cria a sua própria realidade, colocando em dúvida, negando e desestabilizando a sua própria noção de realidade. Por isso, aproximo a teoria ao texto em questão: Carolina, mesmo falando da realidade, diz isso de um lugar muito peculiar. O seu acesso limitado aos axiomas sobre nação, política, classe, raça, etc., lhe possibilitou criar um universo tanto linguístico quanto filosófico ou literário muito específico, beirando a tragicomicidade:

> Condói-me de ver tantas agruras reservadas aos proletários. Fitei a nova companheira de infortúnio. Ela olhava a favela, suas lamas e suas crianças paupérrimas. Foi o olhar mais triste que presenciei. Talvez ela não tenha mais ilusão (...) Há de existir alguém que lendo o que escrevo dirá isto é mentira! Mas, as misérias são reais. O que revolto

[13] Conceito cunhado por Hutcheon (1991), que define a excentricidade como o lugar que não mais deseja estar no centro, que é efetivamente marginal.

> é contra a ganância dos homens que espremem uns aos outros como se espremesse uma laranja (JESUS, 2000, p. 41).

O diálogo de Carolina com a realidade é tão direto que, performaticamente, o leitor percebe que é um universo paralelo ao habitual, que se cria para retratá-la, como a própria autora reconhece ao dizer que o leitor não acreditará no que diz, porque é quase inverossímil.

A relação da autora com sua escrita é o que nos colocará diante desse paradoxo realidade/ficção. Ao demarcar o uso próprio e específico da Literatura a partir da construção da sua realidade específica, Blanchot desenvolve o conceito do Fora, admitindo que o discurso literário deva ser a criação de mundos que se comunicam com o plano real e não o representam. A linguagem literária deve remeter-se a um objeto que se encontra no mundo real, pois sua função está a serviço dos fins sociais da ação, da comunicação e da compreensão, mas não importando o quão real ela é. Isso ocorre quando, pensando no universo literário, a palavra deixa de ser um instrumento, um meio para designar as coisas do mundo, e passa a representar uma outra concepção de realidade, diferente daquela do mundo cotidiano. Não mais familiar, ela terá outra função, a de fundação de um mundo em que as mesmas palavras terão variados ou nenhum significado. Vejo isso em Carolina, principalmente com suas construções gramaticais. Palavras eruditas que passam a habitar um outro universo é a metáfora da própria autora. Sempre *fora de contexto*[14], ela é a intelectual das margens, capaz de evocar as mais diversas estruturas valendo-se do que tem em mãos (palavras) para garantir seu direito ao grito. A consciência desperta e o discurso ácido associados à erudição do vocábulo e as inadequações gramaticais seriam o que chamo de discurso carolinesco:

> Abri a janela e vi mulheres que passam rápidas com seus agasalhos descorados e gastos com o tempo. Daqui a uns tempos estes palitol que elas ganharam de outras e que há muito tempo devia estar num museu, vão ser substituídos por outros. É os políticos que há de nos

---

[14] O uso da expressão em itálico chama a atenção para a condição de entre-lugar da autora: no quarto de despejo incomodada com as condições em que vivia; na casa de alvenaria incomodada com o preconceito que sofria.

> dar. Devo incluir-me, porque também sou favelada. Sou rebotalho. Estou no quarto de despejo, e o que está no quarto de despejo ou queima-se ou joga fora. fora (JESUS, 2000, p. 33).

Blanchot (1997) sugere que, com o aparecimento da linguagem ficcional, ocorre a destruição ou negação da palavra como referência. Há nela um direito à morte que provoca sua transformação radical, ou seja, o desaparecimento das suas funções de representar o objeto para as funções de convocar uma realidade constituída a partir da não realidade da coisa: rebotalho, indolente, leito, difamar, imponente, entre outras, são palavras que assumem outro tom em sua narrativa, pois possuem outro referente. Se pensarmos em toda a negação a que Jesus está exposta: dinheiro, família, língua culta, a teoria de Blanchot endossa esse trabalho se acreditarmos que a negação, refletida no texto, é mais interessante que a explicitação, pois é na ausência que está o fazer literário e é nesse lugar de desconstrução que a linguagem se afirma como operador de uma nova realidade:

> O livro, coisa escrita, entra no mundo, onde cumpre sua obra de transformação e negação. Também é o futuro de muitas outras coisas, e não apenas livros, mas, pelos projetos que podem dele nascer, pelos empreendimentos que favorece, o conjunto do mundo do qual é o reflexo mudado, fonte infinita de novas realidades, a partir de que a existência será o que não era (BLANCHOT, 1997, p. 296).

É a partir da linguagem, então, que a literatura opera suas desconstruções; é por meio dela que a relação entre as palavras e as coisas, entre o mundo dado e mundo das platitudes, é reconstituída. A linguagem do dia-a-dia, enfraquecida de seu poder de transformação, apenas chama um objeto de objeto, pois considera e nomeia a coisa como tal. A linguagem literária apresenta uma operação "feita de inquietude", uma vez que admite e necessita do instável, da negação e da morte. A linguagem promove a troca entre a morte do objeto comum e a sua constituição como palavra e ideia. Na palavra literária, morre a sua correspondência com a vida; entretanto, a linguagem literária pluraliza os atributos do objeto renomeado.

Se considerarmos a linguagem literária como esse lugar de negação – operador de um espaço literário –, podemos considerar, então, que escrever é recusar-se a escrever, ou levar a palavra até o ponto de ausência em que ela desaparece, em que todos os sentidos estão neutralizados. Na insistência de Carolina em se tornar escritora está o desejo de criar um mundo que a veja como a intelectual que é. Escrita e poder, palavra e acesso foram lições aprendidas cedo, narradas em *Diário de Bitita*. O que a autora sabia de política, filosofia, economia não interessava a ninguém a sua volta, mas ela sabia que escrevendo poderia ser ouvida com propriedade e é essa propriedade que encontramos ao longo de seu diário:

> Tem pessoas aqui na favela que diz que eu quero ser muita coisa porque eu não bebo. Eu sou sozinha. Tenho três filhos. Se eu viciarem álcool os meus filhos não irá respeitar-me. Escrevendo isto estou cometendo uma tolice. Eu não tenho que dar satisfações a ninguém. Para concluir, eu não bebo porque não gosto e acabou-se. Eu prefiro empregar o meu dinheiro em livros do que no álcool. Se você achar que eu estou agindo acertadamente, peço-te paradizer: – Muito bem, Carolina (JESUS, 2000, p. 65).

Compreender essa morte do objeto no plano real, provocada pela linguagem ficcional, é crucial para chegarmos à utilidade do conceito do Fora para esse trabalho. Embora não haja aqui a pretensão de se conceituar o Fora, devemos balizar a relação da teoria de Blanchot, explorada por Foucault e Deleuze, e sua relação com a Literatura que deseja tratar ou retratar a experiência de violência ou dor. A ideia do Fora nos é norteadora na medida em que parte do princípio de que há uma linguagem que não mais deseja um retrato ou correspondência de uma determinada realidade, mas uma outra proposta que esteja fora do comum; entretanto, intuitivamente, ela nos remete ao mesmo comum que não é ou não pode ser dito.

Artières afirma que passamos o tempo a "arquivar nossas vidas, arrumamos, desarrumamos, classificamos para construir uma imagem para nós mesmos e às vezes para os outros" (1998, p. 10), e a necessidade de Carolina em registrar suas impressões talvez esteja também aí. A escrita como corpo arquivado, a experiência toda de uma vida Fora retratada no Fora do texto, na língua, poesia, resistência.

Uma passagem particularmente interessante sobre essas impressões é o relato de um sonho que deveria ser bom, mas é descrito como horrível:

> Passei uma noite horrível. Sonhei que eu residia numa casa residível, tinha banheiro, cozinha, copa e até quarto de criada. (...) Sentei na mesa para comer. A toalha era alva ao lírio. Eu comia bife, pão com manteiga, batata frita e salada. Quando fui pegar outro bife despertei. Que realidade amarga. Estava na favela, na lama, as margens do Tietê (JESUS, 2000, p. 40).

A criação do neologismo demonstra a necessidade de criar seu próprio sistema linguístico que possa traduzir ou tentar traduzir sua condição. Viver fora da favela é algo tão almejado que o encontro dessa realidade na ficção (sonho) é algo que a aterroriza, pois evidencia a dura realidade a que pertence.

Embora pareça contraditório discutir o Fora a partir de um diário, gênero por natureza realista, se pensarmos na genealogia de Nietzsche, desenvolvida por Foucault, esse tipo de arquivo, lido a contrapelo, faz todo sentido na modernidade. A proposta de Foucault é que se faça outra história, que se opere uma destruição das evidências, que "reintroduza o descontínuo em nosso próprio ser, que faça ressurgir o acontecimento no que ele tem de único e agudo" (1979, p.28). O genealogista deve promover um corte entre uma suposta relação determinista entre a coisa e a palavra que a nomeia, problematizando as relações de saber-poder que produziram realidades, saberes e subjetividades, um modo de ser, de sentir e de pensar, ou seja, deslocar aquele sentido ordinário da linguagem comum para outro patamar a fim de que se evidenciem as ruínas, os restos, o descarte da matéria e um novo saber seja criado.

Carolina como escritora evidencia uma necessidade de lermos a crítica literária a contrapelo para darmos conta de outras realidades mais raras na cena da ficção. É a partir desse olhar de Fora que Jesus cria seu universo de palavras e seus significados e com a propriedade que ela própria lhe outorga inscreve essa visão da margem na história da literatura brasileira, cria tradição, evidencia olhares. Catadora de papel, coletora de metáforas, Carolina foi capaz de criar seu sistema literário em que, como Blanchot conceitua, dialoga com o mundo das coisas, mas também o transcende. O *leitmotiv* deste trabalho está exatamente na metáfora do Fora como arquivo, legitimação de um coletivo. Se pensarmos em arquivos – considerando o livro escrito – como mecanismos políticos e efeitos dos discursos (FOUCAULT, 2003, p. 211), situaremos a importância de se considerar o discurso que se faz na margem. O espaço reivindicado por autores como Carolina é um contra-lugar de poder da obra que professa, da ditadura das verdades. A consciência da autora de sua realidade não a impediu de escrever palavra poética; ao contrário, isso é a denúncia do que Blanchot acredita ser a exigência que atrai o autor para fora do mundo: a "obra doma e submete momentaneamente esse lado de fora, restituindo-lhe uma intimidade, ela impõe silêncio (...) é a fala da experiência original" (1947, p. 43).

As considerações sobre uma possível leitura de Carolina a partir desse essencialmente original – tanto que está no Fora da linguagem – são apenas uma tentativa de adentrar esse universo carolinesco. Este trabalho pretende apenas abrir precedente para o desenvolvimento de pesquisas a respeito, mas é importante nos determos por enquanto na relevância de se pensar que a impossibilidade da fala irá deslocar o agente do texto para outro lugar, em que suas palavras, em outra dimensão, podem assumir novas perspectivas que só serão percebidas depois da sensação de descarte, pois só no vazio é possível criar esse outro *locus*. Consideremos por último, essa negação de Carolina como um gesto transgressor, que violentamente atormenta o leitor. Pensemos na possibilidade de ser essa a linguagem conhecida da dor e só fora dela, ou seja, no campo das palavras, ser possível acessá-la, torná-la pública.

REFERÊNCIAS

AGAMBEN, Giorgio. **O que resta de Auschwitz**: o arquivo e a testemunha – Homo Sacer III. Trad. Selvino J. Assmann. São Paulo: Boitempo, 2003.

BLANCHOT, Maurice. **A parte do fogo**. Trad. Ana Maria Scherer. Rio de Janeiro: Rocco, 1997.

BLANCHOT, Maurice. **O espaço literário**. Trad. Álvaro Cabral. Rio de Janeiro: Rocco, 1987.

FOUCAULT, Michel, ; MOTTA, Manoel Barros da (Org.). **Estratégia, poder-saber**. Rio de Janeiro: Forense Universitária, 2003. 390 p. v.4. (Coleção Ditos e escritos)

FOUCAULT, Michel. **Microfísica do poder**. Org. e Trad. Roberto Achado. Rio de Janeiro: Graal, 1979.

HUTCHEON, Linda. **Poética do pós-modernismo**: história, teoria, ficção. Trad. Ricardo Cruz. Rio de Janeiro: Imago, 1991.

JESUS, Carolina Maria de. **Quarto de despejo**. 8ed. São Paulo: Ática, 2000.

LEVY, Tatiana Salem. **A experiência do fora**: Blanchot, Foucault e Deleuze. Rio de Janeiro: Relume Dumará, 2003.

RAVETTI, Graciela. Performances inscritas: o diáfano e o espaço da experiência. In: HILDEBRANDO, Antonio; NASCIMENTO, Lisley; ROJO, Sara (Org.). **O corpo em performance**: Imagem, texto e palavra. Belo Horizonte: NELAP/FALE/UFMG, 2003.

A escrita literária como "placement": legências de Carolina Maria de Jesus, em *Quarto de despejo: diário de uma favelada*, a partir de um conceito winnicottiano

Luciana Pimenta[15]

1. Um *lugar* na *legência de Quarto de despejo: diário de uma favelada*

Um dos conceitos que mais se desdobra em mim, enquanto legente de Carolina Maria de Jesus, em *Quarto de despejo: Diário de uma favelada,* é o de *lugar*. Tudo se me apresenta, desde o título, como *lugar. Quarto* é um *lugar,* um *lugar* expressivo da e na casa; *quarto de despejo* é um *lugar,* não um *lugar* qualquer da casa, um lugar aos fundos; *Despejo* é um *lugar* na lei e um des*lugar* da casa; *favela* é um *lugar* ou des*lugar* da cidade?; favelada é um *lugar* ou um des*lugar* da cidadania?; *Quarto de Despejo: diário de uma favelada* é um *lugar* ou um des*lugar* da literatura brasileira?

Faço aqui a opção pelo termo *legente* pelo gosto por aquilo que aparecia na significação mais originária do verbo ler. Do latim, *legere,* ler tinha uma relação com a agricultura, relacionando-se a *colher, escolher, recolher,* como quando se colhe do pé os melhores frutos. Essa relação, tão íntima com a vida, com o gesto de alimentar o corpo e o viver, parece-me crucial diante da escrita de Carolina, uma escrita ambivalentemente marcada pela fome e por uma colheita que vai muito além daquela que a marcou com o rótulo de "catadora de papel" antes que "escritora".

[15] Doutora em Direito, pela PUC Minas. Professora do Curso de Direito da PUC Minas. E-mail: pereirapimenta@hotmail.com

Também a condição de *legente* é sempre um *lugar.* Um *lugar* cheio de *lugares*, um conjunto de corpos, casas e cidades visíveis e invisíveis que se confundem[16] com nossas próprias vidas. Um conjunto de heranças, plantadas e escolhidas. Plantadas como alguma coisa que se plantou em nós, antes mesmo que pudéssemos escolher e escolhidas, como a capacidade de vir colhendo e re-colhendo os frutos (rostos e restos) dos plantios que nos constituem.

Penso, assim, que a opção pelo termo *legente* inicia, pois, um movimento de desconstrução de num certo modo de ler Carolina Maria de Jesus. Desconstrução entendida, a partir da herança derridiana, como um duplo movimento, de inversão e deslocamento[17]. Inversão que pretende ressaltar a *escritora* Carolina em relação à *catadora de papel*, trazendo à tona a primeira e suas colheitas, para além do catar papel. Deslocamento que pretende retirar Carolina das amarras da favela e transpô-la para o *lugar* dos seus sonhos, um *lugar* onde ela, criativamente, se colhe como escritora.

Minhas heranças também têm voz nessa *legência*. Há um por vir passado que me lança a essa colheita desde a casa da minha infância, um *lugar* tão fundante em mim. Dali retomo a menina que, sem sonhar ainda com os caminhos do direito, da filosofia, da literatura, da psicanálise e da maternidade – esses que falam um pouco sobre os *lugares* por onde venho habitando o mundo –, na pureza nada desatenta da criança, no criançamento do espanto, lançou o pai contra o peso da história (uma história que eu só viria a conhecer mais tarde; levaria outros tantos anos para compreender e outros tantos mais para pensar a necessária desconstrução) ao perguntar: "Papai, por que o *quarto* da empregada é no fundo da casa?". Meu pai, que não estudara Aristóteles, como eu viria a fazê-lo

---

[16] Em **As Cidades Invisíveis**, Ítalo Calvino, descrevendo as Cidades Ocultas, possibilita uma bela compreensão dessa confusão de lugares, em uma leitura, na voz de Marco Polo: "Viajando percebe-se que as diferenças desaparecem: uma cidade vai se tornando parecida com todas as cidades, os lugares alternam formas ordens distâncias, uma poeira informe invade os continentes. O seu atlas mantém intatas as diferenças: a multiplicidade de qualidades que são como as letras dos nomes" (CALVINO,1990, p.125).

[17] A inversão proposta por Derrida é apenas o primeiro passo de um movimento cujo desfecho é o deslocamento, ou seja, o momento da inversão. No momento da inversão, aquilo que foi reprimido e marginalizado pela filosofia é colocado em posição de evidência, o que visivelmente acontece em relação à escrita, à mulher, à loucura, ao animal, dentre outros conceitos que ganham destaque no pensamento derridiano. Cf. FERREIRA, Luciana P. Q. P. Pensando O Direito a partir do cinema e da estratégia da desconstrução. In: LIMA, Taisa Maria Macena et al. (Org) **Direito e Arte: os desafios da pessoalidade**. Belo Horizonte: Arraes Editores, 2016, p.1 a 12.

anos mais tarde, deu-me a prova cabal do quanto estamos, de maneira consciente ou inconsciente, vinculados às perversas estruturas de uma tradição excludente, ao responder sob o preciso eco das palavras do filósofo estagirita, com palavras que nunca me convenceriam: "Cada ser tem um *lugar* no mundo, minha filha". Desde ali, a palavra lugar ocupa um lugar em mim.

Há, também, as heranças do presente. As que se dão a viver e sentir em co-pertença ao transcurso do acontecimento. Escrevo em casa, no tempo-espaço de uma pandemia[18] que acomete o mundo, com a imposição normativa de um cuidado em nome da vida: "fique em casa se puder". Talvez nenhum *lugar* seja tão expressivo para dizer a mim mesma e a toda a minha escrita. Mas, quando falo casa, não falo apenas da estrutura física da casa. Penso no ambiente da casa. Nos laços que o compõem e significam. Penso em lar. Sinto o lar. E, assim, diante dessa casa, daquilo que sinto poder-dever ser nomeado como casa, desse meu-*lugar*-casa-lar, sou necessariamente lançada às angústias dessa herança presente: Quem pode ficar em casa? Quem tem casa? Quem, tendo teto, tem lar?, perguntas que, inelutavelmente, convidam-me a reler *Quarto de despejo: diário de uma favelada*. Aceito.

Essas heranças, portanto, de um por vir passado e um por vir presente estão, pois, disseminadas na Carolina que eu leio, aqui, do meu *lugar*, no ato *legente* dessa escrita. Uma Carolina que desejo ler, portanto, a partir de significações do conceito de *lugar*.

2. Do *lugar* da miséria, do racismo e da fome ao castelo de Carolina Maria de Jesus

Quarto de despejo: diário de uma favelada pode ser lido a partir do *lugar* da miséria, da miséria brasileira[19], o que se explica pelos termos compositivos

[18] No dia 30 de janeiro de 2020 o diretor geral da Organização Mundial de Saúde (OMS), Adhanom Ghebreyesus declarou o surto de COVID-19, que se originou em Wuhan na China, como uma emergência de saúde pública de interesse internacional. Um mês e onze dias depois, no dia 11 de março, o surto foi caracterizado como uma pandemia (WHO, 2020).

[19] O termo "miséria brasileira" foi empregado pelo filósofo brasileiro José Chasin para mostrar as especificidades do modo de ser da sociedade capitalista no Brasil. Cf. CHASIN, José. **A miséria brasileira**. Santo André: Ad Hominem, 2000 e. FERREIRA, Luciana. ROBERTI, Marina. *A revolução Carolina Maria de Jesus e a carência de superação da miséria brasileira*. In: Congresso sobre Direito, Memória, Democracia e Crimes de Lesa Humanidade. BH: 2019. Anais. No prelo.

do título, onde a favela aparece nitidamente como o *quarto de despejo* das grandes cidades brasileiras. Aqui a arquitetura das grandes cidades e o direito à moradia[20] como direito humano emergem como grandes questões-denúncias do texto de Carolina. Nesse sentido, *Quarto de despejo* evidencia uma das mais trágicas heranças das relações coloniais do Brasil, que é a escravidão. Uma escravidão que Carolina, com muita propriedade, associa às mazelas do capitalismo: "Atualmente somos escravos do custo de vida" (JESUS, 2014, p. 11) e, pois, à fome: "E assim no dia 13 de maio de 1958 eu lutava contra a escravidão atual – a fome!" (JESUS, 2014, p. 32).

Uma tal *legência* situa-se, portanto, no *lugar* da exclusão social, das invisibilidades e dos desdobramentos traumáticos do racismo no Brasil. "...Eu escrevia peças e apresentava aos diretores de circo. Eles respondia-me: – É pena você ser preta" (JESUS, 2014, p. 64). Gênero e classe se entrecruzam, aqui, à raça, na medida em que a pobreza é historicamente maior entre mulheres negras, em razão dos históricos processos de escravização, sucedidos por verdadeiras lutas pela sobrevivência, como lembra Angela Davis: "Embora as correntes da escravidão tivessem sido rompidas, a população negra ainda sofria as dores da privação econômica" (DAVIS, 2016, p. 106).

No rastro desse ponto de vista, *Quarto de despejo* pode ser lido como literatura de testemunho, um testemunho[21] sobre o drama da fome. Uma escrita produzida sob e pelo trauma de não ter o que comer, a cada dia, para manter-se vivo. "... Hoje não temos nada para comer. Queria convidar os filhos para suicidar-nos. Desisti. Olhei meus filhos e fiquei com dó. Eles estão cheios de vida. Quem vive, precisa comer. Fiquei nervosa..." (JESUS, 2014, p. 174).

---

[20] A primeira referência ao direito à moradia está no artigo XXV da Declaração Universal dos Direitos do Homem de 1948 (ONU, 1948), que surge no cenário do pós-guerra com a criação da Organização das Nações Unidas (ONU) e o desenvolvimento da ideia de Direitos Humanos como forma de evitar que os horrores da Segunda Guerra se repetissem. Mas foi só com o Pacto Internacional dos Direitos Econômicos, Sociais e Culturais da ONU (PIDESC) de 1966, ratificado pelo Brasil em 1992, que o direito à moradia se concretizou enquanto direito humano. Carolina encerrou a escrita de *Quarto de despejo: diário de uma favelada.* em 1960, quando tal direito era completamente ignorado pela legislação brasileira – e continua sendo um grave problema, o que está visivelmente comprovado no cenário da pandemia.

[21] "Recentemente os jurados de um concurso latino-americano, patrocinado pela Casa de las Américas de Havana, adotaram a expressão *literatura de testemunho* para qualificar um tipo de escrita que desde os anos setenta não cessa de crescer. A escolha do termo obedeceu à necessidade de acolher um alto número de originais que se situavam na intersecção de memórias e engajamento. *Nem pura ficção, nem pura historiografia; testemunho*" (itálico nosso). (BOSI, Alfredo. A escrita do testemunho em Memórias do Cárcere. **Revista Estudos Avançados**, v. 9, n. 23, p. 309-322, 1995. Disponível em: <http://www.revistas.usp.br/eav/article/view/8862>. Acesso em: 15 jun. 2020.

Todas essas leituras ressaltam a pobreza da Carolina catadora de papel, algo que Carolina realizava para sobreviver. Mas se não queremos refutar essas leituras, que precisam ser sempre revisitadas, propomos a *legência* de *Quarto de despejo* a partir do castelo cor de ouro de Carolina:

> Eu deixei o leito as 3 da manhã porque quando a gente perde o sono começa a pensar nas misérias que nos rodeia. (...) Deixei o leito para escrever. Enquanto escrevo vou pensando que resido num *castelo cor de ouro que reluz na luz do sol*. Que as janelas são de prata e as luzes de brilhantes. Que a minha vista circula no jardim e eu contemplo as flores de todas as qualidades (...). É preciso criar esse ambiente de fantasia, para esquecer que estou na favela (JESUS, 2014, p. 58, grifo nosso).

Um castelo habita Carolina. Um castelo cor de ouro, que reluz ao sol. Um castelo com janelas, esse *lugar* por onde o vento adentra a casa e se pode respirar. Janelas de prata que compõem as estruturas cor de ouro do castelo. Um castelo cor de ouro, com janelas de prata e luzes de brilhantes. Um castelo cheio de brilho, cercado por um jardim onde se pode *contemplar* flores de todas as qualidades. Esse castelo é, pois, o *lugar* de nossa escolha para ler Carolina: o *lugar* da Carolina escritora.

Ao escolher ler Carolina a partir do conceito de *lugar*, pensamos na significação que o psicanalista Winnicott imprime a essa palavra: "Desejo examinar o *lugar*, utilizando a palavra em sentido abstrato, em que permanecemos a maior parte do tempo enquanto experimentamos a vida" (WINNICOTT, 1975, p. 165). Também aqui, falo na condição de uma *legente* que, brincando, se arrisca a colher frutos no texto de Winnicott e a alimentar uma certa compreensão acerca do fazer da escritora Carolina.

3 *O lugar em que vivemos* na obra de Winnicott

O lugar em que vivemos é tema de uma das reflexões de Winnicott em *O brincar & a realidade* (1975). Winnicott começa por esclarecer que, sem violentar a linguagem cotidiana, podemos falar de nossas condutas no mundo da realidade externa, compartilhada, tanto quanto *desfrutar* – é exatamente essa a palavra usada por Winnicott, que ressalto aqui em razão da significação que demos ao termo *legente* como "aquele que colhe frutos" – da dimensão mística ou interna dela:

> Pela linguagem que empregamos, demonstramos nosso interesse natural com relação a esse tema. Posso estar num emaranhado, e, logo, libertar-me dele, ou então, tentar colocar as coisas em ordem, de modo a poder, durante algum tempo pelo menos, saber onde estou. Ou, encontrando-me no mar, oriento-me de modo a poder chegar a um porto (numa tempestade, a qualquer porto) e, depois, em terra firme, procuro uma casa construída sobre rocha, de preferência a areia, e em minha própria casa que (como inglês) é o meu castelo, fico no sétimo céu (WINNICOTT, 1975, p. 165).

O ponto de partida de Winnicott é o de mostrar que a questão do *lugar* aparece comumente relacionada ao mundo da vida, exterior e interior, sendo este último aquele "onde a riqueza pessoal se constrói (ou a pobreza se mostra), à medida que fazemos progressos no crescimento emocional e no estabelecimento da personalidade" (WINNICOTT, 1975, p.165). Em face desses dois *lugares*, o interior e o exterior, Winnicott pergunta: "Mas será que isso é tudo?" (WINNICOTT, 1975, p.166).

Winnicott vai dizer que, em se tratando de analisar a vida humana, existem aqueles que preferem pensar em termos de reflexos condicionados e condicionamento (terapia de comportamento) e aqueles que dão ênfase à vida interna "e reivindicam que os efeitos da economia, e até mesmo da própria morte pela fome, têm pouca importância, quando comparados à experiência mística" (WINNICOTT, 1975, p. 166). O que Winnicott faz é situar seu posicionamento entre esses dois extremos, fazendo-o a partir da seguinte provocação: "Se examinarmos nossas vidas, provavelmente descobriremos que passamos a maior parte de nosso tempo nem em comportamento nem em contemplação, mas em outro *lugar*. Pergunto: onde? Tentarei sugerir uma resposta" (WINNICOTT, 1975, p. 166).

A resposta de Winnicott está no que ele denominou de "uma zona intermediária" entre os dois polos. Para exemplificar, Winnicott formula indagações como: o que estamos fazendo enquanto ouvimos uma sinfonia de Beethoven, ao visitar uma galeria de pintura, ou que está fazendo uma criança quando fica sentada no chão e brinca sob a guarda de sua mãe? O que está fazendo um grupo de adolescentes quando participa de uma reunião de música popular? Pretendendo mostrar que existe uma insuficiência na pergunta sobre o que fazemos, devendo nos ocorrer também a pergunta: "onde estamos?", ele escreve:

> Não é apenas: o que estamos fazendo? É necessário também formular a pergunta: onde estamos (se é que estamos em algum *lugar*)? Já utilizamos os conceitos de interno e externo e desejamos um terceiro conceito. Onde estamos, quando fazemos o que, na verdade, fazemos grande parte de nosso tempo, a saber, divertindo-nos? O conceito de sublimação abrange realmente todo o padrão? Podemos auferir algum proveito do exame desse tempo que se refere à possível existência de um lugar para viver, e que não pode ser apropriadamente descrito quer pelo termo 'interno', quer pelo termo 'externo'? (WINNICOTT, 1975, p. 167, grifo nosso).

Para Winnicott há, portanto, três e não dois (interno e externo) *lugares* da vida humana a serem considerados mutuamente, sendo o terceiro o da experiência cultural, também chamado por Winnicott de "o brincar": "Em contraste com estes, sugiro que a área disponível de manobra, em termos de terceira maneira de viver (onde há experiência cultural ou brincar criativo), é extremamente variável entre indivíduos" (WINNICOTT, 1975, 169). Essa variação se deve ao fato de que essa terceira área, o brincar, é um produto das experiências da pessoa individual (bebê, criança, adolescente, adulto) no meio ambiente que predomina, podendo ser uma área mínima ou máxima, de acordo com a soma das experiências concretas. Essa terceira área é desenvolvida, segundo Winnicott, desde a relação do bebê com sua mãe, mais especificamente em relação à dinâmica da sua alimentação:

> Um bebê pode ser *alimentado* sem amor, mas um *manejo* desamoroso, ou impessoal, fracassa em fazer do indivíduo uma criança humana nova e autônoma. Onde há confiança e fidedignidade há também um espaço potencial, espaço que pode tornar-se uma área infinita de

> separação, e o bebê, a criança, o adolescente e o adulto podem preenchê-la criativamente com o brincar, que, com o tempo, se transforma na fruição da herança cultural (WINNICOTT, 1975, p. 172).

A pensar com Winnicott, a escrita literária, dentre outras manifestações criativas, é, portanto, uma atuação preenchedora desse espaço potencial. Essa atuação constitui "o brincar". Escrever é, assim, uma atividade de fruição cultural possível nesse *lugar* "entre" o interior e o exterior, um *o lugar em que vivemos,* advindo da forma como a criança foi alimentada, desde sua condição de bebê, estando, pois, associada à sua experiência do viver, sobretudo à experiência do cuidado havido para com sua vida, e não às condições genéticas ou tendências herdadas.

> A característica especial desse *lugar* em que a brincadeira e a experiência cultural têm uma posição, está em que *ele depende, para sua existência, de experiências do viver,* não de tendências herdadas. Um bebê recebe trato sensível na ocasião em que a mãe está-se separando dele, de modo que a área para a brincadeira é imensa; um outro bebê tem uma experiência tão infeliz nessa fase de seu desenvolvimento que lhe dá pouca oportunidade de desenvolver-se, exceto em termos de introversão ou extroversão. O espaço potencial, no último caso, não tem significação, porque nunca houve como erigir um sentimento de confiança combinada com fidedignidade (WINNICOTT, 1975, p. 172, grifo nosso).

Tudo se passa, na compreensão de Winnicott, a partir de uma importância fundamental que o ambiente22 tem para o desenvolvimento emocional de uma criança, o que se prolonga na adulta. É no rastro dos conceitos de lugar e ambiente que o conceito de *placement* aparece como um modelo de clínica no pensamento de Winnicott.

---

[22] Winnicott dedicou uma obra inteira para tratar as implicações do ambiente nos processos de maturação e desenvolvimento emocional desde a vida do bebê. Cf. WINNICOTT. D.W. **O ambiente e os processos de maturação: estudos sobre a teoria do desenvolvimento emocional.** Tradução de Irineo Constantino Schuch Ortiz. Porto Alegre: Artmed, 1983.

4 A escrita literária como um *placement*

Carolina enquanto escreve imagina e se sente num *castelo cor de ouro que reluz na luz do sol.* A escrita é, também para mim, uma casa. Uma casa com janelas abertas, varanda ao redor e, aos fundos, um quintal. Escrever é uma morada, esse *lugar* tão em evidência na pandemia que acomete e vem transformando o mundo. Mas não se pode negar que restar em casa e ter uma morada são, ainda, verdadeiros privilégios. Àqueles a quem esse privilégio é dado – a Carolina catadora de papel não o tinha, embora a Carolina escritora o inventava – têm reinventado seus dias entre os cuidados com a casa, leituras e *legências* de livros, filmes e das muitas *lives* que surgiram, vindas de todos os cantos, sobre todos os temas, para todos os gostos, conforme interesses, possibilidades e capacidades de escuta de cada um.

Dia desses, em uma dessas experiências de pandemia, assisti a uma *live* sobre Winnicott e ali me deparei com o conceito de *placement.* O conceito foi proferido pela psicanalista Érica Espírito Santo, em conversa com o psicanalista Alberto Timo, ambos do Travessias Psicanálise23. Ao apresentar o conceito a pesquisadora se reportou a um texto do psicanalista Gilberto Safra: *Placement: modelo clínico para o acompanhamento terapêutico.* O conceito me tocou de um tal modo que busquei o texto do Safra, que ali explica:

> *Placement* é uma modalidade de intervenção clínica bastante importante na obra de Winnicott. No entanto, é pouco conhecida entre nós pelo fato de que nos textos em que ela é apresentada, sua especificidade e suas características desapareceram em decorrência do modo como a tradução d7o texto foi realizada. *Placement* foi traduzido às vezes como alojamento, outras como colocação, o que levou à perda do conceito que Winnicott pretendia apresentar ao leitor. A tradução da palavra *placement* é problemática. Ela é derivada da palavra *place,* cujo significado é *lugar,* dimensão fundamental na constituição do *self* e no processo de trabalho clínico. Winnicott foi um psicanalista intensamente implicado com a clínica, e desenvolveu

[23] Cf. Winnicott e o conceito de placement. **LIVE**. ESPÍRITO SANTO. Érica. TIMO. Alberto Luiz Rodrigues. Disponível em https://www.instagram.com/tv/CAykcEzpF55/?igshid=elgnoa90twor Acesso em 29 de maio de 2020.

> diferentes modalidades de atendimento: a análise clássica, as consultas terapêuticas, a psicanálise segundo a demanda, o *placement* (SAFRA, 2006, p. 14, grifo nosso).

Como pontua Safra, *placement* deriva de *lugar, dimensão fundamental na constituição do sef, e o texto se desenvolve de modo a mostrar o placement como uma modalidade clínica. Safra explica que se deu conta da importância do conceito de placement* ao atender um garotinho que tinha cerca de onze anos de idade: "uma das coisas que mais me impressionou desde o princípio da análise foi a criatividade genial que esse menino apresentava, que se revelava por sua capacidade de comunicar sua vida interior e por sua grande inventividade" (SAFRA, 2006, p.14). Safra narra que esse garotinho frequentava uma escola que não era compatível com sua inventividade e originalidade, onde se sentia deslocado e estigmatizado, pois professores e alunos o tratavam como alguém estranho à realidade da escola. Na verdade, ele tinha um desenvolvimento intelectual e uma capacidade de apreensão da realidade muito acima do que a escola lhe fornecia em seu projeto pedagógico.

Junto aos pais, Safra procurou uma outra escola para o garoto, que permitisse que o garoto desenvolvesse sua criatividade, o que se tornou bastante significativo no percurso clínico do garoto. Assim, prosseguindo com a análise, que muito trabalhava a questão do amor primitivo, o garoto passou a pedir pedaços de madeira nas sessões de análise, o que era sempre atendido por Safra, que narra o vivido:

> Eu levava os objetos solicitados, e com eles construía um objeto que não era possível discernir o que seria. Eu observava o que estava se passando e certa vez lhe perguntei: "o que você está fazendo?"; e ele respondeu: "eu ainda não sei. Aguarde...". Por fim, a construção começou a adquirir uma configuração. Parecia uma grande caixa. Em uma sessão, ele pegou um copo de plástico, escreveu o nome da mãe e o colou sobre uma das torres dessa construção. Então, olhou para mim satisfeito e disse: "pronto!". Eu perguntei: "acabou?". Ele respondeu: "acabou. Isso é um *lugar*!". Fiquei surpreso com sua comunicação. Ele falava de um *lugar*! Não era uma coisa, um objeto, era um *lugar*! Desse

> modo, evidenciou-se o modo pelo qual ele havia vivido o processo analítico. Para ele, o trabalho lhe havia ofertado um *lugar* (SAFRA, 2006, p. 15, grifo nosso).

"Isso é um *lugar!*", disse o garoto. E é daí, desse *lugar*, que advém o conceito de *placement*. Um conceito que, observa Safra, foi se constituindo aos poucos na obra winnicottiana e está profundamente associado ao trabalho que Winnicott realizou na Segunda Guerra Mundial, que consistiu em acompanhar a retirada de muitas crianças de Londres para o interior da Inglaterra como maneira de protegê-las dos bombardeios da guerra, bem como o processo de maturação emocional dessas crianças em seus novos ambientes. Winnicott observou, nessas vivências, a importância que os novos ambientes tinham para a vida de algumas crianças na medida em que proporcionavam experiências de estabilidade emocional, inexistentes em seus ambientes de origem. Esta é a origem do *placement* como uma modalidade (prático-ambiental) de intervenção clínica.

"Enquanto escrevo vou pensando que resido num *castelo cor de ouro que reluz na luz do sol*", diz Carolina. Minha proposta nesse texto – como *legente* de Carolina a partir da escrita de Carolina, a partir de minha própria experiência de escrita – é, pois, a de expandir a compreensão do *placement* à escrita literária ou, em outros termos, compreender a escrita literária (e poética) como um *placement*.

É curioso pensar na trajetória de Carolina em face daquela do garotinho-paciente de Safra, em seu desconforto em relação ao ambiente e aos demais moradores da favela: "Mesmo elas aborrecendo-me, eu escrevo. Sei dominar meus impulsos. Tenho apenas dois anos de grupo escolar, mas procurei formar o meu caráter. A única coisa que não existe na favela é solidariedade" (JESUS, 2014, p. 16), bem como em relação à sua atividade de catadora de papel: "Eu cato papel, mas não gosto. Então eu penso: Faz de conta que eu estou sonhando" (JESUS, 2014, p. 29).

O ato de escrever é, então, para Carolina, segundo nossa *legência*, um verdadeiro *placement*, uma experiência criativa que a desloca das misérias do mundo exterior para um *castelo cor de ouro que reluz na luz do sol*. Esse castelo não é, por certo, o *lugar* da vida exterior de Carolina. "Preta é a minha pele. Preto é o *lugar* onde eu moro." (JESUS, 2014, p. 167). "Há de existir alguém que lendo o que eu escrevo dirá...isto é mentira! Mas, as misérias são reais" (JESUS, 2014, p. 46). Duro é o pão que comemos. Dura é cama que dormimos. Dura é a vida do favelado" (JESUS, 2014, p. 41). Nem exatamente o *lugar* da angústia, nervosismo e desespero produzidos pela fome exterior: "...De manhã eu estou sempre nervosa. Com medo de não arranjar dinheiro para comprar o que comer" (JESUS, 2014, p. 49).

> "Fiz o almoço, depois fui escrever. Estou nervosa. O mundo está tão insípido que eu tenho vontade de morrer. Fiquei sentada no sol para aquecer. Com as agruras da vida somos uns infelizes perambulando aqui neste mundo. Sentindo frio interior e exterior (JESUS, 2014, p. 179).

Assim, a vida de Carolina não é apenas a fantasia interior do seu "castelo cor de ouro", tampouco "as misérias reais de sua existência". Entre uma coisa e outra, existe um terceiro *lugar*, a saber: aquela zona intermediária, nem interna, nem externa, que associou Winnicott "à possível existência de um lugar para viver". Essa zona intermediária, a zona do brincar, do inventar, do preencher culturalmente a vida, do reconhecer-se como pessoa, como um "eu" no mundo, é, também, a zona do *placement*, uma zona que permite pensar a escrita literária como um "entre" esses dois mundos, um entre absolutamente necessário à saúde e ao equilíbrio psíquico e emocional de Carolina.

A escrita literária, assim concluímos, é seu *placement*, sem que isso seja um ponto final a essa *legência*. Talvez nunca haja o fim de uma escrita, tampouco de uma leitura. Esse *placement* é o fogo com que Carolina re-inventa seu estar no mundo, seu real: "Estou no quarto de despejo, e o que está no quarto de despejo ou queima-se ou joga-se no lixo" (JESUS, 2014, p. 37). É o fogo que esquenta seu interior e exterior. É seu "entre". Um *lugar* de luta, manifestação, composição, enfrentamento e travessia de uma realidade que excede sua condição individual e estabelece relações de empatia e tolerância para com os Outros. "Aqui na favela quase todos lutam com dificuldade para viver. Mas quem manifesta o que sofre é só eu. E faço isto em prol dos outros" (JESUS, 2014, p. 36). Sua escrita é, nesse sentido, também uma voz coletiva.

A pensar o eco da arte na transformação do mundo, talvez se possa pensar na literatura e nas artes em geral, com e em suas variáveis, como um *placement* social, um *placement* a atuar sobre o mal-estar do mundo contemporâneo. Mas isso é uma *legência* por vir, um *lugar* a mais entre as palavras, corpos, casas e cidades visíveis e invisíveis que seguem se confundido com nossas próprias vidas.

REFERÊNCIAS

BOSI, Alfredo. A escrita do testemunho em Memórias do Cárcere. **Revista Estudos Avançados**, v. 9, n. 23, p. 309-322, 1995. Disponível em: <http://www.revistas.usp.br/eav/article/view/8862>. Acesso em: 14 jun. 2020.

CALVINO, **As cidades invisíveis**. Tradução de Diogo Mainardi. São Paulo: Companhia das Letras, 1990.

CHASIN, José. **A miséria brasileira**. Santo André: Ad Hominem, 2000.

DAVIS, Angela. **Mulheres, raça e classe**. São Paulo: Boitempo, 2016.

FERREIRA, Luciana P. Q. Pimenta. Pensando O Direito a partir do cinema e da estratégia da desconstrução. In: LIMA, Taisa Maria Macena et al (Org.). **Direito e Arte**: os desafios da pessoalidade. Belo Horizonte: Arraes Editores, 2016. p. 1-12.

FERREIRA, Luciana P. Q. Pimenta; ROBERTI, Marina. A revolução Carolina Maria de Jesus e a carência de superação da miséria brasileira. CONGRESSO SOBRE DIREITO, MEMÓRIA, DEMOCRACIA E CRIMES DE LESA HUMANIDADE, 2019, Belo Horizonte. **Anais...** Belo Horizonte. No prelo.

JESUS, Carolina Maria de. **Quarto de Despejo**: diário de uma favelada. 10. ed. São Paulo: Ática, 2014.

SAFRA. Gilberto. Placement: modelo clínico para o acompanhamento terapêutico. **Psychê**, Ano X, n. 18. São Paulo, p. 13-20, set. 2006. Disponível em: <http://pepsic.bvsalud.org/scielo.php?script=sci_arttext&pid=S1415-11382006000200002>. Acesso em: 10 jun. 2020.

WINNICOTT. D.W. **O brincar & a realidade**. Tradução de José Octávio de Aguiar Abreu e Vanede Nobre. Rio de Janeiro: Imago Ed. Ltda, 1975.

WINNICOTT. D.W. **O ambiente e os processos de maturação**: estudos sobre a teoria do desenvolvimento emocional. Tradução de Irineo Constantino Schuch Ortiz. Porto Alegre: Artmed, 1983.

Winnicott e o conceito de *placement*. **LIVE**. ESPÍRITO SANTO. Érica. TIMO. Alberto Luiz Rodrigues.

Disponível em: <https://www.instagram.com/tv/CAykcEzpF55/?igshid=elgnoa90twor>. Acesso em: 29 mai. 2020.

ADVICE for the public: Coronavirus disease (COVID-19). **World Health Organization.** 29 April 2020. Disponível em: <https://www.who.int/emergencies/diseases/novel-coronavirus-2019/advice-for-public>. Acesso em: 10 jun. 2020.

2. VOZES-MULHERES: DIÁLOGOS ENTRE CAROLINA MARIA DE JESUS E OUTRAS ESCRITORAS

Anos ou danos dourados? Modernização, escrita feminina, diários mineiros – Carolina Maria De Jesus e Maura Lopes Cançado

José Carlos Sebe Bom Meihy[24]

Triste glória que não me deixa ter vontade própria. Quero ser eu.
Fizeram-me desviar de tudo que pretendia quando morava na favela.
(Carolina Maria de Jesus)

Estou brincando há muito tempo de inventar,
e sou a mais bela invenção que conheço.
Antes me parecia haver um depois.
Agora não me parece haver além de agora. Há muito tempo o tempo parou.
– Onde? Sou o marco do esquecimento.
(Maura Lopes Cançado)

Foi um mineiro quem qualificou a *Formação da Literatura Brasileira* a partir da noção de *sistema*. Antonio Candido, ao estabelecer tal premissa, levou em conta o processo cumulativo capaz de garantir a existência de um estatuto nacional firmado na *continuidade literária*. Prezando como matriz a circulação derivada da emissão e recepção dos textos impressos, nossas letras se inauguraram com a obra dos chamados *árcades mineiros*, instituídos como grupo que gerou um conjunto orgânico que arrolava formas, estilos, preocupações temáticas

[24] Professor Doutor aposentado do Departamento de História da USP. Professor do Programa de Pós-Graduação em Letras e Ciências Humanas da UNIGRANRIO. Bolsista de Produtividade em Pesquisa 1A, UNIGRANRIO/ FUNADESP. E-mail: jcarlosbm@hotmail.com.

espiraladas e Progressivas (CANDIDO, ano). Valho-me desta assertiva para instruir argumentos insinuadores de supostos que projetam a participação cultural mineira em outros momentos cruciais de nossa literatura. Num salto que inclui a possibilidade de verticalizar a produção de Guimarães Rosa na dinâmica do *realismo mágico*, permito-me supor, hipoteticamente, uma nova ousadia, florada na segunda metade do século passado, integrando certa produção feita por mulheres mineiras[25]. Mais estranha ainda o despontar de diários que, revelando o particular, se inscrevem nas letras nacionais[26]. É como se, mais recentemente, Minas mostrasse ao Brasil seus interiores, exibindo contradições que, afinal, ganham quilate nacional quando explicadas em contextos amplos e integradores.

Num tempo histórico globalizado, a retomada de algumas narrativas "exóticas", derivadas de contrastes sociais, promovem hipóteses provocativas[27]. Isso explica a escrita de representantes do gênero feminino que, longe de seus *loci* natais, pariram em dores as dificuldades de serem "mulheres brasileiras"[28]. Na passagem do *pathos* para o *ethos*, da regionalidade mineira para os grandes centros urbanos nacionais, os *diários*, refletindo realidades singulares, superam qualquer possível classificação, seja como literatura, história ou espécies disciplinares convencionais. Costurando a "*mineiridade*" no pano largo da cultura nacional brasileira, os desajustes provocados pelos deslocamentos ressignificam condutas expressas em papéis sociais e modos de percepção do mundo moderno. Explico-me: em termos de gênero textual, os *diários* escritos por mulheres e homens comuns – ou "ordinários", como diria De Certeau (ano) – apenas ganharam destaque no

---

[25] Sobre a presença de escritoras mineiras em geral, Constância Lima Duarte organizou um volume intitulado *Antologia de escritoras mineiras* (Florianópolis: Editora Mulheres, 2008).

[26] O primeiro diário a surpreender foi o de Helena Morley, mineira de Diamantina que publicou, aos 62 anos, *Minha vida de menina*, pela Companhia das Letras, São Paulo, 1998. Este diário, contudo, figura como produção autoral independente do contexto dos anos de 1960.

[27] Explorei anteriormente tal possibilidade considerando a figura de Carolina Maria de Jesus. Sobre o assunto, leia-se MEIHY, José Carlos Sebe Bom. Os fios dos desafios: o retrato de Carolina Maria de Jesus no tempo presente. In: SILVA, Vagner Gonçalves (Org.). **Artes do Corpo**. São Paulo: Selo Negro, 2004. p. 16-53. Em ensaio prévio, analisei alguns aspectos que justificavam estudos sobre os diários de Carolina Maria de Jesus e Maura Lopes Cançado. Disponível em: <http://www.albertolinscaldas.unir.br/anosdourados.htm>. Acesso em: 13 mar. 2014.

[28] Fala-se de escrita feminina assumindo os ensinamentos de Hélène Cixous, que vê a escrita feminina como um reconhecimento da mulher em seu próprio corpo, libertando a expressão escrita na mesma ordem que a diferencia da dimensão cultural falocêntrica. O descobrimento do corpo como elemento diferencial, contudo, não exila a possibilidade do homem também deter a escrita feminina. CIXOUS, H.; COHEN, K.; COHEN, P. The Laugh of the Medusa. **Signs**, n. 1, v, 4, p. 875–893, 1976. Disponível em: <http://www.jstor.org/stable/3173239>. Acesso em: 15 set. 2013.

Brasil depois dos anos de 1960. Isso, aliás, se inscreve no circuito de abertura do debate nacional sobre representatividades e expressões populares. Especificamente, causa admiração o fato de escritoras mineiras projetarem, nessa época, tantas memórias[29]. No universo dos "escritos do eu" – segundo a proposta desenhada por Gusdorf (1991) – se enquadrariam no cenário brasileiro também os diários femininos ou masculinos desde que expressando tipos de experiências que acharam espaço naqueles dias[30].

Foram duas mulheres, ambas do interior de Minas Gerais, Carolina Maria de Jesus e Maura Lopes Cançado, quem, mais que todos, formularam situações inéditas do até então sempre comportado contexto intelectual brasileiro[31]. Foi pelo diário que ambas ganharam destaque em uma corrida que deu estrada para alargar a discussão sobre o papel da mulher escritora, das marginais ou descabidas, das deslocadas de seus nichos originais e familiares, e – por que não? – de propositoras de novidades que transgrediram os padrões estéticos e formais estabelecidos. Rompiam-se, assim, as sólidas fronteiras que insistiam em conferir autonomia às culturas regionais e aos seus tipos particulares. Em certa medida, isso correspondia à modernização do país que ganhava largueza na interligação que progredia com os mecanismos permitidos pela emergente indústria cultural. Os padrões estéticos e formais que desafiavam a ordem estabelecida transpareciam nos gêneros textuais "novos" e de expressão de comportamentos "desviados", femininos, iluminadores de intimidades antes mal acendidas, legadas ao avesso do tapete que escondia a poeira dos excluídos de tradições consagradas. Ao interagir na amplitude nacional, centro e periferia,

---

[29] Para uma lista completa, ler LACERDA, Lilian. **Álbum de Família**: memórias e vida e histórias de leitoras. São Paulo: Editora da UNESP, 2003.

[30] Dois diários masculinos, ambos de homossexuais, foram também lançados no tempo. Trata-se de escritos de Lúcio Cardoso e Walmir Ayala. De Cardoso temos o *Diário Completo*, que cobre de 1949 a 1962. Dos diários de Ayala temos três volumes, publicados entre os anos de 1962 e 1976: Difícil é o reino: Diário I, O visível amor: Diário II e A fuga do Arcanjo: Diário III. Em conjunto tais páginas vão de 1956 a 1961.

[31] Note-se que há uma singularidade no caso dos diários brasileiros em comparação com os femininos publicados em outros países, pois internacionalmente os diários femininos conhecidos remetem a pessoas prezadas socialmente. Entre outros, alguns diários famosos de mulheres mais se justificam pelas excentricidades do que pela marginalidade. Casos como o de Katherine Mansfild, que viveu obcecada com a tuberculose; Virginia Woolf, que transferiu para o papel sua utopia vivencial; Anais Nin, que registrou a própria vida, e a estranha aristocrata inglesa Priscilla Scott-Ellis, que colocou no diário sua luta na Guerra Civil Espanhola ao lado dos franquistas, atestam que a publicidade desses textos se deveu ao prestígio das autoras. Isso não aconteceu com as brasileiras que, pelo contrário, ficaram famosas por eles.

interior e capital se imiscuíam, projetando uma identidade cultural bem mais integrada. Cabiam aí, na latitude do espaço da requalificação da identidade nacional, expressões variadas e diferentes. Carolina e Maura não se explicavam mais pelo interior mineiro, mas, pergunta-se, encaixar-se-iam sem problemas no dilatado espaço nacional?

Um tempo definidor

Consideremos, então, no trajeto vivencial de ambas o processo histórico retraçado entre 1945 – fim da Segunda Guerra e da ditadura Varguista – e 1964 – momento de instalação do regime militar. Em particular, cabe centrar atenção no final da fase chamada *redemocratização do pós-guerra* e como síntese do traço temporal/cultural agitado marcar o dizer de Roberto Schwarz (1978, p. 69), atento ao alvorecer dos anos de 1960:

> O vento pré-revolucionário descompartimentava a consciência nacional e enchia os jornais de reforma agrária, agitação camponesa, movimento operário, nacionalização de empresas americanas, etc. O país estava irreconhecivelmente inteligente.

"Irreconhecivelmente inteligente", salientemos...

Na mesma senda, Marcelo Ridenti progrediu a noção dessa ocasião criativa e bizarra, dizendo que havia, no embalo daquele então, um fermento resultante de um "idealismo revolucionário" tangível e que:

> o romantismo das esquerdas não era uma simples volta ao passado, mas também modernizador. Ele buscava no passado elementos para construção da utopia do futuro. Não era, pois, um romantismo no sentido anticapitalista prisioneiro do passado, gerador de uma utopia irrealizável na prática. Tratava-se de romantismo, sim, mas revolucionário. De fato, visava-se resgatar um encantamento da vida, uma comunidade inspirada no homem do povo, cuja essência estaria no homem camponês e no migrante favelado a trabalhar as cidades (RIDENTI, 2000, p. 25).

É exatamente nesse caixilho que se ajustava o fenômeno Carolina Maria de Jesus, a "escritora que saiu do lixo". E explicava também a figura extravagante de Maura Lopes Cançado, em suas excentricidades descabidas no interior mineiro, mas também de ajeites complicados na cidade grande. De toda forma, o esvaziamento do campo e das pequenas urbes interioranas se acelerou naqueles dias pulsados[32]. Das duas mulheres, uma optou pela perambulação nas ruas de São Paulo exatamente no momento em que os eventos do Quarto Centenário, celebrado em 1954, demandaram transformações drásticas na "cidade que mais cresce no mundo"; a outra buscou lugar em redações de jornais do Rio de Janeiro, então capital cultural do país. Ambas viraram escritoras e pelas letras impressas em diários publicados entraram para a história ostentando os ruídos de comportamentos derivados de suas condições de origem.

São Paulo e Rio de Janeiro foram arenas de representação das duas mineiras que vivenciaram o mito da cidade grande e nelas conferiram um Brasil alheio à modernidade, pouco imaginado pela cultura metropolitana de uma classe média nascente que se propunha a reconhecer-se nos contrastes montados. Do interior de Minas para as capitais, as revelações subjetivas dimanadas nas páginas de cadernos manuscritos dariam condições para se avaliar extremos que atiçavam a curiosidade geral. É como se a ficção por si não desse mais conta da fala sobre "a realidade". Sobretudo interessavam os detalhes da vida e a incompatibilidade com o ritmo pretendido pelo progresso traduzido pelos projetos da "nova" economia. O tal "capitalismo selvagem" demandava exames dos comportamentos e uma das possibilidades de verificação disso se deu por lances reveladores da intimidade das pessoas, aspectos expressos nos diários. O dia-a-dia dramático, vertido em *entradas* diárias, dimensionava o que podemos chamar de *diários íntimos*[33], íntimos por revelarem aspectos até então apenas transparecidos na produção sociológica – os pobres – e em personagens de ficção ou da norma médica – os loucos.

---

[32] Considera-se a inversão numérica da população rural em favor da urbana como fato notável na percepção do país. Sobre a inversão demográfica do campo para a cidade, ver BRITO, F.; CARVALHO, J. A. Somos um país de jovens? In: ALBUQUERQUE, E. S. (org.). **Que país é esse?** Rio de Janeiro: Globo, 2006.

[33] Assumo como base conceitual a definição de "diário íntimo" derivada das propostas de GIRARD, A. **Le Journal Intime**. Paris: Presses Universitaires de France, 1986. p. 15. Cabe lembrar que Maura Lopes Cançado não considerava o seu um "diário íntimo"; aliás, são palavras dela: "Não é, absolutamente, um diário íntimo" (p. 5), mas independentemente desse juízo personalista, seu texto foi lido como tal.

Pobreza e loucura, portanto, se enlaçavam como temas vitais em uma dança cultural que se exibia atenta ao ritmo acelerado das mudanças, à modernização e aos desafios do novo perfil de estado nacional integrado, prenhe de contrassensos e em evolução constante. Era como se o tempo colonial metaforizado por uma cultura interiorana buscasse uma desesperada sintonia com o mundo moderno, das grandes cidades. Aliás, sob o signo do tempo cultural se pode perceber o desajuste das duas protagonistas, deslocadas de seus berços, mas atrapalhadas no cosmo metropolitano que as acolheu sem integrá-las.

O impacto das mudanças do campo ou da cultura rural justifica o que se chama de "rápida urbanização do território brasileiro" que, segundo especialistas, não deve ser apenas visto como "um processo estritamente demográfico", pois "tem dimensões muito mais amplas". Foi no sensível momento de virada do epicentro produtivo nacional, da agricultura e pecuária para indústria, que se operaram as mudanças que explicam os novos tipos sociais.

> é a própria sociedade brasileira que se torna cada vez mais urbana. As cidades, além de concentrarem uma parcela crescente da população do país, convertem-se no lócus privilegiado das atividades econômicas mais relevantes e transformam-se em difusoras dos novos padrões de relações sociais incluindo as de produção e de estilos de vida (BRITO; SOUZA, 2006, p. 63).

E continuam argumento em favor da drástica alteração, justificando que:

> Contudo, a maior parte do crescimento demográfico urbano, entre 1960 e 1980, deveu-se ao intenso fluxo migratório rural-urbano. Somente entre 1960 e o final dos anos 1980, estima-se que saíram do campo em direção às cidades quase 43 milhões de pessoas, incluído o efeito indireto da migração, ou seja, os filhos tidos pelos migrantes rurais nas cidades (BRITO; SOUZA, 2006, p. 63).

Entre outras manifestações que fugiam do padrão esperado, as duas *escritoras circunstanciais* e impertinentes se impuseram no agitado palco daqueles dias desconcertantes e incrivelmente apagados de nossa consideração histórica.

Uma constelação inédita no céu desse tempo se fez brilhar pelo surgimento de figuras e movimentos populares. Garante-se, pois, a probabilidade daquelas duas mulheres na essencialidade daquele tempo. Estamos falando dos chamados *anos da contracultura*, no qual o *Presidente bossa-nova* – também mineiro – dava sentido a um Brasil novo, repleto de proposituras políticas e culturais desafiadoras, coerentes com o devir modernizador. Tempo de retraços pretensiosamente revolucionários esses, em que uma combinação de manifestações se colocava como divisória dramática entre o antigo e o moderno, entre o velho e o novo Brasil. Refere-se a um lustro – em particular a um ano, 1958 – em que se expressaram, por exemplo junto com a bossa nova, a chamada jovem guarda, além do cinema novo, do teatro de Gianfrancesco Guarnieri, da construção de Brasília e dos resultados da industrialização acelerada que pretendia efetivar o *slogan* presidencial "cinquenta anos em cinco". Arrola-se também o feito da Seleção Brasileira de Futebol, ganhando, pela primeira vez, a Copa do Mundo, e mais: *misses*, atletas, mulheres aparecendo no cenário artístico em diferentes esferas (SANTOS, 1997).

Sobre todos os grupos emergentes, os pobres ganhavam protagonismo a partir do conjunto. E aquele era um tempo em que cabiam Dom Helder Câmara e Paulo Freire como anunciadores de novas linhagens políticas, religiosas e educacionais. Interessa inscrever nesse contexto o Movimento Negro brasileiro, que, naquele espaço, alçava destaque com a participação de figuras que mais tarde iriam ser referências. Atores como Grande Otelo; cantoras de sucesso, tais como Elza Soares e Elizete Cardoso; sambistas, como Zé Keti e Cartola, Lupicínio Rodrigues, Noite Ilustrada; jogadores de futebol, como o estreante Pelé ou os veteranos Didi e Garrincha; mães de santo, como Menininha do Gantois, foram alguns dos personagens emergentes nessa conjunção (MEIHY, 2004). Àquela altura, um grupo de intelectuais "de cor" se projetou, propondo discussões sobre raça, com destaque para o sociólogo Alberto Guerreiro Ramos e para o artista plástico Abdias do Nascimento, fundador do Teatro Experimental do Negro (TEN). Aliás, em termos historiográficos, cabe lembrar que foi em 1959 que, juntamente com Otávio Ianni e Fernando Henrique Cardoso, foi publicado *Cor e mobilidade social em Florianópolis* e, mais tarde, sozinho, em 1962, *Capitalismo e escravidão no Brasil Meridional*. Empurrando aquele dinâmico movimento sociológico, o mestre de todos, Florestan Fernandes – juntamente com Oracy Nogueira e João Batista Borges Pereira – explicava a brasilidade da composição étnica[34].

Frente à loucura socialmente expressa, a conjuntura de 1952 projetou a figura ímpar de Nise da Silveira, idealizadora do "Museu de Imagens do Inconsciente", projetando artistas populares como Adelina Gomes, Carlos Pertuis, Emygdio de Barros e Octávio Inácio. Em 1956, em plena efervescência do debate sobre a sanidade social, a mesma incansável Nise da Silveira criou a "Casa das Palmeiras" para atender pacientes que haviam passado por tratamentos psiquiátricos em instituições antiquadas. Nesse quadro, no coração do debate sobre loucura, Maura Lopes Cançado se ajustava como expressão letrada, cabível e até desejável, porque contestava o estereótipo do louco marginal, alienado, passivo[35]. Aliás, corrige-se aqui um lapso na literatura médica e sociológica brasileira que não leva em consideração o testemunho vital da "mineira insana" que tanto criticou os institutos que cuidavam das "doenças mentais". Havia, no entanto, no quadro social, espaço para todos, inclusive para tipos que perambulavam pelas cidades, tidos como pobres e doidos. Um exemplo, no Rio de Janeiro, foi José Datrino, conhecido como *Profeta Gentileza*, que se dizia "amansador dos burros homens da cidade que não tem esclarecimento". E, nessa lógica das variações de personagens sociais, Maura Lopes Cançado funcionava como emblema desse turbulento tempo de ousadas mudanças. Interessante hoje, aqui em Minas, "presentificar" aquele passado explicador das duas senhoras.

Desvio ou atalho?

Mas há algo mais a dizer sobre a inscrição destas mulheres no plantel das letras brasileiras, pois as duas mineiras diaristas não foram únicas. Marisa Lajolo descortinou um episódio intrigante da composição intelectual da nossa

---

[34] Disponível em: <http://www.usp.br/revistausp/68/14-florestan-joao-oracy.pdf>. Acesso em: 5 abr. 2014.

[35] Vera Brant relata os sofrimentos nos diversos hospitais psiquiátricos pelos quais Maura passou e do *Hospício é Deus* diz textualmente: "é uma denúncia da maior violência, de boa qualidade literária e um verdadeiro clamor humano". Disponível em: <http//www.ver.brat.htm>. Acesso em: 21 mar. 2013.

contracultura, assinalando que na abertura dos anos de 1960 havia um grupo de mulheres com "ideias na cabeça e caneta na mão". Lajolo se referia às autoras que, àquela época, assumiam papel de destaque na cena cultural e letrada brasileira (LAJOLO, 1995). "Bem nascidas", "de família" e "preparadas", personalidades como Lígia Fagundes Telles, Clarice Lispector e Nélida Piñon se compunham com alguns nomes que anteriormente haviam semeado o sucesso literário feminino. Isso, contudo, não as definia como grupo que visasse a transformação desse coletivo em projeto capaz de contestar o perfil estético e masculinizante vigente. Nomes como Cecília Meireles e Raquel de Queiroz por certo alçaram destaques prévios, mas não exatamente por terem iniciado suas carreiras com uma *escrita feminina*. Pouco mais intimista, talvez; levemente desviada, sim; em essência feminina, não. Não pelo menos em termos da quebra do padrão formal e de demonstração "em si" de dramas pessoais. Carolina e Maura encarnaram a escrita e por ela registraram suas vidas.

Consagradas, aquelas *escritoras notáveis* tiveram seus livros – contos, romances, poesias – aceitos sem as mesmas dificuldades das diaristas. Isso porque os fizeram em estreito diálogo e sintonia com a produção corrente, de matriz varonil, combinada com a norma culta ou com a lógica literária convencionadas como padrão. Mesmo respeitadas no campo das letras – aliás, exatamente por isso –, tais autoras demoraram mais a representar uma linhagem de gênero, capaz de caracterizar uma autoria remoçada porque testemunhal e genuinamente feminina. Nada, nada, próximo de um *fait divers*, no sentido sugerido por Roland Barthes (1966). A propósito, vale insistir no impacto da intromissão das duas diaristas mineiras, pois aquelas *grandes damas da literatura brasileira* passaram a ter que disputar espaço no novo mercado com estreantes, estas bem mais ousadas e que, por isso, abalaram o grande público com novidades chocantes, rasgando o preguiçoso continuísmo erudito, tão entranhado em nossa sociedade[36]. Digamos, inclusive, que, em favor do *status quo*, as autoras reputadas formularam

[36] As *divas* já conhecidas até se insinuaram contra o padrão masculino, mas de maneira tão sutil e mansa que não foram percebidos no tempo desvios significativos, ou sequer tendências perturbadoras da norma culta estabelecida. Seria injusto afirmar que elas não apresentaram alguma novidade ao longo de suas carreiras, mas o fizeram se mantendo harmonizadas com o teor evolutivo natural, compatível com o de seus pares, homens, *beletristas*.

uma espécie de *pantheón* de *escritoras permanentes*, mas junto com os também *permanentes* pares masculinos[37]. Maura e Carolina, não.

Considerando o impacto dos aludidos diários, proponhamos uma breve arqueologia de suas publicidades como recurso aberto a orientar explicações dessas "outras" como "fenômeno novo", fundamental a ponto de caracterizar literariamente a contracultura brasileira[38]. Busquemos, nessa direção, pontuar alguns aspectos importantes para a consideração da chegada desses textos ao grande público, permitindo que a intimidade de ambas viesse a se transmudar em argumento sociológico e crítico literário. Cabe aqui pensar, além da emissão, na produção e recepção de cada um desses diários e no significado das diferenças e similitudes contextuais que serviram de denominador comum aos seus livros. Na soma de todas as suas edições, o *Quarto de despejo*, de Carolina, vendeu mais de um milhão de cópias no mundo todo; e o *Hospício é Deus*, de Maura, limitou-se a três mil exemplares – 1.500 em cada tiragem, ambas restritas ao Brasil, em 1965 e 1968, respectivamente[39]. Enquanto o diário de Carolina foi, até hoje, traduzido para cerca de quarenta línguas, o de Maura permaneceu na língua original[40]. Uma hipótese para explicar a diferença das tiragens passa pela constatação do alargamento da miséria em escala mundial, em contraste com a particularização da loucura. Enquanto o miserável ganhava – e continua ganhando – potencialidade universal, o alienado e a loucura ficam restritos à ordem médica e à incrível prática da reclusão que, aliás, é metáfora perfeita do tratamento que recebe inclusive na literatura, como se vê em Lima Barreto. Como espetáculo visual e numérico, a pobreza é alardeada, dinamizando o número de miseráveis. O "insano", não.

---

[37] A questão da permanência não é fato desprezível se levamos em conta a intermitência das duas diaristas que são "redescobertas", como se nota no caso de Maura Lopes Cançado na reportagem "Memórias do Manicômio" assinado por Maurício Meireles, n' *O Globo* de 14 de abril de 2014, Segundo caderno, p. 1. Em relação a Carolina Maria de Jesus, em vários artigos tenho ressaltado suas reaparições, em particular "Conto das Rua", *Revista de História da Fundação Biblioteca Nacional*, disponível em: <http://www.revistadehistoria.com.br/secao/leituras/conto-das-ruas>. Acesso em: 12 mar. 2013..

[38] Aline Alves Arruda explorou a escrita arqueológica de Carolina, aproximando-a da prática de reaproveitamento de objetos encontrados no lixo". Sobre o assunto, ler: "A escrita arqueológica de Carolina Maria de Jesus em 'Meu estranho diário'". In: *Arquivos femininos: literatura, valores, sentidos*. Florianópolis: Editora Mulheres, 2014. p. 201-207.

[39] A Editora Record, no Rio de Janeiro, em 1972, lançou outra edição do *Hospício é Deus*. Seu segundo livro, *O sofredor do ver*, foi lançado em 1968.

[40] Até hoje o *Quarto de despejo* apenas perde em número de venda de títulos brasileiros vertido para línguas estrangeiras para Paulo Coelho e Jorge Amado.

Mas além de quantitativos, pensemos nos argumentos que moveram a transformação dos diários em livros destinados ao consumo. Comecemos por assinalar que, em comum, os dois casos de publicidade dos diários ocorreram por mãos de jornalistas, homens, que prefaciaram suas obras[41]. Qual o significado dessa mediação naquela conjuntura? Pergunta-se: *estratégia* delas? Oportunismo deles? *Concessão* ou *negociação* de ambos os lados? Seja qual for a resposta, o fato é que há um direito e um avesso nesse pano editorial. A autoria dos originais é inquestionável – elas, Carolina e Maura, são as autoras –, mas o mérito de tê-los publicado não lhes pertence. Isso coloca em juízo as edições ou influências masculinas nos produtos finais. Nesse quesito, diga-se, estabeleceram-se as complexas transações das duas mulheres com o apadrinhamento masculino, hegemônico, detentor do poder de publicação. Estes, por sua vez, se projetaram com a novidade representada por ambas, principalmente Audálio Dantas, que, apesar de ter já seu nome reconhecido, se notabilizou definitivamente por expor ao grande público os diários de Carolina, tendo inclusive prefaciado algumas edições estrangeiras e gerenciado edições alhures. E o que teriam elas conseguido sem o endosso deles? Em particular, o caso de Carolina merece atenção[42]. Ainda que recluso ao Brasil, *O hospício é Deus* também ficou conhecido pelo patrocínio germinal de um editor jornalista.

Carolina, por várias citações próprias em diferentes lugares, tentara antes, inclusive fora do Brasil, publicar seus escritos, sem sucesso. Sabe-se que palidamente seu nome apareceu na imprensa, sem, contudo, precisão alguma das datas em que isso teria acontecido. A primeira vez em que o nome de Carolina foi estampado em jornal teria se dado graças a um texto de autoria de Villi Aureli, na *Folha da Manhã*. Mais tarde, em matéria de Marcos Pacheco para a *Folha da Noite*[43], seu nome novamente figurava em páginas. Numa "pré-história" do *Quarto,* há de se lembrar que em 1958 o próprio Audálio Dantas preparava o sucesso

---

[41] Elzira Divina Perpétua contextualiza a condição do jornalismo brasileiro que possibilitou o lançamento das duas diaristas. Ler sobre o assunto:PERPÉTUA, Elzira Divina. **A vida escrita de Carolina Maria de Jesus**. Belo Horizonte: Nandyala, 2014. p. 51.

[42] A opinião de Audálio Dantas está expressa em entrevista publicada em *Cinderela Negra: a saga de Carolina Maria de Jesus,* p. 101-107 de minha autoria com Robert M. Levine.

[43] Há quem diga que foi em 1946, mas há referências de 1951.

que viria depois e assim publicou no jornal em que trabalhava, a *Folha da Noite*, o artigo "O drama da favela escrito por uma favelada. Carolina Maria de Jesus faz um relato sem retoques do mundo sórdido em que vive"[44]. Não há dúvidas, pois, de que foi pelo jornal que se plantou a figura marcante da "escritora vira-lata" que finalmente impactou os anos iniciais da década de 1960 (SANTOS, 2009).

Mas não basta esgotar o debate sobre as presenças dos jornalistas homens pelos seus patrocínios editoriais. Havia algo a mais, principalmente a necessidade de outra mediação, esta de teor estético e referente à língua e estilo. Germana Henriques de Sousa (2007, p. 12), pensando Carolina, afirma que:

> Para compreendermos a obra de Carolina, é necessário, portanto destacar as relações dos excluídos com o sistema literário, a inclusão da voz do subalterno – o processo dialético que leva um excluído a desejar ter voz e, para moldar essa voz, escolher o mesmo discurso/forma que o exclui.

Nesse caso, nota-se a busca de reconhecimento e esforço em aparelhar seu discurso com os refinamentos da moda em voga, como se esta fosse a única alternativa para a almejada fama. A ponte estabelecida por Audálio, então, se mostrou providencial. Nos dois casos, valeu o empenho dos escritores/repórteres e jornalistas. Ao tentar afinar seus escritos com a recepção pública, as diaristas apenas lograram sucesso depois das "introduções" dos padrinhos. Mas isso não foi tudo: valeu mesmo o fato de narrarem a própria vida como se vivessem uma tragédia coerente com a marginalidade incompreendida, tudo na primeira pessoa. Há, é verdade, algo de notável nas diferenças das duas; porém, mais do que salientar contrastes incompatíveis, cabe ressaltar que ambas representavam uma complementaridade notável. Daí a justificativa maior para se integrar a análise dos diários nos elos que as uniam à recepção pública. A constatação da curiosidade dos leitores abre, contudo, outras questões: pode-se falar em uma espécie de "culpa social"? Esse tema ainda carece de estudos. Por certo os críticos de literatura estão a campos, mas fica patente que boa parte dessa responsabilidade cabe aos historiadores que têm por ofício articular situações explicadoras. De outro lado,

---

[44] *Folha da Noite,* ano XXXVII, n. 10, 885, 9 maio 1958.

sabe-se que não será pela obra fora de seu tempo e espaço que se avançará. Enfim, se de regra os diários não se explicam por si, isoladamente, muito menos esses dois, que se abraçam em significação única.

A situação de Maura em termos de classe social foi diversa de Carolina, ainda que seus anseios também desaguassem em forma diarística. A dificuldade de abordar Cançado é grande porque ela se confundiria com outras escritoras pela aparência e até pela formação cultural. Sem a chave analítica da loucura expressa no dia-a-dia, Maura poderia passar por excêntrica ou tola e até ser posta de lado por exageros de redação. As diferenças das duas fazem com que, em termos de presença, Maura ostente condições aparentemente incompatíveis com Carolina. Branca, teve boa formação educacional, aprendeu línguas em colégio de freiras e conviveu com a elite e intelectuais importantes[45]. De família abastada, originalmente de São Gonçalo de Abaeté, Minas Gerais, aos 15 anos se casou, teve um filho e migrou. Separando-se do marido um ano depois, queria continuar os estudos e, mudando-se para a cidade grande, conviver com pessoas cultas. Vale, a título de exemplo, considerar como pretexto da insanidade da moça o motivo aludido para a separação do marido: ao pilotar um teco-teco, deixou o aviãozinho tombar sobre a rua em que morava, tudo pela simples "vontade de ver um avião cair" estando dentro dele. Tipo loiro de reconhecida beleza, autoproclamada como "belíssima e de avassaladora inteligência", aos 18 anos, pela primeira vez, foi internada no hospital psiquiátrico Gustavo Riedel, no Rio de Janeiro. Sabe-se de outras internações dela, algumas a seu pedido, inclusive tendo passado seis anos presa depois de matar uma colega do hospício. Maura, que também sempre quis ser escritora, começou a trabalhar como articulista no *Jornal do Brasil*, num momento em que Reynaldo Jardim tornou-se editor do Suplemento Dominical. Foi ele, aliás, que, em 1958, durante uma visita a ela no internato, recomendou que escrevesse um diário, registrando suas experiências. Estava lançada a semente do exuberante *Hospício é Deus*.

Como Carolina, Maura também já havia publicado um poema que chegara a Assis Brasil pelas mãos de Sebastião de França. É importante reconhecer que

---

[45] "Falar sobre a Maura é muito difícil. Entendê-la, impossível", disse sua amiga e confidente Vera Brant. Disponível em: <http://verabrant.com.br/1/cronicas/Maura%20Lopes%20Cancado.htm>. Acesso em: 21 mar. 2013.

o Suplemento Dominical do *Jornal do Brasil*, onde Maura fora parar, se abria a novos escritores, como Ferreira Gullar, Mário Faustino, José Guilherme Merchior, José Louzeiro, Carlos Heitor Cony, que conviveram com a jovem promessa. Seu passaporte para o sucesso, no entanto, se deu com a publicação, na primeira página daquele Suplemento Dominical, com o conto "No quadrado de Joana". Há rumores sobre esse episódio revelando que Maura teria agradecido a Reynaldo Jardim de joelhos[46]. Curiosamente, a trama desse conto de estreia tratava da história de uma esquizofrênica catatônica e tal indicação insinua a consciência da autora dublê de diarista e ficcionista. Referindo-se ao *Hospício é Deus*, sabe-se que depois da segunda internação da autora, Fernando Sabino, outro homem, mineiro também, se esforçou muito para a publicação do diário. Lançado ao público, o *Hospício* foi impresso com a apresentação de Reynaldo Jardim, recomendando "medo" ao leitor, pois advertia que era necessário preparo para as "traições da beleza e fascínio diante de uma prosa alarmante". Assim se pronunciou textualmente:

> Eis a tranquila fúria. Ei-la aberta à emoção e ao tédio. Ei-la cantando a ficção real do cotidiano alumbrado. Ei-la, pânico sem susto, desvairando o pensamento claro, assombrando o sonho preciso, limpo e justo do pesadelo em vigília. Calmo sobressalto. Eis o canto mais alto de ser, sendo a um tempo e medo, lúcido punhal e carne transpassada. Eis o que não pode ser amada e se autodevora: flora animal, passiva flor urbana sob o peso da luta, transmutando impotência de vítima em demoníaco cacto flamante, visgo de fogo simulante, granadas no Arsenal (JARDIM in CANÇADO, 1979, p. 10).

Sem cair no conceitualismo raso da polêmica que se perde discutindo se diário é ou não literatura – se testemunho, documento histórico, gênero indefinido e/ou híbrido –, partamos para o significado social e oportuno que

---

[46] José Louzeiro, colega de Maura no SDJB relata que "quando foi publicado aquele conto dela na primeira página do jornal, ela não sabia de nada, ela ficou tão surpresa que no dia seguinte, nos estávamos na redação – era uma redação só pro suplemento, um espaço muito bem iluminado, o chão muito cheio de sinteco –, ela se atirou no chão pra agradecer o Reynaldo Jardim, de joelhos. Escorregou, esfolou os dois joelhos, nos deu um trabalho. Tivemos que levar a Maura na farmácia pra remendar o joelho, ficou todo esfolado. Essa era a Maura". Disponível em: <http://mauralopescancado.tumblr.com/JB>. Acesso em: 21 mar. 2013.

esse tipo de escrita provocou e que teve efeito, qual dinamite poderosa, de abrir fendas em muros consistentes, comprometendo o formalismo machista dominante[47]. Ainda, convém lembrar que a recepção desses textos provava a alteração do gosto dos leitores que passavam a pedir relatos baseados na vida tangível. Decorrência natural do novo mercado de livros foi o surgimento de padrões estéticos de consumo cultural até então garantido aos chamados "grandes personagens". Isso se deu, sobretudo, pelo triunfo de um tipo de jornalismo "sociologizante", de "denúncia", que projetava nomes como Nelson Rodrigues, por por exemplo (PERPÉTUA, 2013). Por esse atalho, desde logo, a escrita feminina despertou possibilidades de visitas aos interiores do mundo marginal, com lances pessoais íntimos – falando de sexo, desejos, carências extremas e dívidas sociais, por exemplo. Tudo revelado pelo uso do corpo submetido às desventuras da vida fora dos padrões tidos como aceitáveis.

Havia na junção das diaristas com os profissionais da notícia uma espécie de pacto não revelado e estes assumiam a função da notícia comprometida com os efeitos sociais e resultados de políticas. Lembremos do momento, da fase de democracia plena vivida antes do golpe militar de 1964. O desempenho jornalístico mudava o eixo das reportagens com o fito de mostrar "a vida como ela é"[48]. Fazia parte de certo desencanto com a visão romântica exibir "realidades" suspeitadas, mas não integradas nas identidades em construção. A "invenção de si" projetada no coletivo passava a valer como dado da realidade crua, algo distinto da prosa ficcional. Ademais, os diários eram iluminados com remessas a pessoas, fatos, situações que mencionavam datas e locais possíveis. O custo para o andamento literário convencional foi caro. O impacto no jornal também foi severo, pois em muito teve que abdicar da pompa formal e comprometer linhas editoriais consagradas. Não eram mais os grandes nomes da política e da sociedade que apareciam com exclusividade. O "povo", por sua vez deixava de ser protagonista de crimes ou calamidades e figurava como elemento comum,

---

[47] Por lógico respeita-se a discussão especializada desenvolvida por autores como Barthes, Blanchot, Brunetière, Benda, mas no espaço deste texto buscou-se fugir do debate conceitual vulgar.

[48] *A vida como ela é*, de Nelson Rodrigues, foi publicada pela Editora Agir (Rio de Janeiro, 2006), é uma coleção de crônicas escritas por Nelson Rodrigues tendo por base notícias jornalísticas ocorridas entre 1950 a 1961.

identificável, personagem de carne, osso e presença. E só o "novo" jornal poderia promover o encurtamento do caminho. O testemunho escrito gerado pelas autoras, por sua vez, dava sinal de alerta para as terríveis ameaças transparecidas nas transformações das cidades e na inversão demográfica do campo.

Alguns aspectos merecem consideração em vista da trajetória dos dois diários. No caso de Carolina, a interferência de Audálio Dantas deve ser observada sob três aspectos:

> 1º – criou um mito em torno do *Quarto de despejo*, como se este fosse, de fato, o trabalho mais importante de uma obra que é, na realidade, infinitamente mais ampla;
> 2º – dá a falsa impressão de que aquele era o resultado pretendido por Carolina, que, afinal, nem teve a oportunidade de aprovar o texto, que sofrera cortes significativos, antes de sua publicação;
> 3º – por fim, com tamanho sucesso editorial, provocou um consequente desprezo a uma produção textual completa, que incluía teatro, poesia, contos e provérbios.

Há, diga-se, certa perversidade nessas considerações, pois se não fosse a ação decidida, a mão pesada e diretiva, de Audálio Dantas, Carolina não estaria presente hoje. Mas é preciso caminhar e propor outras considerações sobre a complexidade daquela autora. Chega de repetições ou modestas variações sobre o mesmo tema. Carolina é bem maior. Não vamos mais aceitá-la apenas como *atalho*, mas como *desvio* coerente com os avanços promovidos pela modernização do país.

O mesmo se diz de Maura Lopes Cançado que, tida como louca, passado o momento de lançamento, não tem merecido destaque, apesar da plêiade de nomes famosos que constelou sua rápida aparição no mundo das letras. Como e por que os parceiros que tanto a ajudaram no momento germinal de sua produção se calaram depois? Falamos de silêncios, esquecimentos. Silêncios, esquecimentos e apagamentos que, contudo, desafiam a criatividade interpretativa de tantas pessoas dedicadas à qualificação do nosso patrimônio cultural, além da norma consagrada e da consideração dos escritos sem análise da vida das pessoas. É chegada a hora dos "malditos da nossa história", mas que venham os "malditos e malditas" com suas circunstâncias e não despregados das realidades que vivenciaram. E que a potência da colocação de novos problemas no exame desses textos nos exalte a deixar de lado comparações anacrônicas, paralelos dispensáveis por incabíveis e revisionismos tolos.

Os diários como bússola

Cabe finalmente explorar como a questão da *mineiridade*, em ambos os casos – negociando o regional com o nacional, a cidade pequena com a metrópole – se constituiu em elemento capaz de explicar condutas "desajustadas"?[49]. Pensando Carolina e Maura como pessoas "deslocadas", "fora do lugar", resta a perplexidade em relação ao inventário de suas histórias pessoais. A qualificação "fora de lugar" tanto vale para abordar a luta das duas por enquadramentos metropolitanos como para a busca de lugar mais exato na fortuna crítica literária e historiográfica brasileiras.

Além dos pífios "traços biográficos" presentes aqui e ali, que, aliás, amiúde repetem o que elas mesmas disseram, onde estão as novidades? Chega a ser chocante como apenas, a título de informação, as indicações pessoais de ambas são arroladas, sem, contudo, integrarem linhas fundamentadas em "fontes novas", capazes de instruir necessárias e espertas biografias[50]. Faltam suportes para a compreensão de ambas como tipos que carregaram marcas culturais desdobradas de sagas familiares e contextos sociais. Constata-se mesmo – é válido exponenciar – certo menosprezo em relação ao passado delas e isso se explica, na melhor das hipóteses, pela valorização exclusiva de seus escritos, expostos nas cidades grandes, ao público urbano e imediatista. A responsabilidade da crítica especializada também merece ser apontada por não proceder a estudos

---

[49] Partindo do suposto de que "mineiridade" é uma representação simbólica que deriva de um culto às tradições de Minas Gerais, busca-se ver no deslocamento de Carolina Maria de Jesus e de Maura Lopes Cançado as explicações de seus atos, presos às origens. Sobre o assunto, ler NASCIMENTO, Maria Arminda do. **Mitologia da mineiridade.** O imaginário mineiro na vida política e cultural do Brasil. São Paulo: Brasiliense, 1989.

[50] Um exemplo do que pode ser feito com a junção de outros documentos é o trabalho desenvolvido por Mario Augusto Medeiros da Silva que, ao analisar a literatura negra e periférica do Brasil e ao falar de Carolina, remete a situações que demandaram pesquisa em arquivos variados. Sobre o assunto, ler *A descoberta do insólito*. Rio de Janeiro: Aeroplano Editora, 2013. p. 284-304.

que extraiam do desconhecimento materiais novos sobre ambas. Tudo é indicado como se os diários apenas demandassem informações retrospectivas complementares, garantidoras de *apriores* estabelecidos por hipóteses erigidas a partir do impacto único das publicações dos diários.

De partida, pois, vale constatar que os registros cotidianos nas páginas dos diários se formularam para ambas como ponto de equilíbrio e negociação de suas relações com o mundo, como depósito de pensamentos sobre si e o entorno. É exatamente aí que reside a originalidade das duas como *fait divers*, pois, nas anotações cotidianas, nas entrelinhas, repontam com força detalhes de suas experiências prévias em Minas, e isso é notável, pois em comum, na maioria dos casos de diários, o imediato, o "aqui e agora", se mostra dominante e, em decorrência disso, as minúcias presas ao cotidiano apagam rememorações longínquas ou apelos para o passado remoto[51]. Carolina e Maura desmentem o absoluto de tal premissa.

Na sequência dos argumentos, para responder hoje ao significado da experiência migratória de ambas, exercita-se o exame da memória sobre seus pretéritos em dimensões filtradas por elas na contemplação de fatos do dia-a-dia. Por tais indicações, busca-se entender o peso da memória transparecida na espontaneidade dos registros anotados à luz do momento da escrita. Mostra-se, então, capital compreender os desajustes motivados pela herança cultural que as acompanhou e como se traduziram subjetivamente na anotação do cotidiano. A não referência larga e direta ao passado mostra a insistência de vestígios presentes na seleção de fatos revelados pela memória sempre "presentificadora". Por isso, temos que aprender a identificar o teor remissivo, sutilmente instalado em "entradas", em quinas rápidas, indiretas, que afinal explicam o presente pelo passado e o passado no presente. É claro que por si só os dois diários são insuficientes e a aceitação disso sugere a análise das dilatações presentes em outros textos além dos diários/matrizes. Com isso, afirma-se a necessidade da centralização dos diários como abertura, ponto de partida, para as reflexões ramificadas em outros textos delas. Operacionalmente, acredita-se que o desdobramento analítico a

---

[51] Lejeune pontifica que a base do diário é a data e que o primeiro gesto do diarista é anotá-la acima do que vai escrever. Lejeune, *O pacto autobiográfico: de Rousseau à Internet*, p. 260.

partir dos diários permitam um melhor mergulho na obra das escritoras, mas também exige contextualizações apoiadas em outros documentos.

Em termos de registro, nota-se que há, sim, diferenças vivenciais entre as duas diaristas mineiras e isso é capital para a partir daí estabelecer os elos identitários. No caso de Maura, dada a produção muito menor do que a de Carolina, as referências se espalham nos poucos escritos, contos e poemas[52]. A situação de Carolina, porém, é outra: o fulgor do "Quarto" demandou desdobramentos que foram muito além dos diários, mas sempre dependentes dele. O curioso em Carolina é que, intuitivamente, ela mesma formulou uma espécie de tríade continuada de sua memória: *Quarto de despejo, Casa de alvenaria* e *Diário de Bitita*. Sob a lógica da memória, esses textos não podem ser separados porque respondem ao mesmo apelo autoexplicativo. Agrega-se a esta tríade *Meu estranho diário*, escrito que também compõe esse conjunto valorizando a análise do texto mãe, *Quarto de despejo*. De todas essas aberturas de caminhos, não pode escapar a noção do diário de Carolina como matriz, mesmo que os outros livros não sejam formalmente[53].

Mas onde mesmo fica Minas Gerais?

A circunstância da escrita dos diários também interessa como argumento. Carolina os assentava antes do aparecimento do "descobridor" Audálio Dantas. Maura os escreveu por sugestão datada, quando de seu internamento. Carolina o fazia em sua casa e sob seu comando pessoal. Maura escreveu em uma casa de reclusão para loucos e à sugestão de um potencial editor. De toda forma, as duas morreram nas cidades escolhidas para viver, depois da experiência pública de seus registros cotidianos materializados em livros de alcance público. Maura

[52] Muito do que se sabe sobre Maura Lopes Cançado deriva de testemunhos sobre a autora. Entre outros artigos destacam-se de Carlos Heitor Cony, "Maura Lopes Cançado", disponível em: <http://www1.folha.uol.com.br/fsp/ilustrad/fq1506200736.htm>. Acesso em: 23 maio 2014. Vera Brant escreveu um importante testemunho, disponível em: <http://verabrant.com.br/1/cronicas/Maura%20Lopes%20Cancado.htm>. Acesso em: 25 maio 2014. Há algumas dissertações sobre a autora, em particular cita-se a dissertação de Mariana Patrício Fernandes, "Vida surgida rápida, logo apagada-extinta: a criação de estratégias de fuga do hospício na escrita de Maura Lopes Cançado", mimeo PUC, Rio de Janeiro, 2008.

[53] Sustenta-se a hipótese da leitura articulada e indissociável entre o *Quarto de despejo, a Casa de Alvenaria* e o *Diário de Bitita*. Por lógico, o *Meu estranho diário* integra essa lista como texto fundamental para reforçar a proposta integrada da formulação de uma memória deixada pela própria Carolina. As citações usadas neste texto são extraídas do *Meu Estranho Diário*.

Lopes Cançado, em clara depressão, deixou de se cuidar e envelheceu trocando as marcas da decantada beleza, falecendo abandonada, tendo perdido inclusive os dentes. Carolina se isolou no sítio comprado em Parelheiros, bairro afastado de São Paulo, e lá se dedicou ao cuidado de plantas e galinhas. No meio do caminho, sempre, ambas se referiam a Minas de maneira a justificar seus trajetos pessoais. Carolina, por exemplo, em passagem anotada em 30 de outubro de 1958, dizia textualmente, contrastando sua valentia e força de vontade pessoal, reclamando da suposta mania mineira de postergar trabalho: "o carro estava já lotado, foi um sacrifício para eu levar as latas. Mas eu levei porque quando quero fazer uma coisa, eu faço. Eu tenho pavor dos mineiros por causa do 'deixa pra amanhã'" (JESUS, 1996, p. 35).

Ao se valorizar como eficiente e determinada, valeu-lhe a memória de um estereótipo que define os mineiros como lentos. É claro que não havia coerência e linearidade nas menções feitas a Minas, como se vê em algumas circunstâncias em que Carolina evocava atitudes corretas, positivas, não encontradas na cidade grande. Frente ao caso da suspensão escolar do filho José Carlos, por exemplo, ela argumentou que: "quando eu frequentava escola as professoras e os diretores eram tolerantes. Não suspendia os alunos. Disciplinava os alunos por sugestões" (JESUS, 1996, p. 51).

A clássica "utopia do passado", em tantos casos como este, mostra o enlevo dado à invenção do suposto de que o campo – e no caso a cidade pequena – seria o lugar ideal, da pureza, dos bons sentimentos e que, em contraste, a cidade grande seria o espaço da depravação e da desordem. Sob essa égide, aliás, vale enquadrar atitudes conservadoras de Carolina, que condenava a prostituição, a traição amorosa, o álcool, o ócio e a homossexualidade. Tudo remetia à formação tida em Minas. Sua "tradição" forçava que se sentisse diferente, ou como ela mesma dizia, "exótica".

Na mesma linha, repontam muitas passagens em que se recorda do tempo de menina e, assim, por exemplo, disse em relação às peraltices de seu filho José Carlos, que não a obedecia: "comecei pensar no tempo que eu era criança. Onde me mandariam eu ia depressa" (JESUS, 1996, p. 86). Aliás, a importância de seu vínculo com a cidade natal, Sacramento, ficou assinalada como ponto de origem de tudo, como se vê na passagem seguinte onde registrou, falando de sua infância e destino como escritora conhecida:

> Minha mãe queixou-se que eu chorava dia e noite. Ele (o médico) disse-lhe que o meu crânio não tinha espaço suficiente para alojar os miolos, que ficavam comprimidos, e eu sentia dor de cabeça. Explicou-lhe que, até os vinte anos, eu ia viver como se estivesse sonhando, que a minha vida ia ser atabalhoada. Ela vai adorar tudo que é belo! A tua filha é poetisa; pobre Sacramento, do teu seio sai uma poetisa. E sorriu (JESUS, 1986, p. 17).

Preza-se como determinante o fato de serem as duas escritoras provenientes do interior de Minas Gerais, pois das origens aos deslocamentos ficam marcadas as explicações que as fizeram instrumentalizar a escrita e ver o mundo além de suas condições de mulheres comuns. Aliás, o simples fato de serem mulheres migrantes mineiras já merece destaque, pois há algo cultural nisso na medida em que o processo de deslocamento dos mineiros é dominantemente masculino e se constitui como um traço histórico projetado inclusive na recente imigração para os Estados Unidos. Nos dois casos em questão trata-se de deslocamento interno, inscrito em processo mais amplo que arrola Minas como estado migratório por excelência[54].

Foi nas duas metrópoles que Carolina e Maura expressaram desencontros, desajustes e até mesmo neuroses incompatíveis com o comportamento desejável na cidade. Nessa linha, não se despreza o fato de ambas gerarem os escritos dos diários em ambientes marginais: a favela e o hospício. Isoladas no cosmo urbano metropolitano foi que ambas requalificaram seus referenciais de origem e, nesse processo, a mitificação de locais e personagens de suas infâncias lhes garantiu uma visão encantada, épica e trágica ao mesmo tempo sobre o passado. É como se a valorização do pretérito lhes garantisse lastro de importância. Chega a ser emocionante a busca de raízes como forma de sustentar o isolamento

---

[54] Lê-se no site <http://noticias.r7.com/minas-gerais/noticias/mineiros-sao-campeoes-em-migracao-no-brasil-20121017.html>, que "Os mineiros podem ser considerados o povo recordista em migração no País". De acordo com o estudo do IBGE (Instituto Brasileiro de Geografia e Estatística), *Censo Demográfico 2010- Nupcialidade, Fecundidade e Migração,* os nascidos em Minas Gerais figuram no topo da lista de nômades, com 3,6 milhões das pessoas morando em outros Estados, número que representa aproximadamente 13% de sua população total.

metropolitano e a solidão expressa de ambas. Enquanto Carolina reconstruía seu avô como um "Sócrates africano", seu pai como galante sedutor e sua mãe como uma espécie de santa, Maura assinalava seus pais, amigos e parentes como pessoas difíceis, cruéis, compostas, tramadas em histórias de mando e poder, ainda que também esbarrassem em tipos legendários, dramáticos e romanceados. Sobre ela própria, diagnosticou:

> Nasci em uma bela fazenda do interior de Minas, onde meu pai era respeitado e temido como o homem mais rico e valente da região. Fui uma criança bonita, todos dizem, e sei pelos retratos. Há sete anos mamãe não tinha filhos quando se deu meu nascimento. Daí tornei-me objeto de atenção de toda família e o orgulho de meu pai. Depois de mim nasceram mais duas meninas: Selva e Helena. Mas nenhuma conseguiu tomar o meu lugar, nem fez diminuir o brilho do qual vim revestida e me impôs a admiração dos que me cercavam. As pessoas, mesmo as desconhecidas, jamais deixavam de me prestar atenção, ainda quando papai se esquecia de me mostrar, glorioso, como era seu costume. Eu era morna, doce e presente – o que se toma no colo deixando o coração macio e feliz.

A continuidade revela uma busca de explicações derivadas de expectativas firmadas desde o seu nascimento, como se lê em remessas que faz, aproximando-se da aparência da própria mãe, por quem o pai seria apaixonado:

> Sobretudo em mim havia a surpresa: esperavam apenas uma menina, e subitamente me mostrava mais. Creio que em nada despontei. Ao contrário, como criança fui excessiva. Sou muito parecida com a minha mãe – a quem meu pai amou até morrer, de forma apaixonada e difícil nos casamentos. Estas são as lembranças mais remotas – as únicas despidas de angústia. Eu devia ser uma menina bem pequena, fácil e protegida. Somos dez irmãos vivos: oito mulheres e dois homens. Três mortos. Um deles, João, era louco. Ficou doente aos quatro anos, em consequência de uma meningite, morreu aos quatorze e quase não me lembro dele. Sim, andando pelos currais da fazenda, rasgando os macacões que lhe vestiam, sua morte, antecedida de vá-

rios ataques, o caixão, as flores, mamãe chorando e eu não entendendo bem (CANÇADO, 1979, p. 12-13).

Relacionando a loucura diagnosticada no Rio de Janeiro com o passado em Minas, Maura dizia, juntando os pontos:

> Não creio ter sido uma criança normal, embora não despertasse suspeitas. Encaravam-me como a uma menina caprichosa, mas a verdade é que já era uma candidata aos hospícios onde vim parar. O medo é uma constante em minha vida. Temia andar sozinha pela casa, ainda durante o dia. Sofria mais que o normal se me via obrigada a separar-me de mamãe ou papai, ainda que por alguns dias. Temia ser enterrada viva. Voltava sempre ao assunto, perguntando o que se podia fazer para evitar meu enterro. Uma das nossas empregadas aconselhou-me a pedir que me deixasse exposta numa igreja, como fizeram com determinado padre de quem ela ouvira falar. Quando fiz, muito séria, o pedido à mamãe, ela riu e me afirmou que morreria antes de mim. Meu pavor às chuvas acompanhadas de trovões. Se não chovia, eu olhava o céu a todo instante, o dia inteiro, indagando de alguém: "– Acha que vai chover?" Sem nenhuma razão aparente temia determinadas pessoas, outras me inspiravam um nojo físico invencível. Costumava tomar minhas refeições no quarto, para não ver narizes – que me pareciam quase sempre repugnantes. Cheguei a adquirir hábitos estranhos, como não respirar em direção a pessoas doentes – ou por mim supostas (CANÇADO, 1979, p. 17-18).

Talvez a mais reveladora afirmativa que fez sobre si e seu passado esteja vazada na seguinte fala, explicativa das razões do casamento desfeito depois de modestos doze meses e com um filho:

> Evidentemente aquele casamento não podia durar: nossa pouca idade, diferença de educação. Os doze meses da vida conjugal marcaram de modo negativo, mesmo brutal, a fase mais importante da minha existência. Então casamento era aquilo? Me perguntava atônita. Meu marido tudo fez para a nossa separação, mas independente do que fez,

havia para separar-nos: minha mansão senhorial, meu ideal soberbo e distante de castelã – e principalmente minha solidão (CANÇADO, 1979, p. 25).

A arrogância expressa não dispensa referências à "mansão senhorial, meu ideal soberbo e distante de castelã".

O caso de Carolina é ainda mais fecundo na legitimação de prestígio, em particular quando se assumiu negra. Sua busca de raízes exigiu um trabalho de construção de memória que aproximava a rememoração do devaneio, que, visto fora do contexto pessoal, soaria quase como delírio. Foi assim, por exemplo, que em suas incansáveis reescritas mudou o título de um de seus textos mais sólidos para firmar sua origem – *Minha vida* – para *Um Brasil para os brasileiros*[55]. Chega a ser excedida a busca de certa nobilitação em favor da mineiridade aproximada da identidade nacional em sentido amplo, além de buscar uma lógica histórica apoiada na cronologia, recorrendo às origens da escravidão para explicar a presença de sua família em Minas.

A percepção da terra natal como determinante de seus destinos também obedece à mesma cadência de vínculo com o passado mineiro. Para Carolina, Minas era um espaço de sonho e foi, na tentativa de reconstruir o sertão encantado, que ela juntou todo seu dinheiro para comprar seu sítio, na então distante área de Parelheiros. Carolina queria o retiro e o acolhimento num paraíso reinventado como uma Minas idealizada na cidade grande[56]. Maura, pelo contrário, amargurada, via em seu estado natal um ambiente de brutalidade incontrolável e desse meio tirava explicação para sua insanidade. São suas as seguintes palavras: "em Belo Horizonte é difícil entender alguma coisa já que seus habitantes contrariam, de qualquer forma, razão e emoção" (CANÇADO, 1979, p. 93). Continua, sem piedade, generalizando para o estado todo: "Minas se vinga sempre: ainda que não se saiba os motivos" e completa mais adiante: "ao povo de Minas é necessário enxerto de humanidade.

---

[55] *Minha vida* foi publicado na França e mais tarde integrou o volume *Diário de Bitita* que, sendo rejeitado no Brasil, primeiro saiu em língua francesa. *Diário de Bitita*, apesar do nome, não é um diário. Trata-se de um texto composto por partes onde são narrados episódios e fatos da vida de Carolina, num esforço de dar unidade explicativa para sua trajetória. O texto publicado em português saiu pela Nova Fronteira em 1986.

[56] Em "entrada" de dezembro de 1963, Carolina já estava exausta e, em briga com Audálio Dantas, dizia: "não quero ficar na cidade. Quero viver num sitio porque lá para o ano de 1970, os pobres do Brasil já morreram de fome" (JESUS, 1996, p. 262)..

Assim torna-se difícil entender alguma coisa em Minas, quando aquilo não foi escrito lá, para o povo de lá, que forma uma raça disforme... Para cada mineiro há todo um mundo feito de inimigos, dos quais se deve, por princípio, desconfiar" (CANÇADO, 1979, p. 94)

Minas, portanto, nos dois casos, não saiu das autoras de lá evadidas. Elas – para o bem ou para o mal – não deixam de ser mineiras, ainda que não tivessem retornado para lá. Elas negociam com o contexto a pertença do pessoal no regional e do regional no brasileiro. Moeda de negociação identitária foram os desajustes expressos nos diários. O repertório de lembranças de Maura, dimensionado no resumo que faz de sua vida na introdução de seu diário, reponta passagens trágicas como a morte do irmão João, a violência sexual que sofreu ainda menina, as dificuldades que teve enquanto adolescente casada e, em seguida, como mulher separada precocemente. Suas observações, contudo, são nitidamente filtradas por tratamentos intelectualizados, o que não acontecia no caso de Carolina, que escrevia com mais espontaneidade, ainda que evocando escritores românticos.

O registro de Maura, por exemplo, não evitou palavras pesadas para se referir ao pai nem lhe poupou análises derivadas de um "freudianismo" interpretativo nas relações parentais. Sobre ele, por exemplo, registrou que: "costumava ter comigo atenções de um namorado. Chegava feliz do quintal, trazendo as melhores frutas por ele encontradas (figos, mangas, laranjas) dando-as a mim, apenas, quando havia outras pessoas na sala – mesmo mamãe" (CANÇADO, 1979, p. 19). Em outra "entrada", afirmava ter ele "um temperamento paranoide, ou epileptoide" (CANÇADO, 1979, p. 04). e que "podia ter sido um Wagner, um Nietzsche ou um Napoleão". Interessante que justifica tudo em relação ao pai, culpando Minas, pois não fosse a limitação do seu meio, seria o maior homem do mundo.

Minas foi "presença ausente" e não resolvida para as duas autoras. E foi a memória dessa Minas imaginada que permitiu constatar o contraste cultural de um Brasil regional em espaços representativos da modernidade nacional. Na dinâmica de São Paulo e no Rio de Janeiro, matrizes culturais da modernidade brasileira, as duas se (des)ajustaram e mantiveram-se desintegradas.

A valentia de Carolina e o atrevimento de Maura

Que lições assumir frente à potência e o pouco merecimento que tem tido essas manifestações atreladas à mineiridade? A valentia e a ousadia das duas têm que nos significar algo e não pode ser diferente o trajeto crítico de suas fortunas críticas. É tempo de superar práticas exauridas de nossas reflexões repetidas *ad nauseam* e que se satisfazem nas mesmas retomadas dos *Quarto de despejo* e do *Hospício é Deus* como se fossem textos únicos. Estamos esgotados de falta de originalidade na abordagem das duas diaristas e carentes de pesquisas nas fontes complementares, que finalmente estão acessíveis ao público. Vamos romper os entraves crônicos da timidez e, como as duas escritoras, avançar na crítica à mesmice. Faz-se imperioso reavaliar como base de apoio os estudos sobre "estética da recepção" e a "teoria do efeito".

E mais: basta de pensar no *Quarto de despejo* como texto final de Carolina e enclausurar Maura Lopes Cançado como exceção no mundo das letras femininas. Sobretudo, chega de gastar páginas enquadradoras dos diários como gênero literário ou documento, na singeleza alienante das definições formalistas. Falta à nossa crítica pesquisa em originais. Espaço e tempo são elementos fundamentais para se enxergar além das letras em si, as letras na sociedade e a sociedade nela. E retomo então Antonio Candido para repensar o impacto dessas duas mineiras como artifício de suposição de cultura brasileira além de regionalismos e além da moldura literária. Aliás, pensando no movimento cabível nos supostos *anos dourados*, vejamos como a infelicidade das duas diaristas "fora do lugar", mas no "lugar de suas ideias", permite que sonhemos o sonho de ambas: perturbar a ordem e, com nossos escritos, pelo menos tentar ser também *fait divers*.

No caso de Carolina Maria de Jesus e Maura Lopes Cançado, a questão da *mineiridade* desponta como desafio de entendimento contextualizado. Essa constatação nos convida a pensar nos limites impostos pelo isolamento de suas obras, que tem se esgotado em análises estruturais e/ou comparativas, sem levar em conta que sequer a própria obra da autora está publicada ou reunida. A carência de biografias das duas também aponta para um equívoco abismal e comprometedor do entendimento da cultura como um todo. A propósito, teriam mesmo sido os momentos de escrita e publicação dos livros *Quarto de Despejo* e *Hospício é Deus* anos dourados? Uma miserável e a outra insana, ambas maltratadas pela crítica competente. *Anos* ou *danos dourados*? Dourados a partir da visão de quem? Finalmente: para que valem os dois diários?

Referências

BARTHES, R. **Structure du fait divers**, Essais critiques. Paris: Seuil, 1966.

BRITO, F.; SOUZA, J. Expansão urbana nas grandes metrópoles: o significado das migrações intrametropolitanas e da mobilidade pendular na reprodução da pobreza. **Revista Perspectiva**, Fundação Seade, p. 63, jan. 2006.

CANÇADO, Maura Lopes. **Hospício é Deus**: Diário I. Rio de Janeiro: Record, 1979.

CANDIDO, Antonio. **Formação da literatura brasileira**: momentos decisivos. Lugar: Editora, 2000. p . 24-25.

CERTEAU, Michel de. **A invenção do cotidiano**: artes de fazer. Petrópolis: Editora Vozes, 1994.

GUSDORF, Georges. *Lignes de vie II*: auto-biographie. Paris: Odile Jacob, 1991.

JESUS, Carolina Maria de. **Diário de Bitita**. Rio de Janeiro: Nova Fronteira, 1986.

________. **Meu estranho diário**. Organização de José Carlos Sebe Bom Meihy e Robert Levine. São Paulo: Xamã, 1996.

LAJOLO, Marisa. A leitora no quarto dos fundos. **Leitura: Teoria & Prática**. Campinas, Mercado Aberto, ano 14, n. 25, p. 10-18, jun. 1995.

MEIHY, José Carlos Sebe Bom. Os fios dos desafios: o retrato de Carolina Maria de Jesus no tempo presente. In: SILVA, Vagner Gonçalves (Org.). **Artes do Corpo**. São Paulo: Selo Negro, 2004. p. 16-53.

PERPÉTUA, Elzira Divina. Experiência estética e mídia impressa: o caso de Carolina Maria de Jesus. In: SILEL, v. 3, n. 1, 2013. **Anais...** Uberlândia: EDUFU, 2013.

RIDENTI, Marcelo. **Em busca do povo brasileiro**: artistas da revolução, do CPC à era da tv. São Paulo: Editora Record, 2000.

SANTOS, Joaquim Ferreira dos. **1958, o ano que não devia acabar**. Rio de Janeiro: Editora Record, 1997.

SANTOS, Joel Rufino dos. **Carolina Maria de Jesus**: uma escritora improvável. Rio de Janeiro: Garamond, 2009.

SCHWARZ, Roberto. Cultura e Política, 1964-1969. In: ________. **O Pai de família o outros estudos**. Rio de Janeiro: Paz e Terra, 1978. p. 61-92.

SOUSA, Germana Henriques Pereira de. De Bitita a Carolina: o destino e a surpresa. **Quadrant** (Montpellier), v. 24, p. 299-313, 2007.

Escrita e moradia em Carolina Maria de Jesus e Virgínia Woolf

Luciana Paiva Coronel[57]

Os homens têm dinheiro: ganham-no, herdam-no, doam-no, legam-no; as mulheres não. [...] Os homens dispõem de gabinetes de trabalho; as mulheres não tem um espaço que exclusivamente lhes pertença.
(Maria Isabel Barreno)

O trecho que serve de epígrafe a esta fala compõe a introdução à edição portuguesa de *Um teto todo seu*, de Virgínia Woolf. Nele a estudiosa Maria Isabel Barreno apresenta a obra, apontando desde a abertura para a análise de Woolf acerca da raiz das dificuldades encontradas pelas mulheres de seu tempo para dedicarem-se à atividade da escrita ficcional: a ausência de uma fonte de renda efetiva capaz de propiciar a aquisição de um espaço próprio de trabalho.

Tendo como ponto de partida duas palestras intituladas "As mulheres e a ficção", proferidas por Virgínia para uma plateia essencialmente feminina da Sociedade das Artes, na Londres de outubro de 1928, o texto mescla ficção e realidade para desenvolver uma arguta análise histórica da condição feminina no terreno autoral. Como um "manso e disfarçado falar de si própria", no dizer de Barreno, o discurso aborda o tema proposto a partir de uma questão prática e muito básica: a necessidade de independência econômica como condição para o sucesso das mulheres na atividade de escritoras.

A prefaciadora encerra seu breve texto com uma síntese daquela que é, a

[57] Doutora em Literatura Brasileira pela Universidade de São Paulo (USP), professora de Literatura Brasileira na Universidade do Rio Grande (FURG), situada em Rio Grande, no Rio Grande do Sul. E-mail: lu.paiva.coronel@gmail.com.

seu ver, a ideia central de Virgínia: fazer uma exortação ao empenho das mulheres autoras na busca de condições para viabilizar a divulgação de sua escrita literária, em que pesem as dificuldades encontradas, pois é preciso quebrar amarras e publicar as obras. Somente assim se desenvolverá uma tradição capaz de abrigar as novas autoras.

> Que a visão das mulheres sobre o mundo, originada pelas suas milenárias relações de servidão ou por qualquer misteriosa "natureza" encontre seus meios de registro coletivo, esse é, realmente, o objetivo a conseguir. Teremos que escavar nosso mundo com os cuidados de quem procura uma cidade lendária. Mas até lá, quantas mortes, quantas heroínas tentando falar de desesperos ainda sem nome – ou apenas conhecidos por grosseiros rótulos psiquiátricos? (BARRENO in WOOLF, 1985, p. 13)

O apelo de Woolf referido por Barreno vinha de uma mulher que logrou obter uma fonte estável de renda e um quarto "com fechadura" para realizar seu trabalho sem as interferências rotineiras da vida doméstica. Ainda assim, não conseguiu sobreviver ao desespero ainda sem nome que lhe acompanhava, o que prova que em sua época as dificuldades imateriais encontradas por uma mulher ficcionista eram ainda maiores do que as dificuldades materiais. Escavar a si mesma em busca do desconhecido e criar os meios de representá-lo no plano literário partindo de uma tradição tão esparsa tornou-se algo mais doloroso do que a autora de *Mrs. Dalloway* poderia suportar.

Cerca de trinta anos mais tarde, ecos do discurso de Virgínia Woolf se fazem ouvir na voz da papeleira mineira Carolina Maria de Jesus, que também precisou mobilizar em si forças extraordinárias a fim de constituir-se como escritora. E ainda que tivesse uma vida material marcada pelas limitações mais extremas, buscou com todas as forças alcançar o sonho de residir numa casa minimamente adequada, "uma casa residível" (JESUS, 2007, p. 39), conforme as suas palavras:

> Seu Gino veio dizer-me para eu ir no quarto dele. Que eu estou lhe desprezando. Disse-lhe: – Não!

> É que eu estou escrevendo um livro para vendê-lo. Viso com esse dinheiro comprar um terreno para eu sair da favela. Não tenho tempo para ir na casa de ninguém. Seu Gino insistia. (...)
> Mas o meu coração não pede pra eu ir no quarto quarto dele (JESUS, 2007, p. 28).

Carolina, ao contrário de Virgínia, não teve a casa como condição para o desenvolvimento dos seus textos e escreveu em situação de precariedade quase absoluta. Vivendo em um barraco de apenas dois cômodos, feito de tábuas e coberto de lata e papelão, cujo espaço exíguo abrigava a si própria e os três filhos, ela tratava de escrever seguidamente do lado de fora da casa, chamando atenção dos vizinhos:

> Sentei no sol para escrever. A filha da Sílvia, uma menina de seis anos, passava e dizia:
> – Está escrevendo, nega fidida!
> A mãe ouvia e não repreendia. São as mães que instigam (JESUS, 2007, p. 27).

A autora brasileira, na verdade, fez o contrário: comprou a casa por meio da venda de seus manuscritos, o único capital de que dispunha e o elemento que a distinguia radicalmente dos demais favelados. Tratava-se de uma casa de alvenaria fora da favela, como sempre sonhara. A posse desta não lhe facilitou, porém, a atividade de escritora, como previam Woolf e também ela. Apenas retirou-lhe o rótulo, a marca diferencial que o mercado editorial e a mídia lhe atribuíam, que provinha do fato de residir na favela, condenando-a ao ostracismo. Carlos Vogt, em estudo sobre a autora, considera que ela nunca compreendeu "que os mecanismos sociais que promoveram o seu destaque laboraram também o seu esquecimento" (1983, p. 204).

O produto que a autora de *Quarto de despejo* constituía, a "escritora-favelada", foi consumido rápida e vorazmente pelos leitores. O registro da nova etapa de vida, *Casa de alvenaria: diário de uma ex-favelada*, de 1961, encalhou nas livrarias. Stuart Hall entende ser este o preço a ser pago pelo elemento marginal para inserir-se na vida cultural estabelecida. Diz a esse respeito o teórico caribenho em "Que negro é esse na cultura negra?": "o que substitui a invisibilidade é uma espécie de visibilidade cuidadosamente regulada e segregada" (HALL, 2006, p. 321). Trata-se de dificuldades imateriais muito complexas, que inviabilizaram Carolina como autora. Ela não se suicidou, mas foi silenciada, tornando-se autora de um livro só, ainda que sua produção fosse ampla e diversificada.

"As mulheres são mais pobres do que os homens", considera Woolf (1985, p. 57) diante da prateleira vazia de referências autorais femininas. Mais adiante, dá continuidade ao raciocínio: "A liberdade intelectual depende das coisas materiais. A poesia depende da liberdade intelectual. E as mulheres sempre foram pobres" (WOOLF, 1985, p, 126). Nenhuma autora foi mais pobre do que Carolina Maria de Jesus no sentido mais premente do termo. Catando papel na rua para vender, ela sustentava com dificuldades os três filhos. Quando chovia, precisava pedir esmolas. Ainda que as circunstâncias materiais fossem terríveis, ela ainda achava tempo, em meio às tarefas domésticas, para dedicar-se à leitura e à escrita, como se depreende das anotações de seu diário: "Enquanto as panelas ferviam eu escrevi um pouco" (JESUS, 2007, p. 19); "Deixei o leito as 4 horas para escrever" (JESUS, 2007, p. 21); e "Enquanto as roupas corava eu sentei na calçada para escrever" (JESUS, 2007, p. 58).

Em lascas de tempo roubadas das obrigações da manutenção da casa, ela escrevia. Mesmo que, em virtude disso, fosse seguidamente ridicularizada pelos vizinhos, que estigmatizavam-na chamando-a de "pernóstica", ela escrevia. Mulher sozinha, mãe solteira de três crianças, a palavra era sua arma e, por meio dela, empoderava-se em seu espaço: "Não tenho força física, mas minhas palavras fere mais do que espada. E as feridas são incicatrizáveis" (JESUS, 2007, p. 49). Somavam-se no seu caso precariedades de todas as ordens, como a pobreza econômica e a pobreza cultural de seu meio. A respeito das condições existentes para as mulheres escreverem, comenta Virgínia Woolf (1985, p. 62):

> Habitualmente, as circunstâncias materiais são contra essa probabilidade. Os cães ladram; as pessoas interrompem; tem de se fazer dinheiro; a saúde vai abaixo. Além disso, e a acentuar todas essas dificuldades, tornando-as mais árduas de suportar, levanta-se a considerável indiferença do mundo. Não pede às pessoas que escrevam poemas, romances e novelas; não necessita de nada disso.

O mundo com certeza não pedia a Carolina que escrevesse. Pelo contrário, só lhe fazia calar. Muito mais do que indiferença, ela sentia o estranhamento causado nos vizinhos em virtude da dedicação que nutria ao ideal da escrita: "Nunca vi uma preta gostar tanto de livros como você" (JESUS, 2007, p. 27). Segundo Michelle Perrot (2005, p. 271), "A mulher autora, esta pretensa literata, é detestada, atrai para si todos os sarcasmos. Uma mulher que escreve, e sobretudo que publica, é uma mulher desnaturada", vista como a "antítese da feminilidade" porque ao longo de séculos a educação buscou fazer mulheres adaptadas a suas tarefas "naturais" – esposas, mães, donas de casa. Movendo-se no terreno pouco desbravado da identidade feminina como autora e ouvindo apenas críticas, Carolina acaba pensando em si mesma a partir desse tipo de visão redutora: "um homem não há de gostar de uma mulher que não pode passar sem ler. E que levanta para escrever. E que deita com lápis e papel debaixo do travesseiro" (JESUS, 2007, p. 50).

Mulheres e escrita não combinam, pelo menos não no sentido usual da compreensão da identidade da mulher como mãe e esposa. Uma nova identidade de mulher estava a formar-se aí, sem que a autora de *Quarto de despejo* percebesse. Na esteira de Woolf, a papeleira do Canindé sofria por não ser uma mulher adequada ao enquadramento de gênero de sua época e de sua classe por ser uma mulher negra e pobre que escrevia. Comparando a ficção com uma teia, cujos fios enredam-se na vida cotidiana de suas autoras, Virgínia Woolf (1985, p. 58) observa: "Estas teias não são tecidas no ar, por criaturas incorpóreas, mas resultam do trabalho de seres humanos sofredores, e estão interligadas a coisas extremamente materiais, como a saúde, o dinheiro, a casa onde vivemos".

As páginas dos diários de Carolina revelam com recorrência esse tipo de sofrimento humano identificado com a subsistência cotidiana: falta de alimentos, indisposições físicas, frio e chuva que entram pelos buracos do barraco, pernilongos que invadem seu espaço. Se a liberdade intelectual depende das coisas materiais, conforme entendeu Virgínia Woolf, Carolina está completamente amarrada às contingências da vida cotidiana e sem acesso a esta, ou pelo menos com restrições de desfrutá-la em sua plenitude.

Woolf analisa restrições que se identificam com as interrupções de todas as ordens que perturbavam a concentração das mulheres de classe média de sua época que, por não terem um espaço todo seu, instalavam-se na sala de estar comum de suas casas. Cercada de afazeres, Carolina escreveu como pode prosa, poesia e drama. Escrevia com maior regularidade do que a prosa ficcional o registro de sua vida familiar cotidiana, no qual recorreria a elementos poéticos com frequência, ainda que, no seu todo, o eixo estruturador do texto fosse a experiência vivida. "Os gatos não vão para o céu. As mulheres não conseguem escrever peças como as de Shakespeare" (WOOLF, 1985, p. 62), diz Woolf, buscando ironizar o essencialismo das limitações atribuídas à escrita feminina. A seu juízo, tratava-se de uma situação contingente e passível de mudança. Se tivessem um teto todo seu para escrever, as mulheres fariam peças como as de Shakespeare.

A autora Carolina conseguiu um teto todo seu e não teve mais condições de manter a carreira autoral. Ao contrário de Virgínia, ela nunca se viu inserida em uma tradição feminina nem no terreno literário nem mesmo no âmbito mundano da vida, no qual desentendia-se seguidamente com as vizinhas: "O dia de hoje me foi benéfico. As rascoas da favela estão vendo eu escrever e sabe que é contra elas. Resolveram me deixar em paz" (JESUS, 2007, p. 21). As vizinhas a que se refere são as "mulheres feras" (JESUS, 2007, p. 19), que invadem o seu barraco, as "mulheres-tambor" (JESUS, 2007, p. 16), que apanham de seus maridos e a provocam por ser solteira, as "bestas humanas" que ameaçam seus filhos. Não há nenhum lastro de solidariedade entre a autora dos diários e as demais moradoras da favela. Pelo contrário, a palavra é sua arma contra elas. A condição feminina, assim como o racismo, não constituía o motivo maior da sua escrita. Segundo José Carlos Sebe Bom Meihy e Robert Levine, "a pobreza era o eixo da argumentação de Carolina" Levine (1994, p. 31).

Virgínia, em *Um teto todo seu*, obra fascinantemente multifacetada, dirigia-se ao público feminino a partir do ângulo da afirmação do gênero e buscando consolidar uma unidade com as mulheres. Falando em um nós agregador, ela afirmava que, se as mulheres não eram autoras de peças como as de Shakespeare, era por estar o melhor de sua atenção concentrada em atividades da ordem da manutenção da vida:

> Nós tivemos outro trabalho em mãos. Sem a nossa ajuda, os mares não teriam sido navegados, e as terra férteis seriam um deserto. Demos à luz, criamos, lavamos e ensinamos, aproximadamente até os seis ou sete anos, os mil seiscentos e vinte e três milhões de seres humanos que, de acordo com as estatísticas, existem atualmente, o que leva tempo (WOOLF, 1985, p. 130).

Carolina só sentia hostilidade da parte das mulheres com quem convivia e, em contrapartida, as hostilizava. Ela evitava contato com elas na bica d'água, acordando mais cedo, etc. Não sabia, mas estava desenvolvendo uma tradição que cerca de três décadas antes Virgínia mencionara por meio da figura imaginária da irmã de Shakespeare, que nunca poderia ter escrito uma palavra em seu tempo, mas cuja herança é comum a todas as mulheres que escrevem no presente do século XX:

> Vive dentro de nós e dentro de mim, e em muitas outras mulheres que não estão aqui presentes esta noite, pois estão a lavar louça e a deitar os filhos. Mas o certo é que vive; pois os grandes poetas não morrem; são presenças continuadas [...]. Chegará a oportunidade, e a poetisa morta que foi a irmã de Shakespeare receberá vida. Nascerá, indo buscar a vida à das desconhecidas que foram suas percursoras, como aconteceu com o irmão. Não podemos é esperar que surja sem preparação, sem esforço da nossa parte, sem a decisão de que quando renascer lhe será possível viver e escrever poesia. poesia (WOOLF, 1985, p. 131-132).

Foi do terreno preparado por Virginia Woolf que a escritora Carolina Maria de Jesus nasceu, ainda que nunca tivesse suspeitado disso, considerando sempre as mulheres como adversárias. O próprio formato do diário a que se dedicava está enraizado na tradição da escrita feminina, que historicamente surge relacionada às necessidades da vida privada, identificando-se, sobretudo, com textos produzidos na esfera doméstica, como as correspondências ou os diários íntimos. Sua luta era a luta de todas as mulheres que ainda hoje se lançam à dura tarefa de escavarem a si mesmas na busca da matéria-prima essencial de sua literatura, ainda que ela se visse muito sozinha nessa empreitada: "Eu estava sentada ao sol escrevendo e supliquei, oh meu Deus!, preciso de uma voz" (JESUS, 1996, p. 152).

Referências

HALL, Stuart. **Da diáspora**: identidades e mediações culturais. Tradução de Adelaine La Guardia Resende, Ana Carolina Escosteguy, Claudia Alvares, Francisco Rudiger, Sayonara Amaral. Belo Horizonte: UFMG, 2006.

JESUS, Carolina Maria de. **Meu estranho diário**. Organização de José Carlos Sebe Bom Meihy e Robert Levine. São Paulo: Xamã, 1996.

_______. **Quarto de despejo**: diário de uma favelada. 9.ed. São Paulo: Ática, 2007.

MEIHY, José Carlos Sebe Bom; LEVINE, Robert. **Cinderela negra**: a saga de Carolina Maria de Jesus. Rio de Janeiro: Ed. UFRJ, 1994.

PERROT, Michele. **As mulheres ou os silêncios da história**. Tradução de Viviane Ribeiro. Bauru, São Paulo: EDUSC, 2005.

VOGT, Carlos. Trabalho, pobreza e trabalho intelectual: O quarto de despejo, de Carolina Maria de Jesus. In: SCHWARZ, Roberto. **Os pobres na literatura brasileira**. São Paulo: Brasiliense, 1983, p. 204-213.

WOOLF, Virginia. **Um quarto que seja seu**. 2 ed. Lisboa: Vega, 1985.

Palavra escrita: instrumento de resistência nas vozes narrativas de Carolina Maria de Jesus e Alice Walker

Roberta Maria Ferreira Alves[58]

> *O silêncio não são as palavras silenciadas que se guardam no segredo, sem dizer. O silêncio guarda um outro segredo que o movimento das palavras não atinge.*
> (Le Bot)

Existe a possibilidade de o silêncio revelar verdades, de vozes silenciadas se tornarem arautos de uma coletividade? Pensando nessas plausibilidades, nos deparamos com duas personagens literárias, ambas negras, mulheres, à margem da sociedade e que, apesar dessas supostas mazelas, conseguiram quebrar o silêncio através da escrita.

Carolina, personagem que nos é apresentada em *Quarto de despejo*: diário de uma favelada (1960), de Carolina Maria de Jesus, e Miss Celie, a menina feia, solitária e maltratada do romance epistolar *A cor púrpura* (1982), de Alice Walker, são, a nosso ver, demonstrações contundentes de feições de vozes silenciadas, mas que buscam na escrita uma forma de serem ouvidas, ecoadas e percebidas.

Os ruídos que se ouvem nesses testemunhos femininos ultrapassam o som do contato entre o grafite do lápis, ou da tinta da caneta, que escarifica o papel, pois são um vozerio metonímico que gera marcas e reflexões. Como

[58] Doutora em Literaturas de Língua Portuguesa pela PUC-Minas. Professora da UFVJM. E-mail: beckalves@gmail.com

afirma Orlandi, uma resistência através da qual vozes reprimidas por ideologias dominantes buscam significar o silêncio.

Durante muito tempo, o silêncio foi percebido como anuência para uma situação, contudo, cremos que, na verdade, pode ser observado como um caminhar entre o dizer e o não dizer, entre o aceitar e o não aceitar.

Carolina Maria de Jesus, mineira, moradora da favela do Canindé, em São Paulo, começa em junho de 1955 a escrever um diário no qual (re)significa o mundo em que está inserida. Nesse diário (coleção de cadernos), que ela termina de escrever em 1960, Carolina, narrador-personagem, utiliza a escrita como uma arma, uma ferramenta de defesa e ataque.

A escritora afirma, em entrevista, que prefere escrever do que xingar e, por esse motivo, seu instrumento de resistência e salvação são seus escritos, suas opiniões, suas leituras de mundo que, de forma simples, coloquial e, por vezes, muito distantes da norma culta, desenham seus relatos grafados em seus cadernos.

Os textos de Carolina Maria de Jesus e de Alice Walker nos permitem perceber uma valorização de saberes remoídos à margem da sociedade letrada, uma dileta atenção dada ao narrador e ao discurso não científico e uma reviravolta no conceito de estética que, de forma diferenciada, abalou os departamentos literários mundo afora.

A oralidade nos diários da favelada e nas cartas da menina/mulher atuam como exemplo de uma literatura que deixa de ser captada pelo sentido etimológico de *littera* (letra), ou seja, tudo o que está escrito e passa a ser entendido *lato sensu* como cultura, figurando, assim, como uma espécie de arte do cotidiano.

Embora a escrita da catadora de lixo e da menina não se paute pela norma-padrão, podemos entender, através das construções e do vocabulário utilizados por Carolina Maria de Jesus, que se disse influenciada por uma professora, a vontade de seguir a forma culta da escrita, aquela considerada como correta, fruto dos poucos anos de vida escolar. Em diversas passagens do livro, podemos detectar a presença de alguns resquícios da língua-padrão. Seja na utilização de próclises, seja na escolha de palavras, podemos observar, na passagem a seguir, tais características:

> **17 de julho**, domingo.. Um dia maravilhoso. O céu azul sem nuvem, O Sol está tepido. Deixei o leito as 6,30. Fui buscar agua. Fiz café [...] Quando retornei do rio o feijão estava cosido. [...] Hoje é a Nair Mathias quem começou impricar com os meus filhos. [...] E eu estou revoltada com o que as crianças presenciam. Ouvem palavras de baixo calão. Oh! Se eu pudesse mudar daqui para um nucleo mais decente (JESUS, 2000, p. 10).

Palavras e construções como "tepido", "deixei o leito", "retornei", "agua", "impricar", "presenciam", "nucleo" podem reforçar a ideia levantada anteriormente: o domínio da escrita da catadora de lixo oscila entre dois mundos. Apesar de usar termos mais rebuscados e pouco conhecidos no mundo no qual vive, tais palavras ainda apresentam marcas de sua origem ao descumprirem normas de acentuação, troca da consoante "l" pela consoante "r" em "impricar" e o gerúndio tão característico das construções orais. Em várias outras passagens, esse trânsito é percebido. Em outra passagem do diário, a narradora afirma: "Quando eu vinha chegando no portão encontrei uma multidão. Crianças e mulheres, que vinha reclamar que o José Carlos havia apedrejado suas casas. Para eu repreendê-lo" (JESUS, 2000, p. 10). Ela utiliza com correção o coletivo de pessoas a concordância e colocação pronominal; no entanto, apresenta problemas: na questão da concordância verbal no tocante a número, no uso de preposição e na utilização excessiva de sentenças curtas, que evidenciam um desconhecimento sobre conetivos e pontuação.

Talvez essa característica seja uma tentativa da autora de concretizar as palavras da professora Lanita Salvina, que a aconselhava a ler, consultar o dicionário para conhecer a origem de palavras e que não se esquecesse de que as pessoas instruídas viviam com mais facilidade. A escritora, apesar de todos os problemas na escrita padrão, tentou do melhor jeito que pôde produzir um texto que a aproximasse das tais pessoas instruídas, para que, assim, pudesse viver com mais facilidade.

A menina que começa, aos 14 anos, a escrever cartas para Deus, pois em sua concepção era o único capaz de olhar por ela, não apresenta, em seus escritos, o mesmo trânsito dos diários de Carolina Maria de Jesus. Miss Celie quer com suas cartas extravasar tudo que sente, tudo que aparentemente em silêncio vive, seja o abuso sexual do padrasto, sejam as surras do Sr. ou ainda a paixão por Sugar Avery.

A necessidade de interlocução é o ponto mais importante no romance epistolar, como se, através da escrita, a narradora-personagem pudesse sair do mundo no qual vivia, desejo esse também cultivado por Carolina. Ambas queriam modificar o mundo em que viviam, queriam que as condições de vida fossem melhores, mas cada uma, à sua maneira, sonhava essa modificação.

Os escritos de Miss Celie estão carregados de oralidade, pois ela escreve o que sente e o faz como fala. Moradora do interior do Sul dos Estados Unidos, foi proibida de frequentar a escola e utilizava o que havia aprendido para se expressar. Tanto no livro em inglês, como na tradução para o português feita por Peg Bodelson, Betúlia Machado e Maria José Silveira, percebemos marcas sociais, religiosas, de gênero e de época:

> Querido Deus,
> Eu tenho catorze ano. Eu sou. Eu sempre fui uma boa minina. Quem sabe o senhor pode dar um sinal preu saber o que tá acuntecendo comigo.
> Na primavera passada, depois que o nenê Lucious chegou, iscutei o barulho deles. Ele tava puxando o braço dela. Ela diz, Inda é muito cedo, Fonso, eu num tô bem.[...] Ele nunca teve uma palavra boa pra falar pra mim. Só diz, Você vai fazer o que a sua mãe num quis fazer. Primeiro ele botou a coisa dele na minha coxa e começou a mexer. [...] Quando doeu, eu gritei. Ele cumeçou a me sufocar dizendo É melhor você calar a boca e acostumar (WALKER, 1982, p. 11).

> DEAR GOD,
> I am fourteen years old. I am I have always been a good girl. Maybe you can give me a sign letting me know what is happening to me.
> Last spring after little Lucious come I heard them fussing. He was pulling on her arm. She say It too soon, Fonso, I ain't well. [...] He never had a kine word to say to me. Just say You gonna do what your mammy wouldn't. First he put his thing up gainst my hip and sort of wiggle it around. [...] When that hurt, I cry. He start to choke me, saying You better shut up and git used to it (WALKER, 1982a, p. 11).

As narradoras procuram apresentar para seus interlocutores os mundos nos quais vivem. Em *Quarto de despejo*: diário de uma favelada, podemos perceber que Carolina nos mostra momentos de aparente inclusão que evidenciam o quanto a exclusão é a tônica mais forte. Assim, a partir do olhar ambíguo de Carolina, que sendo favelada, utopicamente, se imagina fora do grupo, vamos criando uma nova realidade para o cotidiano vivido na favela do Canindé. O favelado é sempre delineado em uma representação dual, seja do alcoólatra/trabalhador, seja do marginal/vítima dos desmandos da polícia. Toda a duplicidade se apresenta articulada dentro de um padrão idealizado pela autora para constituir uma boa história, aquela que, como todas que ela leu ou ouviu, apresente de forma maniqueísta o bem e o mal.

Tal duplicidade é bem representada também no diálogo entre narrador e personagem, pois nos remete, respectivamente, ao sujeito da enunciação e ao do enunciado: o narrador narra a história e o personagem é o sujeito sobre o qual se fala. Ambos, porém, remetem ao autor, que passa, então, a ser o referente, fora da cena enunciativa. Em suma, a autora Carolina Maria de Jesus, em primeira instância, é dona do discurso que constrói ou inventa uma narradora séria, digna de credibilidade, em contraponto à protagonista "irreal", volúvel.

No texto, misturam-se percepções da autora, da narradora e da personagem, como reforça a passagem a seguir

> Sonhei que eu residia numa casa resilível, tinha banheiro, cozinha, copa e até quarto de criada. Eu ia festejar o aniversário de Vera Eunice [...] Sentei na mesa para comer. A toalha era alva ao lírio. Eu comia bife, pão com manteiga, batata frita e salada. Quando fui pegar outro bife despertei. Que realidade amarga! Eu não residia na cidade. Estava na favela (JESUS, 2000, p. 35).

Realidade puramente ficcionalizada que permite à autora escrever o que quiser e na ordem que escolher, que lhe permite mentir, ampliar, reduzir, omitir, criar. Uma miscelânea de opções, opiniões e atitudes paradoxais. A autora "constrói" uma história com forte apelo social, mas, em determinados momentos, opera também como elemento mantenedor, já que se comporta como aqueles que ela recrimina. Carolina alterna seus locais de pertencimento: ora favelada e excluída da sociedade – *marginais* como ela afirma –, ora se coloca dentro da favela, mas superior àqueles que com ela convivem. Temos, nesses momentos, a certeza de que a Carolina que viveu a favela é muito diferente daquela que narra a favela. Trata-se, então, de um testemunho ficcionalizado em que nega para si a condição de favelada e assume a função de trabalhadora responsável pelo sustento da casa e dos filhos e, nesse ir e vir de posições, a condição humana se revela se apresenta e se faz concreta.

Alice Walker, ativista e escritora americana, escreve um romance epistolar no qual Miss Celie, uma menina pobre, negra e maltratada, coloca, como Carolina, através de suas cartas, todas as percepções do mundo no qual vive. Miss Celie escreve primeiramente cartas a Deus, pois Ele seria o único capaz de ouvi-la e o único capaz de fazer com que ela se sentisse melhor. Posteriormente, as cartas que compõem o romance são trocadas entre a narradora e a irmã Nettie.

No prefácio de sua obra, o qual não foi incluído na tradução analisada para este trabalho, a escritora estadunidense afirma que o livro foi uma chance que ela teve de se encontrar, mesmo sem saber verdadeiramente o que seria, assim como Miss Celie, sua protagonista, era um exercício de silêncio, audição e descobertas.

Assim, por meio dos depoimentos das personagens Carolina e Celie, encontramos uma forma de autorrepresentação de um grupo que se sente marginalizado e alijado da sociedade. O próprio título do texto de Carolina Maria de Jesus se mostra carregado dessa percepção de alijamento. A favela é o quarto de despejo, espaço do qual a cidade se utiliza para conservar, guardar, esconder determinados objetos, sem valor e dos quais não se precisará mais ou por um bom tempo e, metaforicamente, para determinadas instâncias da memória. Literalmente, quartos de despejo operam como mantenedores de uma aparente organização, porque, em uma casa limpa e organizada, o dono utiliza tal espaço para colocar utensílios úteis, esteticamente desagradáveis, mas que podem ser utilizados a qualquer momento, embora não possam interferir na organização estética da casa. Exemplo disso é uma tábua de passar roupas: deve estar sempre à mão, mas nunca à mostra. Miss Celie se desenha para nós, leitores, como feia, mas útil, ou seja, esteticamente desagradável, mas de grande utilidade para o Sr., tratamento que ela utiliza sempre em referência ao homem que a levou de casa para ser a mulher que ele precisava para cuidar dele, da prole e da casa.

Tanto a escritora brasileira, quanto a americana, através dos relatos de suas personagens narradoras, apresentam, ao mesmo tempo, um caráter documental permeado de marcas de ficcionalidade, banhados por traços fortes de oralidade objetivando dar visibilidade a vozes silenciadas pelos processos histórico-literários de construção e legitimar determinadas representações culturais desautorizadas.

Tais construções literárias, que pretendem legitimar vozes outras que não as hegemônicas a partir de pressupostos valorativos definidos pela própria hegemonia, soam como tentativas de "entrar pela saída de serviço" e de se fazerem vistas como fonte de reflexão de uma época e de um espaço.

Nessas narrativas curtas, contadas em primeira pessoa, nas quais narrador e protagonista incidem sobre a mesma figura, podemos perceber que essas personagens são portadoras de vozes que, ao mesmo tempo, atuam como protagonistas e narradoras. As duas protagonistas são sujeitos sociais não letrados, que demandam um registro feito através de um interlocutor.

Em *Quarto de despejo*, Audálio Dantas apresentou o texto de Carolina Maria para um editor que filtrou e editou os diários em 1960. Miss Celie teve sua voz difundida pela ativista/médium Alice Walker.

Embora saibamos que toda realidade, ao passar pelo crivo de leituras autorais e se tornar escritura, se torna ficcionalizada, temos de estabelecer essa diferença entre os dois textos analisados. Enquanto Alice Walker escreve uma ficção repleta de traços da realidade e assume essa estrutura, não podemos esquecer que, na concepção de Carolina Maria de Jesus, o texto que ela coloca em seus diários é representação pura da realidade. São textos estruturalmente distintos que encerram um objetivo muito próximo: conceder voz àqueles que, por muito tempo, foram silenciados.

Tais obras foram bem-sucedidas e se tornaram famosas por se constituírem como uma forma de intervenção política na esfera pública, porém, conforme nos alertam as palavras de Jean Franco (1992, p. 14):

> Embora a literatura de depoimento corra o risco de reproduzir as relações de poder existentes entre o intelectual e os "silenciados", entre

> o gravador/erudito e a "vítima", responde também à necessidade de autorrepresentação de qualquer grupo subalterno quando assume algum poder. Na verdade, muitos depoimentos respondem apenas a essa necessidade. Por outro lado, [...] usam o próprio voyeurismo da cultura ocidental (que está sempre usando os oprimidos e os índios como uma espécie de curiosidade a ser exibida em feiras) para fazer intervenções políticas eficazes que ultrapassem de muito o local de origem.

Ambos os textos são escritos infringindo as normas padrão de sintaxe, colocando em relevo a cultura popular desprestigiada pelas formas canônicas institucionalizadas de narrativa. Suas narrativas retratam uma experiência própria, representativa não apenas de um indivíduo singular, mas também e, principalmente, de uma identidade coletiva. Elas desempenham um papel social importante: o de denunciar uma experiência de opressão e/ou exclusão, assim como o de desvelar e desautorizar a história oficial como sendo "A Verdade" transcendental e única, abrindo caminho para outras vozes e outras versões de determinados fatos sociais. As histórias contadas através dos diários de Carolina e das cartas de Miss Celie evidenciam que tais escritos querem reivindicar legitimidade para a escrita feminina de resistência.

Referências

LE BOT, M. Le silence dans les mots. In: **Corps Ecrit**. Paris: PUF, 1984.

FRANCO, Jean. Rumo ao público/Repovoando o privado. In: HOLLANDA, Heloísa Buarque de (org.). **¿Y nosotras latinoamericanas?:** Estudos sobre gênero e raça. São Paulo: Fundação Memorial da América Latina, 1992. p. 14.

JESUS, Carolina Maria de. **Quarto de despejo**: diário de uma favelada. São Paulo: Ática, 2000.

ORLANDI, Eni P. **Análise do Discurso**: princípios e procedimentos. Campinas: Pontes, 2000.

________. **As formas do silêncio**. Campinas: Editora da Unicamp, 2007.

WALKER, Alice. **A cor púrpura.** Tradução de Peg Bodelson e Betúlia Brandão Maria José Silveira. São Paulo: Círculo do Livro, 1982.

________. **The color purple**. Disponível em: <http://ajaytao2010.files. wordpress.com/2012/12/the-color-purple-alice-walker.pdf>. Acesso em: 10 jan. 2014.

Interseções e diferenças nos discursos de Carolina Maria de Jesus em *Quarto de despejo* e Delia Zamudio em *Piel de mujer*

Alessandra Corrêa de Souza[59]

"Falar é existir de modo absoluto para outro."
(Frantz Fanon)

As autoras Jesus e Zamudio são mulheres negras e pobres. A primeira leva o epíteto de favelada, e ambas pertencem ao grupo dos subalternos, dos sem voz, que a partir da literatura testemunho começam a falar por si mesmos. Spivak traz à tona em seu livro *Pode o Subalterno Falar* algumas máximas que corroboram como aporte teórico a presente Comunicação. Ou seja: "não se pode falar pelo subalterno, mas pode-se trabalhar contra a subalternidade, criando espaços nos quais o subalterno possa se articular e, como consequência, possa também ser ouvido" (SPIVAK, 2012, p. 17). Para a autora, a mulher subalterna encontra-se numa posição ainda mais periférica pelos problemas subjacentes às questões de gênero.

A mulher como subalterna não pode falar e, quando tenta fazê-lo, não encontra os meios para ser escutada ou lida e foi isso que detectamos no levantamento bibliográfico feito sobre as autoras aqui mencionadas. Cabe salientar que Carolina Maria de Jesus volta à invisibilidade e morre pobre em 1977, "esquecida" pela crítica literária, pelos jornalistas e pelos meios de comunicação. A partir dos últimos anos, a autora retorna à cena pela sala de estar

---

[59] Souza C., Alessandra. Doutora em letras neolatinas pela UFRJ. Professora Assistente na UFSE. E-mail: espanholufrj@hotmail.com.

dos acadêmicos, pós-graduandos, professores que começam a investigá-la em monografias de finais de curso, dissertações, teses e artigos atuais, tanto que neste VI Colóquio Mulheres em Letras – Literatura e Diversidade, a homenageada nada mais é que uma das autoras mais representativas da literatura brasileira e que o cânone ainda reluta em receber como escritora significativa de nossa literatura[60]. Porém, acredito que nós, os investigadores que fazemos parte de um grupo que não aceita o discurso oficial nem o Poder como o único detentor da verdade, procuramos verdades no plural e isso nos une, pois, como dizia Carolina, a "favela" é o quarto de despejo dos excluídos. Tomamos o substantivo como metafórico para retratar que Jesus, hoje em 2014, (re)torna viva, como sempre sonhou e idealizou em sua obra mestra: *Quarto de despejo* – diário de uma favelada. Já a nossa segunda autora, Delia Zamudio, tão relevante quanto a primeira, no entanto, não é mencionada pelos críticos literários conceituados. No levantamento da fortuna crítica sobre a autora, foram encontradas poucas menções sobre a sua representação na cultura afro-peruana, sendo observada pelos autores e investigadores do Centro de Desenvolvimento Étnico (CEDET) e em um artigo de autor estrangeiro, Harris, 2011.

Para fundamentar a primeira hipótese, utiliza-se o texto de José Miguel de Oviedo (2010), que não identifica Zamudio como pertencente à literatura de testemunho, tampouco sujeito de sua história. Ele define o gênero testemunho, onde e como iniciou, os países e os autores representantes do gênero, a saber: Elena Poniatowka (1933) e Carlos Monsiváis (1938) no México; Rodolfo Wash (1927-1977) na Argentina; Hernán Valdés no Chile; Miguel Barnet (1940) em Cuba; Omar Cabezas (1950) em Nicarágua; Rigoberta Menchú (1959) na Guatemala.

A partir da constatação do crítico literário mencionado, Spivak, em *Pode o subalterno falar?*, é muito atual e paradoxal ao mesmo tempo, pois o crítico não menciona *Piel de mujer* de Delia Zamudio no gênero testemunho:

> (...) em meados dos anos sessenta – uma década que, como estamos vendo foi de excepcional riqueza criadora no campo da prosa,

[60] Este texto foi apresentado no VI Colóquio Mulheres em Letras em 2014, ano do centenário de Carolina Maria de Jesus.

> surgiram no México, Argentina, Cuba e outros países diversas manifestações de um novo gênero, a literatura de testemunho, o novo é relativo ao momento histórico que o estimulou, o gênero já existia, o que resultava novo era sua reflexão, suas fortes raízes sociais e sua popularidade. O testemunho é um gênero híbrido, todo testemunho é primordialmente o relato ou versão de um sucesso real que o narrador e seus leitores compartilham como membros de uma mesma comunidade. O testemunho é uma mescla de reportagens jornalísticas, reflexão ensaística, investigação social, documento vivo e outros (OVIEDO, 2010, p. 372-373).

Bella Jozef (2007, p. 30-31) discorre sobre o papel da literatura e da ideologia:

> o ideológico e o literário constituem unidade indivisível e suas relações recíprocas representam o mundo, a obra, histórico e atemporal. Essa suposta unificação é hierarquizada, assimétrica, desigual. A obra literária está permanentemente aberta através do tempo a diferentes leituras criadoras, e cada momento histórico realiza sua atualização da mensagem, superando a dimensão exclusivamente sincrônica.

Jozef ilumina a constatação sobre a exclusão das autoras Delia Zamudio e Carolina Maria de Jesus do cânone e como representantes do gênero testemunho. Cabe salientar que o discurso não é analisado apenas como um objeto "verbal" autônomo, mas como uma interação situada, como uma prática social ou como um tipo de comunicação numa situação social, cultural, histórica ou política (DIJK, 2008, p. 12). O poder simbólico determina que:

> políticos têm acesso ao discurso público devido ao seu poder político, professores, devido aos recursos de conhecimento. Se o poder é definido em termos de controle de (membros de) um grupo sobre outros, então tais formas de poder político, acadêmico ou empresarial realmente se tornam efetivas se fornecem acesso especial aos meios da produção discursiva e, portanto, ao gerenciamento das mentes do público (DIJK, 2008, p. 23).

Assim, problematiza-se que o poder simbólico, como o discurso do poder associados à historiografia oficial, é responsável pela negação das obras *Quarto de despejo* e *Piel de mujer* no cânone por críticos como Oviedo, Sklodowska e outros que foram observados no decorrer do presente texto.

Pois bem, o que há para nós além dos estereótipos que nos cercam? Onde estão as memórias, histórias e trajetórias que não se encerram e nos encerram como vencidos? Pensamos que as respostas a tais perguntas não podem ser elucidadas sem que olhemos para os indivíduos fora da lógica da razão indolente (SANTOS, 2008), sem que procuremos as narrativas que muitos ficam sem saber por ficarem ocultas ou ocultadas nas brumas do cotidiano. Apesar de "esquecidas", porque não registradas em livros, histórias brotam, nascem e morrem todos os dias. Histórias jazem nas memórias dos sujeitos à espera de quem as registre, de quem as decifre. Desse modo, buscamos balizar nossa argumentação nas histórias de mulheres negras que, nas suas trajetórias, transformaram as poucas oportunidades recebidas em âncoras para (re)escrita de suas vidas pessoais e profissionais.

A experiência social em todo o mundo é muito mais ampla e variada do que a tradição política e filosófica ocidental conhece e considera importante (SANTOS, 2008). O pensamento de Milton Santos nos fez refletir a respeito das racionalidades outrora invisibilizadas pela razão indolente. Há, nesse momento, um desperdício dessa experiência social em função daquilo que o autor chama de um modelo de racionalidade que funciona no/com o apagamento de outras racionalidades possíveis.

Quais são as interseções nas obras *Quarto de despejo* e *Piel de mujer*? O que há de comum entre Carolina e Delia? Quais são os interditos e os não-ditos dessas autoras? Cremos que, para essas mulheres, a razão indolente não seria um impedimento para desconstrução do discurso hegemônico a fim de (res) significar os espaços demarcados e supostamente destinados à mulher negra. A experiência social que Jesus e Zamudio partilham tece outras redes para a desconstrução do discurso do "poder" que, segundo Chauí (1982), unifica classes e é neutro como um véu que invisibiliza a diversidade.

> Cheguei em casa, aliás, no meu barracão, nervosa e exausta. Pensei na vida atribulada que eu levo. Cato papel, lavo roupa para dois jovens, permaneço na rua o dia todo. E estou sempre em falta (JESUS, 2000, p. 9).

> No sé, pero siempre he tenido un sentido rápido, pude darme cuenta de que mi madrina no había pensado en mí como en un ser humano, con ese cariño que ella fingía tenerme. Para ella yo era una chica que no le costaba nada. Al llegar a casa sufrí muy malos tratos, muchos golpes; pero no quería volver a la casa de mi mamá porque, a pesar de todo, estaba aaprendiendo (ZAMUDIO, 1995, p. 37).

A partir das citações acima, podemos modalizar algumas hipóteses nos discursos de Carolina e Delia. A primeira chega cansada, pois suas diversas atividades a esgotam e, mesmo assim, não consegue alcançar o almejado, uma vida digna e uma alimentação saudável aos seus filhos, a ponto de afirmar que chegou a casa e, ao mesmo tempo, refutar sua própria afirmação ao não considerar o espaço onde vive como seu, como ideal. Já a segunda, ainda adolescente, tem uma atitude bem crítica, sabe que a madrinha está fingindo carinho por ela, mas aceita ser castigada, pois tem uma meta, que é estudar, aprender a ler e sabe que se for morar com a mãe terá que cuidar dos irmãos menores. Por isso, a dita "protetora" utiliza-se do jogo para explorá-la e, em troca, a deixa estudar à noite, depois de todas as tarefas concluídas.

Já que a questão racial está presente em nossa sociedade ora como tema de análise, ora como objeto de preocupação, propomos refletir a apropriação do passado não para conhecê-lo "como ele foi de fato", mas para sabê-lo como uma possível ameaça ao presente (BENJAMIN, 1994), perigo que emerge nas práticas racistas que não se realizam/falam no "vazio". Em uma perspectiva social, há sentido e significação nessas práticas, cujo significado realiza-se através de um complexo de fatores sociais.

Não são palavras o que pronunciamos ou escutamos, mas verdades ou mentiras, coisas boas ou más, importantes ou triviais, agradáveis ou desagradáveis etc. A palavra está sempre carregada de um conteúdo ou de um sentido ideológico ou vivencial. É assim que compreendemos as palavras e somente reagimos aquelas que despertam em nós ressonâncias ideológicas concernentes à vida (BAKHTIN; VOLOSHINOV apud KESKE, 2004, p. 4).

Rediscutir o que outrora fora compreendido pela razão ocidental como fragmentação possibilitaria observar sob outras perspectivas sujeitos como as autoras citadas e suas experiências sociais e racionalidades como um terceiro discurso (OLIVEIRA; ALVES, 2006), cujo enredo não necessariamente seria o reverso ou a rejeição do pensamento hegemônico, terceiro discurso esse que foge aos padrões e aos significados das práticas racistas. As teias do discurso do poder: duas mulheres, um discurso e as diversas possibilidades:

> Vocês são incultas, não pode compreender. Vou escrever um livro referente à favela. Hei de citar tudo que aqui se passa. E tudo que vocês me fazem. Eu quero escrever o livro, e vocês com estas cenas desagradáveis me fornece os argumentos (JESUS, 2000, p. 17).

> En el colegio la única negra era yo. Cualquier cosa que hacía, las otras niñas decían: 'mire, señorita, la negra esta, la negra el otro'. Siempre me estaban riñendo. Muchas veces no tenía que ver con los problemas de las otras, pero al final era yo la castigada. Tan cruel era la profesora que me ponía de rodillas sobre chapitas. Tantas veces los hacía que me dejaban marcadas y lastimadas mis rodillas, incluso a veces me sangraban (ZAMUDIO, 1995, p. 39).

Se alguns seres ao nascer se veem destinados a obedecer e outros a mandar (ARISTÓTELES, 2006), é preciso questionar os mecanismos que mantêm alguns grupos presos em um estereótipo. O pensamento de Aristóteles ratifica a nossa compreensão a respeito da perpetuação de padrões do discurso hegemônico. Há outros discursos a serem proferidos, ouvidos e aceitos, tão válidos ou autorizados porque narram táticas que deflagram movimentos outros, não-hegemônicos, que pressupõem uma estética e uma ética diferenciadas ou a reversão de uma hegemonia.

E é a partir de tal abordagem que vieram à tona a imbricação e a necessidade de analisar o corpus das autoras Carolina Maria de Jesus (2000) e Delia Zamudio (1995) como objetivo geral deste trabalho. Vale ressaltar que a primeira utiliza a escrita como válvula de fuga, de uma sociedade que a exclui e a "jogou" na favela, na lixeira, no espaço de coisas ou pessoas descartadas, em que Jesus representa a favela como o inferno e a cidade de São Paulo como os jardins. Já a segunda autora consegue ser absorvida por empregos como doméstica, operária em joalheria, trabalhando em peixaria e laboratório farmacêutico. Ela participa de sindicatos e consegue mudar o rumo da história que foi predestinada às mulheres da sua etnia, como bem delimitado pela autora.

Há semelhanças entre elas: a brasileira usava a escrita como arma de denúncia, sonhava em publicar seus livros para sair do quarto de despejo e personificava uma vida feliz na casa de alvenaria, cuja meta pessoal era ser poeta, enquanto a peruana aprende a ler e segue seus estudos, alcançando objetivos pessoais e políticos – consegue ser enfermeira, sindicalista e chegou a ser presidente do sindicato dos trabalhadores na sua região. Jesus consegue a publicação do seu livro *Quarto de despejo* em 1960, que se tornou um *best-seller*, traduzido em mais de 13 idiomas e lido em 40 países na época da publicação, alcançando milhões de leitores mundialmente e vendendo mais do que autores consagrados. No entanto, ela voltou à invisibilidade e foi esquecida pela crítica, não sendo representada como autora feminina de literatura de testemunho para o cânone. Além disso, alguns estudiosos nem consideram *Quarto de despejo* como obra literária, mas como depoimento de uma favelada que apresenta a fome e a pobreza de uma forma tão real e significativa que só as pessoas que passaram 'fome', como delimitada pela própria autora diversas vezes no livro *Quarto de despejo*, têm propriedade para escrever e criticar. Em 1995 Delia Zamudio, por sua vez, publica *Piel de mujer*, que não tem a mesma projeção editorial que a brasileira.

Para finalizar, faz-se necessário destacar a relevância da investigação por diversos motivos. Em primeiro lugar, porque Carolina Maria de Jesus bem como Delia Zamudio são autoras femininas que são sujeitos de sua história e precisam ser estudadas e analisadas na academia para a formação intelectual dos acadêmicos, sobretudo nos cursos deLetras, História, Antropologia, Sociologia, filosofia, entre outros. Em segundo, a pesquisa está em consonância com a tendência atual de estudos sobre obras literárias hispano-americanas e brasileiras que relacionam história e sociedade. Em terceiro, porque se propõe analisar a historiografia oficial, problematizando e comparando as obras literárias *Quarto de despejo* – diário de uma favelada e *Piel de mujer*, considerando-as como literatura de testemunho. Finalmente, porque permitirá a ampliação dos conhecimentos sobre as autoras, que não são mencionadas no cânone. Assim, as categorias de análise desenvolvidas poderão vir a ser utilizadas por outros pesquisadores.

Referências

ACHUGAR, Hugo. **Planetas sem boca**: escritos efêmeros sobre arte, cultura e literatura. Tradução de Lyslei Nascimento. Belo Horizonte: Editora UFMG, 2006.

ARISTÓTELES. **A Política.** Tradução de Nestor Silveira Chaves. São Paulo: Escala Educacional, 2006.

BENJAMIN, W. **Magia e Técnica, arte e Política**: ensaios sobre literatura e história da cultura. Tradução de Paulo Sérgio Rouanet. São Paulo: Brasiliense, 1994. (Obras escolhidas, v. I).

CARAZAS, Salcedo. **Milagros. Imágenes e Identidad del sujeto afroperuano en la novela peruana contemporánea**. 2004. Tese (Mestrado em Literatura Perunana e Latinoamericana) – Facultad de Letras y Ciencias Humanas, Universidad Nacional Mayor de San Marcos, Lima, Perú.

______. **Estudios Afroperuanos**. Ensayos sobre identidad y literatura afroperuanas. Lima: Centro de Desarrollo Étnico, 2011.

CERTEAU, Michel de. **A invenção do cotidiano**. Petrópolis: Vozes, 1994.

CHAUÍ, Marilena. O discurso competente. In: ________. **Cultura e democracia**: O discurso competente e outras falas. 3. ed. São Paulo: Moderna, 1982.

DIJK, Teun A. van. **Discurso e Poder**. São Paulo: Contexto, 2008.

JESUS, Carolina Maria de. **Quarto de Despejo**: diário de uma favelada. São Paulo: Ática, 2000.

JOZEF, Bella. **A máscara e o enigma**. A modernidade da representação à transgressão. Rio de Janeiro: Francisco Alves, 2007.

KESKE, H. I. Dos sujeitos enunciadores e seus contextos dialógicos: Bakhtin seu outro. In: **XXVII Congresso Brasileiro de Ciências da Comunicação INTERCOM**, Comunicação, acontecimento e memória. Porto Alegre, RS: EDPUCRS, 2004.

OLIVEIRA, Inês B. Aprendizagens culturais cotidianas, cidadania e educação. In: OLIVEIRA, Inês B.; SGARBI, Paulo (Org.). **Redes culturais, diversidade e educação**. Rio de Janeiro: DPA, 2002.

OLIVEIRA, Inês B.; ALVES, Nilda. A Pesquisa e a criação de conhecimentos na pós-graduação em educação no Brasil: conversas com Maria Célia Moraes e Acácia Kuenzer. **Educação e Sociedade**, Campinas, v. 27, n. 95, p. 577-602, 2006.

OVIEDO, M. José. **Historia de la literatura hispano-americana**: De Borges al presente. Madrid: Alianza Editorial, 2010.

SANTOS, Boaventura Souza. Uma sociologia das ausências e uma sociologia das emergências. In: ________. **A gramática do tempo**: para uma nova cultura política. 2 ed. São Paulo: Cortez, 2008

SKLODOWSKA, Elzbieta. **Testimonio hispanoamericano**: historia, teoría, poética. New York: Peter Lang, 1992.

SPIVAK, Gayatri Chakravorty. **Pode o subalterno falar?** Tradução de Sandra Regina Goulart Almeida, Marcos Pereira Feitosa e André Pereira Feitosa. Belo Horizonte: Editora UFMG, 2010.

ZAMUDIO, Delia. **Piel de mujer**. Lima: Fovida, 1995.

3. CONTORNOS DO CORPO: A ESCRITA DOS SENTIDOS EM CAROLINA MARIA DE JESUS

Carolina de Jesus: pensamento poético, linguagem clássica e ideal de vida

Elzira Divina Perpétua[61]

No cotejo dos dois diários que Carolina de Jesus publicou em vida – *Quarto de despejo* e *Casa de alvenaria* – com seus respectivos manuscritos, nos deparamos com indicações de que, paralelamente aos registros diários, ela também produzia textos ficcionais a que denominava contos, provérbios, romances, poemas, argumentos para teatro e letras de música, que tentava obstinadamente publicá-los. Alguns dessas produções viriam a público com recursos da própria autora, como os livros *Provérbios* e *Pedaços da fome* e o disco *Quarto de despejo*, ou em publicações esparsas, como o conto "O japonês", na revista *Cláudia*, e "Onde estais felicidade", no jornal *Movimento*. Sua *Antologia pessoal*, seleção de poemas organizada pela própria Carolina antes de sua morte, só seria conhecida em 1996, graças à persistência do pesquisador José Carlos Sebe Bom Meihy junto à família da autora.

Apesar de terem sido quase que totalmente extirpados dos diários, os textos recusados na edição são mencionados por jornais e revistas que antecederam o lançamento de *Quarto de Despejo* e que citam a produção ficcional e poética juntamente com o diário. Tal ocorrência se repete nos programas de rádio e TV, em que a presença da autora lhe garantia a oportunidade de declamar seus poemas. Do ponto de vista publicitário, a menção aos textos não autobiográficos

---

[61] Elzira Divina Perpétua é mestre pela Puc Minas e doutora em Literatura Comparada pela UFMG. Aposentou-se como professora da Universidade Federal de Ouro Preto, onde permanece como colaboradora do POSLETRAS-UFOP. Foi a primeira pesquisadora da área de Letras no Brasil a estudar a obra de Carolina de Jesus. Possui vários artigos sobre a autora, além do livro *A vida escrita de Carolina Maria de Jesus* (Editora Nandyala). E-mail: elzira@ufop.edu.br

de Carolina será parte da estratégia de divulgação do diário. Para a escritora, parece funcionar, sobretudo, como amostra de que aquilo que ela mais valorizava como escrita poderia ser apreciado e, com isso, ter aumentada a chance de publicação; ao mesmo tempo, alimentar essa ilusão servia-lhe de incentivo à continuação do registro do cotidiano.

Isso quer dizer que os textos que não se inserem nos planos da edição dos diários tangenciam toda a escrita do cotidiano; e a escrita diária é, de certa forma, movida pelo desejo de Carolina de ver sua obra ficcional e poética – principalmente os poemas – publicada. No entanto, na composição do livro que, como sabemos, imortalizou a autora como porta-voz de uma memória coletiva, seu perfil declinou de uma outra imagem contida nos manuscritos, onde se delineia a complexidade de uma outra personagem, com suas contradições ou o que pudesse, de algum modo, desfavorecê-la aos olhos do público. Entre esses aspectos, figuram as imagens que a escritora constrói de poeta e de poesia.

Das imagens que Carolina tinha do poeta, as que figuram na edição de *Quarto de Despejo* relacionam-se à sua preocupação com a comunidade pobre onde se encontra inserida. Porém, nos manuscritos, desde os primeiros registros, lemos sua ostensiva necessidade de definir-se em alguma categoria relacionada à escrita ficcional, da qual também faz parte uma abrangente dimensão social. Assim, ela vai traçar, de forma recorrente, sua autoimagem de poeta, segundo imagina suas qualidades: o poeta é engajado politicamente, nacionalista, possuidor de uma missão social, que luta assumidamente ao lado dos fracos e oprimidos. Essa imagem teria sido construída segundo o modelo romântico estabelecido em suas leituras, conforme o exemplo retirado dos manuscritos de 1º de junho de 1958:

> tudo que escrevo aqui não é para engrandecer-me pórque eu não tenho vaidade É que sou poetisa. E o poeta, gosta da sua gente gosta da sua patria.
> E revoltam quando ve o seu povo infausto E o odio do poeta, recae unicamente no governo. Que se for letargico será criticado. E se for dinamico sera enaltecido. (JESUS, 1958, s/p.)

Carolina manifesta sua profissão de fé em relação à escrita lírica em todos os cadernos. Assim, lemos que, no início dos anos 1940, recém-chegada a São Paulo, ela já havia sofrido o enigma da dúvida sobre sua preferência pela escrita ao ser designada como poetisa, como narra neste registro de 4 de junho de 1958:

> Em 1940 eu sai na Fôlha da Manhã. Foi os jornalistas das Folhas quem disse-me que eu era póetisa. E eu pensei: meu Deus do Céu... que doença será esta? Eu tinha vindo do interior era caipira não sabia o que queria dizer póetisa. A unica coisa que eu recordo, é que o meu córação batia dentro do meu pêito, pareçendo castanhólas.
> O dia que eu saí na Fôlha eu não saí nas ruas porque eu não sabia o que queria dizer poetisa. Quando alguem me olhava e dizia: ela é póetisa eu traspirava e ficava pensando no novo nome que ó jornal havia me posto – poetisa... (JESUS, 1958, s/p)

Entende-se, portanto, que Carolina teria incorporado, desde o início dos anos 40[62], a identidade de poeta a partir da nomeação de um jornalista. O significante dado por um outro marcaria o momento em que ela passou a almejar um lugar social ao lado daqueles a quem ela considerava detentores de um saber semelhante ao seu.

O significado daquele momento torna-se redimensionado pelo fato de Carolina vir compondo, havia já alguns anos, textos similares àquele pelo qual foi reconhecida como poetisa, conforme se depreende da leitura de "Minha vida" (JESUS, 1994), texto publicado por Levine e Meihy em *Cinderela negra,*[63] que teria sido escrito por ela como prólogo para apresentar a antologia de poemas.[64] Esse texto nos introduz aos primórdios do desconhecido universo dos desejos de Carolina. Segundo conta, seus primeiros versos teriam surgido espontaneamente por volta de 1935 ou 1936, algum tempo depois de ter saído de Sacramento, sua terra natal, e antes de chegar em São Paulo. Cito:

---

[62] A data apontada por Carolina nessa citação não coincide inteiramente com outras citações em que ela se refere ao mesmo episódio.

[63] Ao contrário do que afirmam os autores na apresentação do texto (p.171), apenas algumas passagens de "Minha vida" foram publicadas em *Diário de Bitita* e em sua versão francesa, não o texto integral. Cf. *Diário de Bitita,* especialmente o episódio "A escola", p. 122-127.

[64] A informação sobre essa pretensão de Carolina é fornecida por Meihy em "Inventário de uma certa poetisa", prefácio à *Antologia pessoal,* p. 18 e p. 35.

> O primeiro verso que eu fiz foi dedicado a uma freira. Quando eu trabalhava na Santa Casa de Franca. (...)
> Quando viajou para São Paulo, [a]freira por quem eu tinha profunda admiração, eu não podia deixar os meus afazeres para ir despedir-me dela, peguei um lápis e um papel para lhe escrever qualquer coisinha amavel.
> "Nas minhas orações peço a Jesus com muita fé para ter breve regresso: a irmã Maria José".
> Escrevi apressadamente, porque estava fritando os bifes para os doentes do pavilhão. A mensageira voltou sorrindo:
> "Bonito verso Carolina".
> A irmã gostou e agradece a sua amabilidade.
> Verso: repeti mentalmente
> Verso: o que será isto?
> Sorri: o meu objetivo era agradar a irmã (JESUS, 1994, p. 186).

Assim como acontecera com as redondilhas dedicadas à freira, outras experiências espontâneas ainda teriam ocorrido, alguns anos depois, quando já morava em São Paulo, segundo seu depoimento:

> Um dia apoderou-se de mim um desejo de escrever: escrevi.
> Adeus dias de ventura, adeus mundo de ilusão vou recluir-me na sepultura debaixo do frio chão.
> Vou satisfeita, risonha, contente para não mais voltar. A minha vida é tristonha, – morrendo irei descansar. Trabalho. Não tenho conforto, levo a vida a lutar sòmente depois de morta, nada mais tenho em que pensar.
> Desde êse dia eu comecei a fazer versos. É que as pessoas que residem em São Paulo, pensam com mais intensidade. por isso é que o meu cérebro, desenvolveu-se.
> Eu ignorava as minhas qualidades poéticas. Quando percebi: que medo! Fiquei apavorada, para mim foi surpresa. Nunca pensei que um dia me tornasse poetisa (JESUS, 1994, p. 185-186).

Em 1941, instada por um amigo que a aconselhou a mostrar seus textos a algum jornalista, ela os teria apresentado a Vili Aureli, de quem teria recebido a identificação de poetisa. Intimidada, Carolina conta que não perguntou o significado da palavra. Já no bonde, pediu a um senhor que lhe esclarecesse a dúvida. Ele teria respondido que poetisa "é mulher que tem o pensamento poético". Ao saber de Carolina que Vili Aureli a tinha reconhecido como tal, o homem teria perguntado se ela pretendia escrever livros. A reação dela foi ainda, segundo conta, de surpresa: "Fiquei horrorizada interiormente e o meu coração acelerou-se. Então a poetisa tem que escrever livros? Eu não tenho condição para ser escritora. Não estudei. Silenciei com receio de dizer banalidades".

Com as novas informações, Carolina teria se dirigido a uma livraria para obter mais informações a respeito. Vale a pena transcrever a narrativa desse episódio:

> – Eu quero um livro de poeta –.
> O livreiro deu-me:
> – Primaveras, de Casimiro de Abreu.
> E assim fiquei sabendo o que era ser poetisa. Cheguei em casa com o espírito mais tranquilo. Fiquei sabendo que as palavras cadenciadas eram as rimas (JESUS, 1994, p. 188).

É nesse contexto particular da autobiografia de Carolina, com a visão romântica veiculada pelos poetas lidos por ela, que devemos compreender a percepção de seus valores em relação à poesia e que se estende aos conceitos, muitas vezes antagônicos ou equivocados, do papel social do poeta, e a uma visão estereotipada da temática e da forma poética apresentada em seus registros a partir de clichês. Carolina busca estabelecer conexões entre as situações de miséria em que vive e sua visão particular do poeta, como se lê nos exemplos:

> 29 de julho de 1958:
> Deixei o leito as 6 e meia. Estava preocupada pórque não tinha nada em casa. O dinheiro que se ganha não da para mais nada. Dizem que os póetas acabam loucos. E eu, estou na imenencia de enlouquecer. (JESUS, 1958, s/p)

> 1 de agosto de 1958:
> Ele disse-me: que se eu tivesse capacidade e estudo que eu não catava ferro velho. Que esta profissão é dos vadios e marginaes. E que êle não sabe que o roteiro dos vates e igual o roteiro do calvario. (JESUS, 1958, s/p)

> 9 de julho de 1958:
> Começo achar a minha vida insipida e longa demaes. Cassemiro de Abreu deixou êste mundo no verdor dos anos. Não conheçeu a taça de fel que a êxistência nos reserva. (JESUS, 1958, s/p)

A idealização do passado, mostrada em contraposição às agruras do presente, será um dos traços mais apreciados por Carolina ao longo dos registros em que ela apresenta as contradições entre a vida dos poetas e a sua própria.[65] A Casimiro de Abreu seguem-se outros modelos literários em registros, nos quais ela descreve suas inferências sobre a vida e obra de alguns escritores e poetas, sempre em contraposição com a sua própria vida e escrita. De Bocage, ela lembra a conhecida analogia do nome do poeta à pornografia, papel que ela recusa para si:

> 19 de dezembro de 1958:
> Levantei para ver o que e que os filhos havia levado para vender. Sai para o quintal e cai. Com os pes para fóra e o tronco debaixo do pórão. O José Carlos tentou erguer-me.
> – pensei, hoje é o meu ultimo dia em cima da terra. passei pela terra sem conseguir o que idealisei. Nasçendo no Brasil, tenho a impressão que vivi sempre dentro de uma garrafa. pobres filhos! será que vão andar sujos? sera que vão sentir saudades de mim? Quantas anedotas vão surgir em torno do meu nome. porque o poeta rico, fica fica celebre Com uma aureola de respêito envolvendo o seu nome. E o poeta das margens. do lixo, fica celebre com uma pórnógrafia em torno do seu nóme. Igual ao Manoel Maria du Bocage. (JESUS, 1958, s/p)

Nas citações de alguns autores ilustres, Carolina manifesta nitidamente o desejo de aproximar-se do cânone artístico, do texto de prazer, do mundo literário que de fato a fascinava, como se vê pelo registro abaixo:

> 12 de junho de 1959:
> passei num bar português e tomei um café. E fiquei olhando as paisagens pintadas nas paredes. Camões, Cervantes.

---

65 Em sua *Antologia pessoal*, a idealização do passado também é uma marca constante. O exemplo mais próximo a essa concepção, em que Carolina tenta se adaptar ao modelo oferecido, é "Saudades de mãe", paráfrase de "Meus verdes anos", de Casimiro de Abreu (Cf. Jesus, *Antologia pessoal*, p. 81).

> – O senhor gosta de quem escreve
> – Se gosto!
> Eu pretendo escrever. Vêja a repórtagem que a revista O Cruzeiro fez para mim. Enquanto êle lia, eu andava pelo bar. Que furtuna nas parêdes. (JESUS, 1959, s/p)

Essa tentativa de aproximação transforma-se, às vezes, em observações que se tornam jocosas, como nos exemplos abaixo. Isso ocorre porque, na busca de semelhanças que confirmariam sua condição de escritora, Carolina compara detalhes de sua vida com os de autores consagrados e arrola estereótipos que compõem uma imagem do escritor:

> 30 de julho de 1959:
> Hoje eu vou tomar banho. Eu não gosto de agua fria. Eu sinto muito frio. Eu ando com um casaco preto e quente. So que ja esta sebôso igual o casaco do Fagundes Varella. (JESUS, 1959, s/p)
>
> 31 de julho de 1959:
> O irmão de jayme disse-me para eu dêixar de escrever. que o Emilio Zola Mórreu de fome E foi citando os nomes dos escritores infaustós. (JESUS, 1959, s/p)
>
> 2 de novembro de 1959:
> Oh! 5 cruzeiros abençôado comprei 5 de vârgem e curvei para catar umas fôlhas de repôlho A Dona branca perguntou-me.
> – Esta catando isto para comêr?
> – É para eu fazer uma sôpa para os filhós. Ela deu-me um. Agradeci peguei a vagem e voltava para a favela. Tinha uns tomates numa banca pedi ao dono êle deu-me. pedi umas mandiocas a uma purtuguêsa que estava desfazendo as bancas Ela queria 5 cruzeiros.
> – Não tenho. Dôis feriadós seguidós atrapalha aos muambeirós Ela ficou indecisa Tinha um mamão que jogaram fóra eu e a Vera comemós pensei: O Edgar Alan poe devia ter feito o que faço. ja que a fome é a sombra do póeta êle deve recorrer ao lixo. (JESUS, 1959, s/p)

Independentemente dos equívocos de suas observações, o que mais salta aos olhos nas citações de Carolina é o conhecimento que ela demonstra possuir de um mundo da palavra escrita.

Pensamento poético, linguagem clássica e ideal de vida

O que motivava Carolina a escrever era, segundo afirma, um estado de "fusão mental", uma manifestação involuntária que a inquietava mentalmente e só arrefecia com a escrita: "Quando escrevia tinha a impressão que o meu cérebro normalizava-se" (JESUS, 1994, p. 186). Antes de seus textos terem-lhe valido a denominação de poetisa e de ela ter recebido explicações sobre essa palavra, atribuía a vontade irresistível de escrever a uma patologia: "Eu pensava que as coisas que brotavam na minha cabeça eram provenientes dos meus dentes. Procurei um dentista, solicitando um exame, êle não quis extraí-los" (JESUS, 1994, p. 188). Mesmo depois de se tranquilizar com relação ao diagnóstico, Carolina continua a manifestar inquietação ante a vontade imperiosa de escrever, que fugia ao seu controle. Essa vontade é denominada aleatoriamente de "ideias literárias", "ideias poéticas" ou "pensamento poético", dos quais ela vai falar insistentemente em todos os cadernos, seja para registrar a presença do incômodo, para manifestar tranquilidade com sua ausência, seja para tentar relacioná-lo à situação de miséria que enfrentava.

O desejo de escrever, às vezes, irrompe de tal forma que ela inverte o preceito segundo o qual o poema é fruto do trabalho árduo, da transpiração, mais do que da inspiração. Entretanto, quando as chamadas "ideias literárias" requerem o labor próprio ao trabalho da escrita e a este anexa-se a miserável situação em que vive, o impulso de escrever pode ou não ser controlado por ela, como demonstram os registros dessas contradições:

> 7 de agosto de 1958:
> Sem dormir, e sem comer, quem é que pode ter disposição? Começei escrever. Mas quem e que escreve sem ter o que comêr? As ideias literarias zarpa-se desvaneçe igual a fumaça impelida pela viração
> E eu pensava em frango, carne assada, e bôlo. (JESUS, 1958, s/p)

> 18 de dezembro de 1959:
> Quando eu fico sem comêr, Tenho tantos versos que fico quase louca. Com o estomago cheio O serebro, é semi-nórmal. Eu chorei porque... as ideias poeticas em exesso é horrível. (JESUS, 1959, s/p)

As "ideias literárias" de Carolina transformam-na, a seu ver, numa pessoa singular e manifestam-se unicamente na escrita. Similar às "ideias literárias" é o chamado "português clássico", ou simplesmente "o clássico", entendido em suas explicações como o português escorreito, mas que vai manifestar-se, segundo a autora, no plano oral: é a linguagem com que ela se comunica no dia-a-dia outro fator que a diferencia dos demais:

> 5 de junho de 1958:
> Varias pessôas procura-me para falar-me. Diz que eu falo adimiravelmente bem o português. Não erro no falar. (JESUS, 1958, s/p)

O vocabulário adotado será uma das causas do estranhamento que ela provoca em todos. Isso ocorre em virtude de seus cuidados com a língua não condizerem com sua classe social, com seu aspecto miserável nem com seu grau de escolaridade:

> 20 de julho de 1958:
> Eu sempre achei o analfabeto insociavel. E êles não me aprécia por eu dizer o classico e êles não compreendem e diz: a linguagem da Caró-lina so ela é quem entende. E passa a odiar-me. (JESUS, 1958, s/p)

> 29 de julho de 1958:
> Varias pessôas que me ouve ficam em duvida e comentam onde é que ja se viu uma pessôa falar o classico, e andar assim será louca? (JESUS, 1958, s/p)

> 1 de agosto de 1958:
> sai da presença do nordestino que estava horrorisado com a minha gramatica, e o meu aspéto mendigo. (JESUS, 1958, s/p)

> 5 de maio de 1960:
> fui falar com o escritor paulo Dantas, [...] ficamos conversando per-

guntou-me qual foi o primeiro Dicionário que eu li?
– Dicionário prosodico de joão De Deus.
Ele disse-me que eu tenho vocabulário. (JESUS, 1960, s/p)

É visível o esforço de Carolina em aproximar sua linguagem cotidiana, oral ou escrita, daquela que ela avaliava não apenas como superior à dos favelados, mas também como "clássica". Essa linguagem é, no seu entender, a que lhe possibilitaria atingir os gêneros elevados e, assim, a elevação social a que aspira e que lhe proporcionaria o meio de projetar-se, metafórica e literalmente, para fora da miséria que a rodeia. Tendo como meta os gêneros elevados, a escritora não reconhece a linguagem cotidiana como forma artística de expressão. Assim, ela distingue na linguagem duas manifestações antagônicas e estereotipadas: a clássica e a pornográfica. A primeira, no seu entender, seria a dos poemas; a segunda, a do diário. Ao almejar expressar-se pela primeira, acaba por produzir um estereótipo do clássico, e até de si mesma, enquanto tece, na escrita do cotidiano, considerações metalinguísticas sobre sua produção.

O artifício de Carolina desvenda-se espontaneamente aos olhos do leitor. Assim, vemos que a escritora tem consciência de que a linguagem que utiliza na escrita do diário não é a idealizada por ela, segundo o juízo de valor que adota, mas a que corresponde aos dos editores. Ela tenta camuflar a discordância, apresentando o registro popular como uma opção voluntária que visa facilitar a leitura de sua obra. Vale a pena transcrever os argumentos que utiliza para se justificar junto àqueles que demonstram desconfiança em relação às suas afirmações. Nesses argumentos estaria reproduzida, talvez, a opinião de seus editores.

12 de novembro de 1959:
– O padre disse-me uma poesia que escreveu para sua mãe.
– Bem rimada, era classica. Achei bonita. Mas a época do classico ja passóu. com a vida de córre-córre da atualidade é preciso que o escritór escreva o popular. pórque ninguem dispôe de tempo para folhear Dicionarios Eu sei escrever o classico. Mas. pensei, pensei e dicidi a escrita facil de compreender. (JESUS, 1959, s/p)

18 de novembro de 1959:
Declamei para ele [o diretor da escola], o colono e o fazendeiro, negras, e getulio Vargas.

> Ele não aprecia versos, sem gramática – Mas a epoca da gramatica já passóu. Eu escrevo para um povo apresado que não tem tempo de folhear o Dicionario para saber a tradução da palavra clasica – Eu escrevo para um povo que é obrigado a ler nas conduções. Escrevo para os escravós da atualidade. Que lê nas hóras. vagas pórque precisam trabalhar quinze horas. Oitó horas só, não da para viver.
> Eu disse para o diretor que vou assinar contrato com O Cruzeiro. O diretôr olhava-me com expanto que eu pensei:
> – Será que eu tenho aspeto de fantasma? [...]
> E que eu não escrevo com gramatica porque não e vantagem para o escritôr.. Vitor Hugo era advogado e não escrevia com gramática. Mas, eu sei escrever o classico. O diretôr deu-me a entender que, com dôis anos de grupo, não vóu escrever cóisas que prestam. (JESUS, 1959, s/p)

Na verdade, o que diferencia a escritora dos membros da comunidade do Canindé não é apenas sua "linguagem clássica", nem suas "ideias literárias", mas também o fato de ela ter feito do ato de escrever e ler parte de sua vida. Por causa disso, será discriminada pelos vizinhos e vista com desconfiança pela comunidade. Em seus registros, ela assinala algumas marcas dessa diferença. Estes, por sua vez, só veem o apego à escrita como um ato de loucura ou uma ameaça da vizinha. E, fora do Canindé, aos olhos do público em geral, Carolina não corresponde à imagem de escritora e poeta. Seu aspecto indigente torna-a uma figura que foge aos padrões estipulados socialmente como vinculados aos membros da instituição literária:

> 22 de julho de 1958:
> Um homem que passava de carro vendo-me com o saco de papel nas costas parou o carro e disse: Olha a escritôra! O outro que lhe acompanhava perguntóu-lhe:
> – Aquilo escreve? Um escritôr tem noção de igiene e ela esta tão suja! que até da nôjo!
> [...] Eles continuaram falando e eu segui pensando [...]. Os escritóres marginaes não tem valôr no Brasil. (JESUS, 1959, s/p)

Ao ser apresentada como escritora, ela mesma reconhece inicialmente que foge dos padrões aceitos socialmente pela instituição literária e manifesta-se envergonhada por causa de seu aspecto. Às vezes, limita-se a apenas registrar as opiniões em que se nota o estranhamento do público em razão da falta de correspondência entre a imagem social do escritor e a dela; com o passar do tempo, nota-se, no entanto, que ela começa a reagir às provocações e manifesta sua contrariedade às observações jocosas sobre sua condição. Essas reações às vezes são amargas, outras, violentas, mas em algumas das respostas ela utiliza uma fina e cáustica ironia em relação às críticas que recebe sobre sua condição social e o fato de ser escritora:

> 3 de novembro de 1959:
> Hoje eu estóu cançada de tanto andar. Quando circulo pelas ruas fico nervosa com as blagues. e criticas da minha condição de escritóra de favela. Escritóra do lixo. (JESUS, 1959, s/p)
>
> 11 de novembro de 1959:
> – Disse para o senhor Lila. – Sabe seu Lila, tem pessôas que olham-me e dizem:
> Você com esta linguagem córretissima era para habitar um palácio e usar casacos de pele.
> Embrulhei-me no saco de catar papel e disse-lhe:
> – eis o meu casaco de pele. (JESUS, 1959, s/p)

O que torna a figura de Carolina tão singular é o fato de ela cultivar a escrita como um ideal de vida, ideal que substitui até mesmo a possibilidade de relacionamentos amorosos, como descreve tantas vezes.

Seu ideal, depois de se ver projetada virtualmente como escritora mesmo antes do lançamento de seu livro, passa a correr numa linha paralela àquela cujo projeto ela havia iniciado havia muitos anos. Em seus sonhos de agora, vemos sua idealização aproximar-se da realização, como coroação do esforço de ingressar naquele mundo de cultura a que ela sempre almejou pertencer. Dessa forma, vamos lendo em seus manuscritos todos os valores pelos quais vislumbra a possibilidade de sair não apenas da favela para a alvenaria, não apenas da miséria para a prosperidade, mas, principalmente, do trabalho braçal para o intelectual, ou, segundo suas próprias palavras, da ignorância para a cultura, do "pornográfico" para o "clássico". Esses valores são dados, para Carolina, por meio de produtos das instituições culturais, como a escola, os livros, os jornais. Nos manuscritos, são inúmeras as reverências que presta a essas entidades; em páginas e páginas, ela vai revelando, muitas vezes por meio de clichês e frases-feitas, os benefícios que lhe valeram o culto à cultura.

É no contexto da idealização de um mundo de palavras e do esforço para se afastar da ignorância, da violência e da miséria que podemos entender o desejo de Carolina de ver-se projetada como a poetisa que sabia burilar as palavras que lhe concederiam a senha de entrada no universo intelectual. Veremos, nos manuscritos, de que modo esse desejo, manifestado diversas vezes, caminhou numa via contrária à de sua vida escrita, a escrita que a transformou na escritora dos diários sobre a miséria da favela. O desejo de Carolina reflete-se no diário, através de referências a poemas, contos, romances, que estavam em fase de composição ou já terminados, na poética refratada pelo próprio diário. O que se depreende da leitura de *Quarto de despejo* de *Casa de alvenaria*, cotejados com respectivos manuscritos, é o inquestionável talento literário da escritora, a plasticidade da narrativa, sua capacidade de encenar situações, o caráter autorreflexivo do texto, a dimensão crítica e poética neles atestada e a perfeita interação com o leitor.

Ao celebrar o centenário de seu nascimento, celebramos também a multiplicação de estudos sobre sua obra, que se originaram da escrita dessa mulher tão incompreendida em seu desejo de pertencer ao mundo letrado e cuja vida só pôde ser concebida como escrita autobiográfica por jornalistas, editores, tradutores e, mais tarde, por pesquisadores, em cadernos, jornais, revistas e livros, em pesquisas – escrita de vida que se transforma em vida escrita, num alucinante caleidoscópio, em estilhaços que a cada movimento conformam nova figura, multifacetada e inapreensível em sua totalidade.

Referências

JESUS, Carolina Maria de. **Antologia pessoal**. Organizado por José Carlos Sebe Bom Meihy e revisado por Armando Freitas Filho. Rio de Janeiro: UFRJ, 1996.

_______. **Casa de alvenaria**. São Paulo: Francisco Alves, 1961.

_______. **Diário de Bitita**. Rio de Janeiro: Nova Fronteira, 1986.

_______. **Meu estranho diário**. Organizado por José Carlos Sebe Bom Meihy e Robert M. Levine. São Paulo: Xamã, 1996.

_______. Manuscritos de 1955 a 1958. Cadernos de 1 a 24, coleção Audálio Dantas.Trechos disponíveis em: PERPÉTUA, Elzira Divina. **A vida escrita de Carolina Maria de Jesus**. Belo Horizonte: Nandyala, 2014.

_______. Minha vida... Prólogo. In: LEVINE, Robert M.; MEIHY, José Carlos Sebe Bom. **Cinderela negra:** a saga de Carolina Maria de Jesus. Rio de Janeiro: UFRJ, 1994. p.171-189.

_______. **Quarto de despejo**. São Paulo: Francisco Alves, 1960.

LEVINE, Robert M.; MEIHY, José Carlos Sebe Bom. **Cinderela negra**: a saga de Carolina Maria de Jesus. Rio de Janeiro: UFRJ, 1994.

Para além do testemunho, a obra poética de Carolina Maria de Jesus

Amanda Crispim Ferreira[66]

A obra de Carolina Maria de Jesus reduzida ao *Quarto de despejo*

Quarto de despejo: diário de uma favelada, publicado em 1960, foi o texto que deu a Carolina Maria de Jesus a oportunidade de vivenciar o sucesso adquirido por meio da publicação de um livro. O diário, que narrava seu cotidiano na favela do Canindé, em São Paulo, foi bem aceito pelo público: "O sucesso do livro superou as expectativas mais otimistas: foram vendidos dez mil exemplares nos três primeiros dias. O momento era propício, pois a denúncia da injustiça social constituía, na época, tema recorrente nos jornais" (CASTRO; MACHADO, 2007, p. 69).

Após aquele 19 de agosto de 1960, a rotina da escritora favelada modificou-se, pois agora, ao invés de levantar todas as manhãs para catar papel, ela participava de programas de televisão, rádio, jantares, almoços, viagens e debates para divulgar seu livro, dava entrevistas e autógrafos frequentemente. "Carolina é solicitada e convidada todos os dias. E aceita. *Quarto de despejo* é o livro mais vendido no país" (CASTRO; MACHADO, 2007, p. 73), e também o mais traduzido na década de 1960, passando por mais de 15 países em apenas 5 anos após sua publicação no Brasil (PERPÉTUA, 2014, p. 89). Com o dinheiro ganho pela venda dos livros, comprou um sobrado e, realizando o sonho de possuir uma casa de alvenaria, mudou-se com os filhos para um bairro de classe média em São Paulo.

---

[66] Doutora pelo programa de Pós-Graduação em Letras da Universidade Estadual de Londrina, Paraná. E-mail para contato: amacrispim@gmail.com.

Porém, a queda de Carolina Maria de Jesus chegara tão rapidamente quanto o sucesso. Na publicação de seu segundo livro, *Casa de alvenaria: diário de uma ex-favelada*, em 1961, já era percebido a sua insatisfação com a nova realidade, pois, diferentemente do primeiro diário, nesse não fez críticas a respeito da política brasileira e dedicou-se a expor seu desalento:

> E agora... Casa de Alvenaria
> Outro livro que vai circular
> As tristezas vão duplicar
> (...)
> Na campa silente e fria
> Hei de repousar um dia...
> Não levo nenhuma ilusão
> Porque a escritora favelada
> Foi rosa despetalada.
> (JESUS apud CASTRO; MACHADO, 2007, p. 79)

Ela não tinha mais o apoio da imprensa, que agora a criticava. Não se sentia acolhida pelos novos vizinhos e reclamava dos antigos, que sempre a procuravam para pedir dinheiro ou comida. Sem estrutura emocional para suportar tal situação, a escritora começara a se arrepender de ter publicado *Quarto de despejo*:

> Carolina pressentiu o fim do sucesso já na fase de grande deslumbramento. Insatisfeita com sua celebridade, imaginava-se catando papel novamente, fazia o balanço das coisas positivas e negativas que lhe aconteciam, analisava criticamente a nova vida, na qual se sentia confusa, idealizava seu tempo na favela, previa novas e maiores dificuldades no futuro, julgava-se usada. Comparou-se a um pedaço de doce devorado pelas formigas: "Este pedaço de doce coincide comigo depois que publiquei o quarto de despejo". (CASTRO; MACHADO, 2007, p. 79)

Apesar de ter feito algumas viagens internacionais para divulgar o seu diário e negociar outros trabalhos, como a filmagem de um filme sobre sua vida, a gravação de um disco com suas composições, e de ter publicado outros dois livros com seus próprios recursos – *Pedaços da fome* (1963) e *Provérbios*

(1963), Carolina Maria de Jesus sabia que não poderia mais viver de Literatura. Mergulhada em dívidas, decide deixar a cidade grande e morar em seu sítio em Parelheiros, São Paulo, pois lá poderia plantar e alimentar os filhos, visto que já ficara sem dinheiro até para comprar comida. Voltou a trabalhar como lavradora e, vez em outra, dedicava-se à atividade da escrita, em que, afastando-se dos diários, escrevia sua autobiografia, romances, contos, peças teatrais e poemas, textos que sempre quis publicar, mas nunca conseguiu. Como uma última tentativa de retornar à mídia como escritora, entrega os manuscritos de sua autobiografia a duas jornalistas francesas que foram entrevistá-la em seu sítio, em 1975, que o publicam na França sob o título *Journal de Bitita*, em 1982, exatamente cinco anos após a morte de Carolina, ocorrida em 13 de fevereiro de 1977. "O público e a mídia já haviam perdido todo interesse por Carolina Maria de Jesus. Depois de sua morte, o esquecimento é completo" (CASTRO; MACHADO, 2007, p. 104).

Somente na década de 1990 Carolina Maria de Jesus foi sendo aos poucos redescoberta no Brasil por meio do trabalho dos professores José Carlos Sebe Bom Meihy e Robert Levine, que, lecionando nos Estados Unidos, perceberam que lá Carolina nunca desapareceu. Por isso, dedicaram-se a entender a razão do insucesso da escritora em seu país e a reapresentá-la ao público e à crítica brasileira. Com o auxílio dos seus alunos, entraram em contato com Vera Eunice, filha de Carolina, e com Audálio Dantas, jornalista responsável pela descoberta e publicação dos diários *Quarto de despejo* e *Casa de Alvenaria*, a fim de conseguir informações sobre a escritora. (CASTRO; MACHADO, 2007, p. 123). O resultado foi a publicação de *Cinderela negra: a saga de Carolina Maria de Jesus* (1994), uma biografia da autora construída por meio de depoimentos daqueles que a conheceram e mais dois textos inéditos da escritora: *Minha vida* e *Sócrates africano*. Nos anos seguintes, a dupla de pesquisadores, Meihy e Levine, publicou mais dois livros da autora: *Meu estranho diário* (1996) e *Antologia pessoal* (1996), por meio de manuscritos entregues por Vera Eunice e organizados pela própria Carolina, sendo que o primeiro tratava-se de fragmentos de diário, e o segundo, um livro de poemas. Tais publicações recolocaram Carolina Maria de Jesus na mídia brasileira e, pouco tempo depois, a autora adentrou a academia com o *Quarto de despejo* sendo introduzido nos vestibulares da UFMG em 2001 e da

UnB em 2004, com pesquisas sendo realizadas em programas de pós-graduação em Letras de universidades em todo país sobre seu diário e seus manuscritos, agora microfilmados pela Biblioteca Nacional do Rio de Janeiro.

Apesar do crescimento das pesquisas em torno de Carolina Maria de Jesus, especialmente nesse ano de 2014, por ocasião de seu centenário, percebe-se que grande parte do que é produzido não é sobre sua obra, mas, sim, sobre um único livro, seu diário *Quarto de despejo*. Sendo assim, as análises acabam por focalizar apenas aquele deslumbramento da década de 1960 sobre uma "favelada que escreve", refletindo sobre questões sociais e algumas vezes linguísticas, porém poucas vezes literárias. Esse tipo de estudo foi muito importante, mas fez com que Carolina Maria de Jesus ficasse conhecida somente como a escritora de diários, excluindo toda sua obra ficcional. Talvez por isso, há quem diga que ela não possui valor literário, como foi o caso da jornalista Marilene Felinto que, em artigo publicado na *Folha de S. Paulo* de 29 de setembro de 1996, criticava a publicação de *Meu estranho diário* e *Antologia pessoal,* alegando ser mais uma tentativa da academia de dar à obra de Carolina Maria de Jesus o estatuto literário. Para a jornalista, seus textos não passavam de desabafos que possuíam apenas um valor documental e não literário (FELINTO, 1996, p. 11). Acredita-se que, como Felinto, outros críticos compartilham dessa opinião por não conhecerem a obra – tanto a publicada quanto a inédita – que, segundo Elzira Divina Perpétua (2014) em pesquisa sobre os manuscritos da autora, revela uma outra Carolina, não a diarista, mas aquela que gostaria "de ser reconhecida por sua produção poética e ficcional" (p. 222).

Carolina Maria de Jesus e sua descoberta poética

Eu disse: o meu sonho é escrever!
Responde o branco: ela é louca.
O que as negras devem fazer...
É ir pro tanque lavar roupa.
(Carolina Maria de Jesus)

Ao analisarmos os relatos de Carolina Maria de Jesus, podemos perceber seu desejo de ser reconhecida como poetisa desde as primeiras experiências como escritora, ainda jovem, ao chegar à cidade de São Paulo por volta de 1940, bem antes da publicação de *Quarto de despejo* (1960). Em "Minha vida", texto que Carolina escreveu para ser o prólogo de seu livro de poemas, a autora revela que sua primeira aventura pela escrita literária foi em versos:

> Um dia, apoderou-se de mim um desejo de escrever: escrevi! (...) Desde êse dia eu comecei a fazer versos. (...) O primeiro verso que fiz foi dedicado a uma freira, quando eu trabalhava na Santa Casa de Franca. (...) "Nas minhas orações peço à Jesus com muita fé para ter breve regresso: a minha irmã Maria José". (...) A mensageira voltou sorrindo: "Bonito verso Carolina". A irmã gostou e agradece sua amabilidade. (...) Eu ignorava as minhas qualidades poéticas, quando percebi: que medo! Fiquei apavorada, para mim foi uma supresa. Nunca pensei que um dia me tornasse poetisa. [...] no ano de 1940, manifestou-se em mim as ideias literárias. Fiquei apreensiva com aquela fusão mental (JESUS, 1994, p. 185-186).

Por não saber o real significado da palavra "poetisa", Carolina associava o desejo de escrever a uma "fusão mental", um movimento involuntário que a dominava, inquietava e só aliviava quando escrevia. Houve momentos em que a autora também atribuía sua vontade incontrolável de escrever a uma doença ou uma dor "ele disse que eu sou poetisa, que doença será esta. Será que isto tem cura? Será que vou gastar muito dinheiro para curar esta enfermidade?" (JESUS, 1994, p. 187). "Eu pensava que as coisas que brotavam na minha cabeça eram provenientes dos meus dentes. Procurei um dentista, solicitando um exame, ele não quis extraílos." (JESUS, 1994, p. 188). Em vários relatos, a autora revelou que a escrita lhe surgia espontaneamente, a todo o momento e, devido a isso, ela quase foi considerada louca por escrever constantemente.

Em 1941, motivada por pessoas que leram seus versos, apresentou-os ao jornalista Vili Aureli, que se referiu a ela também como poetisa. Ao sair da redação, embarcou em um ônibus e questionou um passageiro que seguia a seu lado a respeito do significado da palavra poetisa, e este explicou que se tratava de "mulher que tem o pensamento poético. Porque, pergunta, a senhora é poetisa? O jornalista disse-me que sim. Então os meus parabéns. E a senhora pretende escrever alguns livros?" (JESUS, 1994, p. 187). Tal questionamento trouxe novamente a aceleração para um coração que parecia acalmado após o esclarecimento da palavra poetisa. Como uma mulher que mal fora alfabetizada poderia escrever livros? O que falaria se fosse convidada para reuniões? Como assumir um posto reservado aos homens, brancos e intelectuais? Por um instante, Carolina Maria de Jesus pensou que todo aquele incômodo não valia a pena, que o melhor para si era a calmaria de uma vida sem questionamentos, movimentos, como uma cidade do interior de Minas Gerais. "Aprendi a escrever atabalhoadamente. Eu já estava aborrecendo-me de ter vindo para São Paulo. Lá no interior eu era mais feliz, tinha paz mental, gozava a vida e não tinha nenhuma enfermidade e aqui em São Paulo, eu sou poetisa!" (JESUS, 1994, p. 187-188).

Porém, em um momento quase epifânico, a autora compreende o "ser poeta" após ler trechos de um livro de Casimiro de Abreu. "Procurei numa livraria um livro de poeta, porque o senhor que estava no ônibus disse que o poeta escreve livros, pedi: – Eu quero um livro de poeta. O livreiro deu-me *Primaveras*, de Casimiro de Abreu. E assim fiquei sabendo o que era ser poetisa" (JESUS, 1994, p. 188). Nesse momento, Carolina Maria de Jesus compreendeu a razão de sua inquietação mental: era a poesia que desejava se revelar no papel. A escrita começou a fazer parte da sua vida como um desejo vital, uma necessidade. Escrever era como comer, dormir, pensar. A todo o momento, a poetisa se via tomada pelo incômodo da escrita:

> Eu lutava para ficar livre do pensamento poético que me impedia o sono. Percebi que andando de um lado para o outro o pensamento poético dissipava um pouco. Quando sentia fome as ideias eram mais intensas, comendo algo eu notava que diminuíam, e passei a ter medo da fome. Passei a trabalhar de pressa, andar com rapidez, não parava um segundo para me cansar, deitar e adormecer logo. Não posso sentar por muito tempo. É que se eu ficar sem mover-me os versos começam a surgir. [...] Creio que já familiarizei com esta miniatura de calvário. Quando percebo que estou exausta, sento com um lápis na mão e escrevo (JESUS, 1994, p. 188-189).

O resultado das noites mal dormidas foram vários poemas, quadras, pensamentos e textos escritos bem ao modo romântico, que Antonio Candido explica, ao se referir à escrita de Álvares de Azevedo: "A febre de escrever atirou-o atabalhoadamente sobre o papel, como se as palavras viessem por demais imperiosas. Grande número dos seus escritos manifesta o fluxo incontrolado que, para o Romantismo, era o próprio sinal da inspiração" (CANDIDO, 2007, p. 502). Contudo, Carolina nunca viu tais textos publicados. *Antologia pessoal*, seu livro de poemas, foi publicado em 1996, quase 20 anos após sua morte, e outros ainda se encontram inéditos em manuscritos.

Foram inúmeras as vezes em que Carolina tentou publicar seus poemas, enviando-os a editoras e revistas brasileiras e internacionais; porém, foram eles rejeitados, talvez nem apreciados, assim como toda a sua obra ficcional. As únicas obras não testemunhais publicadas em vida – *Provérbios* e *Pedaços de fome* (1963) – foram publicadas com investimento da própria autora, assim como seu disco *Quarto de despejo: Carolina Maria de Jesus cantando suas composições* (1961). Após o sucesso do diário, Carolina retomou o desejo de publicar sua obra poética, com a ajuda de Audálio Dantas:

> 1° de maio de 1960 (data da apresentação do contrato)
>
> Eu disse ao Audálio que vou concluir tudo que tenho iniciado. Mostrei-lhe. A mulher diabólica. Maria Luiza. A saudosa Lucia Benedetti escreveu Maria Luiza eu disse ao Audálio. Mostrei-lhe a Esposa do judeu Errante Ele ia lendo. – perguntei-lhe se vai editar o Clíris[67]? – Disse-me que vai publicar o *Quarto de despejo* depois edita os versos e os contos (JESUS apud PERPÉTUA, 2014, p. 241).

Mas logo percebeu que o jornalista só se interessara pelos diários que, para ela, não eram seus melhores escritos, pois Carolina entendia seus poemas como pertencentes a um gênero elevado, que mereciam uma linguagem também elevada, diferente da cotidiana, que ela utilizava nos diários. Para ela, a linguagem do dia-a-dia não era uma forma artística de expressão. Assim, a própria escritora avaliava seus textos e os classificava em dois grupos distintos, que mereciam

---

[67] *Clíris* era o nome que a autora escolhera para o seu livro de poemas, que foi publicado em 1996 sob o título *Antologia pessoal*.

linguagens distintas: o primeiro compreendia sua obra ficcional e merecia uma linguagem "clássica", inspirada nos poemas que leu. Já o segundo grupo, que compreendia os diários, merecia uma linguagem popular.

Durante a leitura de seus manuscritos, torna-se clara a não identificação de Carolina com os diários e sua linguagem, e a preferência pela obra ficcional, mais precisamente a sua obra poética. Porém, percebemos também a identificação de Audálio Dantas com os diários e sua reprovação às tentativas de Carolina de publicar seus escritos não testemunhais, como podemos ver no prefácio que ele escreveu para *Casa de alvenaria: diário de uma ex favelada* (1961):

> Agora você está na sala de visitas e continua a contribuir com esse novo livro, com o qual você pode dar por encerrada a sua missão. (...) Guarde aquelas "poesias", aqueles "contos" e aqueles "romances" que você escreveu. A verdade que você gritou é muito forte, mais forte do que você imagina, Carolina, ex-favelada do Canindé, minha irmã lá e minha irmã aqui (DANTAS *apud* PERPÉTUA, 2014, p. 220).

Por meio dessa fala, o jornalista encerrava sua participação como agenciador de Carolina, revelando que seu único interesse era os diários e não a obra ficcional. Assim, sem o auxílio de seu divulgador, o sonho de Carolina de ver sua obra poética publicada foi se tornando cada vez mais difícil.

Mesmo não vendo seu diário como arte, a autora continuou a escrevê-lo para atender ao pedido de Audálio, que via nesses textos – como bom jornalista que era – além de uma grande matéria, um depoimento fascinante de quem sofria as desigualdades do Brasil na época, logo, garantia de muitos exemplares vendidos. Já a obra ficcional não tinha o mesmo impacto, justamente porque era ficcional, mas, para a escritora, os diários seriam um meio para a divulgação e a publicação de sua obra poética, de modo que continuar a escrevê-los era também uma estratégia para manter-se na mídia e conseguir recursos e visibilidade para lançar a obra ficcional. Por isso, ela acreditava que, se continuasse a registrar seus dias, como Dantas solicitou, em breve teria seu *Clíris* publicado. Há também, em alguns registros, a narração de momentos em que Carolina aproveitava a participação em programas de televisão ou rádio e, junto com a divulgação de

Quarto de despejo, declamava seus poemas ou cantava suas canções e, sempre que era entrevistada, revelava que possuía uma obra poética inédita.

Com a publicação de *Antologia pessoal* em 1996, tivemos acesso a 80 poemas de Carolina Maria de Jesus, que nos revelaram uma outra Carolina. Há nesses versos a coragem e a originalidade da escritora em ultrapassar os limites do testemunhal, reservado à escrita de mulheres na época, e em adentrar um espaço que era difícil até para as mulheres "estudadas" e brancas – a poesia. Uma poesia que feriu o cânone brasileiro não só ao adentrar um lugar que não era seu, mas ao "deixar escapar" seus desvios gramaticais, inadmissíveis em poesia. O que há é uma tolerância à infração; porém, não se tolera o desconhecimento do que se infringe, que era o caso de Carolina. O "erro" em Carolina não era estratégico, como nos escritores modernistas, mas desconhecimento da forma culta, pois uma das marcas de Carolina era justamente a hipercorreção. Como os escritores que influenciaram sua escrita, ela fazia questão de recorrer ao dicionário, pesquisar novas e belas palavras, imitar a linguagem do Romantismo, do Parnasianismo, entre outras escolas literárias, que, unidas à linguagem da favela, revelavam sua escrita singular.

Carolina tem nos poetas românticos a sua inspiração, pois seus primeiros contatos com a literatura foram por meio de obras como *A escrava Isaura*, de Bernardo Guimarães, e os versos de Casimiro de Abreu. É por eles que ela cria a sua imagem de poeta e de poesia. Devido a essa influência, seus textos são nacionalistas, saudosistas, muitas vezes pessimistas e idealizados, carregados de sentimentalismos e lirismo, características que não víamos em seus diários. O poema "Porque" é um exemplo, uma vez que tais versos nos revelam o lirismo e a idealização do amor e da pessoa amada, um amor não correspondido que causa sofrimento, temas constantes em suas poesias, assim como a idealização, pois vem contrapor a dura realidade vivida:

> Porque
> Porque vivo abandonada
> E amargurada,
> Sentindo no peito a dor
> Eu quero alguém que me embala

E fala:
"Sonho"
Eu gosto de uma pessoa muito boa.
Tenho por ela simpatia.
Se eu lhe dissesse ao ouvido:
Meu querido,
Será que me corresponderia?

Canto-o nos meus versos
E peço:
Oh! Não me faças sofrer
Longe do teu olhar vou penar
Tu não me queres, por quê?
Uma noite eu sonhei
E delirei.
Estávamos nós dois sozinhos
Minha boca ele beijava
E me falava:
Com meiguices e carinhos.
[...]
(JESUS, 1996, p. 105-106).

Há, também, em seus poemas, o comprometimento social herdado dos românticos, porque, para ela, era dever de todo poeta comprometer-se com a realidade em que vive. Por isso, escreveu versos que falavam do seu povo, versos que revelavam as condições precárias do favelado, do colono, da mulher, da mãe solteira, do ébrio, do faminto, como podemos perceber no poema "O colono e o fazendeiro":

Diz o brasileiro
Que acabou a escravidão
Mas o colono sua o ano inteiro
E nunca tem um tostão

Se o colono está doente
É preciso trabalhar

Luta o pobre no sol quente
E nada tem para guardar
Cinco da madrugada
Toca o fiscal a corneta
Despertando o camarada
Para ir à colheita.

Chega à roça. O sol nascer.
Cada um na sua linha
Suando e para comer
Só feijão e farinha.

Nunca pode melhorar
Esta negra situação
Carne não pode comprar
Pra não dever ao patrão

Fazendeiro ao fim do mês
Dá um vale de cem mil-réis
Artigo que custa seis
Vende ao colono por dez.
[...]
O colono quer estudar
Admira a sapiência do patrão
Mas é escravo, tem que estacionar
Não pode dar margem a vocação.
[...]
O colono é obrigado a produzir
E trabalha diariamente
Quando o coitado sucumbir
É sepultado como indigente.
(JESUS, 1996, p. 147-149).

O poema revela outra característica de sua poesia, que é a presença de sua história de vida traduzida em seus versos, pois, por mais que os poemas revelassem uma outra Carolina, é possível perceber as marcas da sua incansável tarefa de registrar o próprio cotidiano. Sendo assim, ela possuía poemas autobiográficos, como o "O colono e o fazendeiro", no qual percebemos passagens de sua infância, quando trabalhou com a família nas roças de Minas Gerais. A musicalidade encontrada em sua obra poética deixa transparecer também a Carolina compositora e cantora, que poucos conhecem. Assim, em seus poemas temos, como a própria autora salientou em seus registros, o seu melhor. É a junção de suas diversas faces, na intenção de oferecer o melhor de si para a o outro, para o presente, para o futuro, para a eternidade.

Novas faces de Carolina

Recentemente, observam-se novos rumos para a pesquisa em torno da obra de Carolina Maria de Jesus, que têm desviado o olhar do seu *best-seller* e se voltado para os manuscritos, a fim de descobrir novas faces da Cinderela negra. Além da crítica genética, o interesse pelos manuscritos tem surgido com o intuito de explorar esses novos textos, antes desconhecidos. Descobrir novos gêneros, além do autobiográfico, para ajudar a enriquecer a obra ainda encoberta dessa grande escritora. Os textos recusados pelas editoras no passado tornam-se material precioso para essa nova geração de pesquisadores.

Poemas, contos, romances, cartas e peças teatrais estão se tornando material de pesquisa para quem deseja conhecer e divulgar Carolina por ela mesma, livre de correções, edições, adequações e outros empecilhos que dificultam o acesso à improvável Carolina Maria de Jesus.

Referências

CANDIDO, Antonio. **Formação da literatura brasileira**: momentos decisivos, 1750-1880. Rio de Janeiro: Ouro Sobre Azul, 2007.

CASTRO, Eliana de Moura; MACHADO, Marília Novais de Mata. **Muito bem, Carolina!**: biografia de Carolina Maria de Jesus. Belo Horizonte: C/ Arte, 2007.

FELINTO, Marilene. Clichês nascidos na favela. **Folha de S. Paulo**, Caderno Mais!, São Paulo, p. 11, 29 set. 1996.

JESUS, Carolina Maria de. **Antologia pessoal**. Organização de José Carlos Sebe Bom Meihy. Rio de Janeiro: Editora UFRJ, 1996.

______. Minha Vida. In: LEVINE, Robert M.; MEIHY, José Carlos Sebe Bom. **Cinderela Negra**: a saga de Carolina Maria de Jesus. Rio de Janeiro: Editora UFRJ, 1994.

PERPÉTUA, Elzira Divina. **A vida escrita de Carolina Maria de Jesus**. Belo Horizonte: Nandyala, 2014.

Nem a ausência de amor nem a urgência da fome

Imaculada Nascimento[68*]

O gato é um sábio. Não tem amor profundo e não deixa ninguém escravisá-lo[69]*. E quando vai embora não retorna, provando que tem opinião. Se faço esta narração do gato é porque fiquei contente dela [uma gata] ter matado o rato que estava estragando os meus livros.*

(Carolina Maria de Jesus)

Século XX – 15 de julho de 1955. Favela do Canindé – SP. Uma mulher, negra, pobre, semianalfabeta, catadora de papel, escreve sob a luz que ilumina fracamente o barraco nº 9 da Rua A, onde tenta (sobre)viver com os filhos. Dos papéis catados nas ruas, ela guarda para si uma parte onde pode escrever a narrativa do seu cotidiano e aproveita o restante para ler as notícias e artigos que lhe interessam antes de vender. Às vezes passa numa banca de revista para recolher as sobras de jornais. Alguma coisa sobre antropologia, sociologia, política e poesia. O que conduz o seu fluxo de vida é a fome e a luta contra ela; e cada dia seria igual a todos os outros, não fosse também a sua fome de escrita. Catar papel não traz mais do que a condição mínima de sobrevivência e reprodução da pobreza local com os horrores que a fome pode produzir. Tudo contado em vários livros – não só nos diários – do ponto de vista de quem sabe o que conta ou, como se costuma dizer, do lugar de fala que Carolina Maria de Jesus

---

[68] Doutora em Teoria da Literatura e Literatura Comparada (FALE-UFMG). E-mail imaculada.a@gmai.com

[69] Em todas as citações das obras de Carolina Maria de Jesus para este artigo procurei manter a grafia como se encontra na edição usada.

reproduz com muita propriedade por se encontrar ao lado dos que são lançados à margem num momento em que se anuncia uma nova era de modernização do Brasil. Ouçamo-la:

> Quando as mulheres feras invade o meu barraco, os meus filhos lhes joga pedras. Elas diz:
> – Que crianças mal educadas!
>
> Eu digo:
>
> – Os meus filhos estão defendendo-me. Vocês são incultas, não pode compreender. Vou escrever um livro referente a favela. Hei de citar tudo que aqui se passa. E tudo que vocês me fazem. Eu quero escrever o livro, e vocês com estas cenas desagradáveis me fornece os argumentos (JESUS, 2000, p. 17).

Se o romantismo – para o imaginário masculino tradicional – é considerado uma característica da escrita das mulheres, esse diário de Carolina anda por outro caminho, no qual o olhar da escritora move-se pelas veredas da falta, da ausência (e do excesso) do inútil cotidiano da favela que faz as pessoas andarem em círculos; olhar crítico para a imobilidade de vidas paralisadas, aniquiladas. "Meu livro é realista", ela afirma no diário *Quarto de despejo*. Esse tipo de observação em sua obra é o meu ponto de partida para tentar uma costura teórica com o pensamento psicanalítico – de inspiração lacaniana – que articula os polos da falta e do excesso em torno do feminino. Não tenho a pretensão de localizar ou apreender a feminilidade na escrita de Carolina – porque penso ser essa pretensão uma armadilha – mas, e apenas, tentar apontar algumas de suas características.

A extrema pobreza e a escrita são, paralelamente, os lugares privilegiados que a impulsionam a empreender uma constante busca paradoxal de alimento que lhe sustente o corpo e o espírito. Com a publicação de *Quarto de despejo – diário de uma favelada* (1960), ela passa da invisibilidade da pobreza para a transfiguração em um mundo reverso ao seu e que a coloca subitamente sob os holofotes que iluminam a (quase) impossibilidade de uma mulher negra, moradora de favela, sustentar-se ao lado de grandes escritores brasileiros e ser convidada a participar de debates, entrevistas, viagens, programas de rádio e TV e, como não poderia deixar de ser, almoços e jantares em restaurantes, os quais ela somente havia frequentado pela porta dos fundos.

Na tentativa de "chegar ao fim da jornada com elegância e decência" – como ela diz sobre a provável utilidade do seu livro *Provérbios* (1963), Carolina Maria de Jesus publica com recursos próprios após o sucesso com as vendas de *Quarto de despejo* o romance intitulado *Pedaços da fome* (1963). Por estranho que pareça, a protagonista é uma mulher jovem, branca e rica do interior de São Paulo que, tomada pelo desejo de conhecer o amor, a cidade grande, a felicidade, deixa-se enganar por um falso dentista também jovem, branco que, com sua "boa aparência", consegue tirá-la do pai-coronel que a cobre de mimos, levando-a para viver em um cortiço, muito diferente da vida que a moça imaginava que seria ao viver com um dentista entre os arranha-céus de uma cidade grande.

Pelo visto, a escritora Carolina Maria de Jesus dá voltas em torno do mesmo lugar. Repete a narrativa de situações de pobreza como se à procura de dizer o impossível – a inominável falta – como uma voz delirante que se lança no vazio de uma página qualquer encontrada nos restos do lixo. A proliferação de significantes e a redundância das imagens da pobreza – não só material como também intelectual – que ela capta na comunidade em que vive e relata sugerem, simultaneamente, um tempo lento e precipitado, dando origem a uma narrativa que, sob uma ótica masculina, é comumente interpretada como prolixa:

> O que se tem chamado de prolixidade feminina é talvez a marca de uma criatividade extravasada e de forças vivas da mulher acedendo à escrita, mas também uma maneira de exprimir essa consciência do tempo – diríamos proustiana (tanto é verdade que, de todos os escritores do sexo masculino, Proust é provavelmente o mais "feminino") (DIDIER, 1981, p. 31).

Tautológica, sua escrita circula enfaticamente em torno das mesmas imagens nas páginas dos diários, romance e poesias, desnudando um corpo feminino que aí se insinua pelo discurso simbólico no modo de produção de certa "oralitude".

> 18 DE JULHO Levantei as 7 horas. Alegre e contente. Depois que veio os aborrecimentos. Fui no depósito receber... 60 cruzeiros. Comprei pão, leite, paguei o que devia e reservei dinheiro para comprar Licor de Cacau para Vera Eunice. Cheguei no inferno. [...] Mas eu não encontro defeito nas crianças. [...] o que aborrece-me é elas [as vizinhas de barracão] vir na minha porta para perturbar a minha escassa tranquilidade interior (...) *Mesmo elas aborrecendo-me, eu escrevo* (JESUS, 2000, p. 13, grifo nosso).

Para satisfazer as suas duas fomes, ela deixa os aborrecimentos de lado: escrever, comprar alimentos e dar-se ao luxo de comprar um Licor de Cacau. Satisfazer a sua fome de escrita parece até ser tão importante quanto comer. Às vezes parece mais, quando ela não dorme porque está com fome e senta-se para escrever. Lembro-me de outra escritora que muito marcou minhas noites de insônia e que disse em um tipo de poema no livro *Escrever*:

> Escrever.
> Não posso.
> Ninguém pode.
> É preciso dizer: não se pode.
> E se escreve.
> É o desconhecido que trazemos conosco:
> Escrever, é isto o que se alcança. Isto ou nada.
> Pode-se falar de uma doença da escrita
> (DURAS, 1994, p.47).

Isto ou nada. Carolina prefere isto: escrever. A fome de escrita, de certa maneira, supre a urgência da outra fome. A fome de escrita é incontrolável – uma doença. Michel Schneider, no texto "A branca dor do nosso desejo", diz que o escritor "tem a doença das palavras; ou, mais psicologicamente: suas palavras doem":

> Duas doenças levam a escrever. Alguns querem arrancar o que dizer do silêncio, da brancura, apesar de tudo. Outros se debatem no negro escrito, o rumorejar incessante do já-dito. À agrafia atada de uns, reponde a grafomania asfixiada dos outros: tal é a armadilha que espera o escritor (SCHNEIDER, 1990, p. 451).

A SOLIDÃO DA ESCRITA: *C'est tout*[70]

Muito na escrita de Carolina me lembra do pequeno livro *Escrever,* de Marguerite Duras, o que me incitou a procurar pontos de tangência entre elas. Pontos de feminilidade, talvez. Tanto na superfície do texto quanto no discurso, pois a linguagem das duas se encontra na profunda dimensão da experiência literária: uma espécie de sofrimento mental que encontra, na escrita, um suporte para a tentativa de transmissão dessa experiência.

> Chega um momento na vida, e acho que isso é fatal, do qual não se pode escapar, no qual tudo é posto em dúvida: o casamento, os amigos, sobretudo os amigos do casal. Não as crianças. As crianças jamais são colocadas em questão. E essa dúvida cresce a nossa volta. Essa dúvida existe sozinha, é a dúvida da solidão. Nasce daí, da solidão. Já se pode nomear a palavra. Acho que muita gente não é capaz de suportar isso que estou dizendo, fugiriam. Talvez este seja o motivo por que todos os homens não são escritores (DURAS, 1994, p. 20-21).

Nesse livro[71], em linguagem coloquial, ela fala sobre as suas angústias e experiência com a escrita, sobre seus amantes, amores, amigos. Outra pequena parte chamou-me a atenção: "Quando eu escrevia, toda a casa escrevia. A escritura estava em todas as partes". (DURAS, 1994, p.22) Aqui se encontra o grande enigma – ou mistério, ou mágica: toda a casa escrevia, independentemente dos problemas, das pessoas, dos aborrecimentos, como disse Carolina: "Mesmo elas aborrecendo-me, eu escrevo". (JESUS, 2000, p.13)

Misteriosamente, tudo ao redor para quando Carolina escreve, quando Duras escreve. Permanece apenas o território no qual a solidão promove o encontro da linguagem e do corpo, pois é necessário estar só para escrever. "... Eu gosto de ficar dentro de casa com as portas fechadas. [...] Gosto de ficar sozinha e lendo. Ou escrevendo!" (JESUS, 2000, p. 23). Trata-se de uma "solidão

---

[70] Título de um livro de Marguerite Duras.

[71] Trata-se de um relato que nasceu de um depoimento filmado que a escritora deu a seus amigos Sylvie Blum e Claude Guisard em sua casa de Neauph-le-Château.

essencial", da qual Maurice Blanchot também fala[72] quando se refere à solidão que a obra necessita para ser escrita: "Deixei o leito às 4h para escrever. Abri a porta e contemplei o céu estrelado. Quando o astro-rei começou despontou, fui buscar água." (JESUS, 2000, p. 18).

A solidão que a obra necessita, cada escritor tem que se haver com ela, cada um fazendo sua travessia. Carolina levanta cedo para escrever enquanto se faz noite e a madrugada avança; a escrita é o gesto excedente que transborda do seu cotidiano que, de certa maneira, é fora de qualquer sentido. Não se trata exatamente da temática, mas do modo de produção dela, que é do campo da:

> [...] singularidade do traço, é isso que introduzimos no real[73], queira o real ou não. Uma coisa é certa: é que isso entra, e que já se entrou nisso antes de nós. Já é por esse caminho que todos esses sujeitos que dialogam, há alguns séculos, afinal, têm que se arranjar como podem com uma certa condição: a de que entre eles e o real, existe o campo do significante... É neste caminho e com o mesmo intuito que se situa a indicação que já lhes dei acerca de algo que vai muito mais longe, ou seja, a angústia (LACAN, 2005, p. 31).

Os textos das duas escritoras partem de uma suposta realidade do dia-a-dia. Embora Duras tivesse consciência disso, ouso dizer que Carolina não sabe que sabe que seus relatos não dão suporte exemplar às suas experiências de vida. Em determinado momento da narrativa, ela chega a citar o número de sua carteira de identidade: "Não quero ter processos. O meu rigistro é 845.936." (Jesus, 2000, p. 16). Sabemos, entretanto, que a memória é o território de encontro da linguagem e do corpo, porém dela também faz parte o imaginário que supre as lacunas, que preenche os buracos, os furos:

> **20 de julho** [...] Aqui, todas impricam comigo. Dizem que falo muito bem. Que sei atrair os homens. (...) Quando fico nervosa não gosto de discutir. Prefiro escrever. Todos os dias eu escrevo. Sento no quintal e escrevo (JESUS, 2000, p. 19).

---

[72] A respeito, remeto à obra *O espaço literário* (1955)

[73] O conceito psicanalítico de "real", segundo Lacan, corresponderia ao elemento não simbolizado e que não pode ser recalcado, situando-se à margem da linguagem.

Observa-se que Carolina estabelece uma relação (quase) orgânica entre seu corpo e a escrita: "sei atrair os homens" (com meu corpo, gestos, voz?). Em seguida, há um salto para a escrita: "Prefiro escrever". Estranha articulação, cujo *non-sense* aponta para algo familiar que ela continuamente expressa:

> **9 de agosto**. Deixei o leito furiosa. Com vontade de quebrar e destruir tudo. Porque eu tinha só feijão e sal. E amanhã é domingo.
>
> ... Fui na sapataria retirar os papeis. Um sapateiro perguntou-me se o meu livro é comunista. Respondi que é realista. Ele disse-me que não é aconselhável escrever a realidade (JESUS, 2000, p. 96).

É o corpo que se impõe desde o momento em que acorda, com fome, sem comida "e amanhã é domingo". As reticências no segundo parágrafo apontam para algo da ordem do indizível que ela logo articula com os papéis, com o livro que está escrevendo. A fome e a escrita, novamente, são traços de uma memória. Presente, passado e o medo do futuro. "Fome" é o significante que ela situa como uma personagem trágica e tão real que tem uma cor: amarela. Resistente, insistente, repetitiva, a fome torna o céu, as árvores, as pessoas, os bichos amarelos[74].

> Tem um mocinho que mora na Rua do Porto. É amarelo e magro. Parece um esqueleto ambulante. A mãe lhe obriga a ficar só na cama, porque ele é doente e cança atoa. Ele sai com a mãe só para pedir esmola, porque o seu aspecto comove.
>
> Aquele filho amarelo é o seu ganha pão (JESUS, 2000, p. 120).

A presença excessiva de "fome" tece uma rede cuja trama é composta pelas várias tonalidades de amarelo, como uma composição angustiada de um mundo no qual ressoam longínquas memórias que, certamente, se entrecruzam.

Fome – nos dois sentidos já citados – é também recorrente no livro *Escrever*, de Duras. Cito um trecho em que a narradora conta como escreveu

[74] Audálio Dantas afirma no texto "A atualidade do mundo de Carolina", prólogo à 8ª edição, 4ª reimpressão: "No tratamento que dei ao original, muitas vezes, a Amarela saiu de cena, mas não de modo a diminuir a sua importância na tragédia favelada".

Le Vice-consul, que começa com uma criança de 15 anos, grávida, a pequena Annamite e, por isso, expulsa da casa da mãe:

> [...] e que se volta para o maciço de mármore azul chamado Pursat. [...] Lembro que tive muita dificuldade para encontrar esse lugar, a montanha de Pursat, aonde nunca fui. O mapa estava ali, na minha escrivaninha, e segui os atalhos da marcha dos mendigos e das crianças de pernas quebradas, abandonadas por suas mães, e que comiam lixo. Era um livro bem difícil de fazer. Não existia plano algum possível para expor a amplitude da infelicidade porque já não havia restado mais nada dos fatos visíveis que a provocaram. Nada havia senão a Fome e a Dor (DURAS, 1994, p. 30).

A "Fome" e a "Dor", grafadas com a primeira letra maiúscula, marcam a relevância da relação corpo e escrita: impossibilidade de escrever sobre a infelicidade do momento vivido; relação de interdependência entre fome, dor e escrita. Duras nunca vivenciou factualmente a fome de alimentos como Carolina, mas a experimentou por meio da escrita com a personagem Annamite. E, com a fome da escrita, a solidão. A solidão exigida pela escrita não é uma solidão de paz, mas tumultuada, negra, à beira do abismo – poço fundo diante do nada, inexprimível. É uma bordadura sem palavras de apaziguamento, sem objeto, apenas um corpo escrevente:

> Não se pode escrever sem a força do corpo. É preciso ser mais forte do que si mesmo para abordar a escrita. É uma coisa gozada, sim. Não é apenas a escrita, o escrito é o grito das feras noturnas, de todos, de você e eu, os gritos dos cães (DURAS, 1994, p.23).

Em outro contexto, escorregando, escapando, multiplicando-se no grito das feras noturnas que assombram a escritura "famélica" de Carolina, outra cor toma forma: o roxo e suas nuances: "Para dissipar a tristeza que estava *arroxeando* minha alma, fui falar com o cigano. Peguei os caderno e o tinteiro e fui lá." (JESUS, 2000, p. 135, grifo nosso). Deslizante no dia-a-dia:

> Despedi-me da mulher, que já estava mais animada. Parei para concertar o saco que deslisava da minha cabeça. Contemplei a paisagem.

> Vi as flores roxas. A cor da agrura que está nos corações dos brasileiros famintos (JESUS, 2000, p. 123).

Carolina conhece e vive no espaço da exclusão, do crime, do prazer; o espaço da degradação das relações humanas e dos problemas sociais gerados pelos processos de modernização, nos quais o material se sobrepõe ao espiritual. Muitas vezes – utilizando-se das cores como um substrato sensorial da escrita –, ela faz a sua leitura da agressividade humana, dos modos de viver e de comportar da multidão aglomerada no topos mortífero da favela.

É também esse universo que a escritora faz surgir em outra experiência de escrita – o romance *Pedaços da fome*. O título sugere um viés que é tanto de implosão quanto de multiplicação da própria fome: fome não é "a fome", mas se apresenta aos "pedaços", fragmentada, dividida, o que sugere, paradoxalmente, estar "multiplicada": é fome de amor, de escrita, de alimentos. Pode-se dizer que alguém passou fome durante 10 anos, mas não se costuma dizer que alguém passou "pedaços de fome". É preciso ler essa linguagem de Carolina, tentando ingressar em seu universo para compreender os registros paralelos ao discurso logocêntrico a que estamos acostumados.

Outros "pedaços" da vida da personagem Maria Clara estabelecem uma intertextualidade com o primeiro diário, tais como os fragmentos de memória, a poesia que ainda consegue ver no duro cotidiano, a sopa, a máquina de costura, as relações com as vizinhas. A sopa que ela se recusava a tomar quando morava com o pai porque, segundo a narradora, "Havia muitas coisas para comer, a mesa era farta e variada" (JESUS, 1963, p. 27). Ao viver na pobreza com o marido que não gostava de trabalhar, certo dia tem um encontro fortuito com uma vizinha que lhe oferece um prato de sopa em troca de usar a máquina de costura que a moça acabara de adquirir, momento em que enxuga uma lágrima, lembrando-se de quantas vezes fizera pirraça recusando a sopa na casa do pai. A sopa passa a fazer parte da sua alimentação, aproveitando restos de carne e osso até o final do romance, quando é ela que permitirá o reencontro da moça com o pai. Como uma espécie de "duplo" de Carolina Maria de Jesus, o romance renova certas características do diário. O medo da fome, aqui, também funciona como um *leitmotiv*: "Maria Clara tinha receios de passar fome. Ficava horrorizada quando via as mulheres pobres vagando pelas ruas pedindo esmolas" (JESUS, 1963, p. 154).

Em *Quarto de despejo*:

> 31 de outubro [...] Eu estou triste porque não tenho nada para comer. Não sei como havemos de fazer. Se a gente trabalha passa fome, se não trabalha passa fome (JESUS, 2000, p. 114).

> Hoje fui me olhar no espelho. Fiquei horrorizada. [...] Estou sem dente. Magra. Pudera! O medo de morrer de fome (JESUS, 2000, p. 153).

O medo. O medo atravessa as duas obras de maneiras semelhantes. Talvez porque Carolina tenha colocado a si mesma nas duas: "Tem dia que eu invejo a vida das aves. Eu ando tão nervosa que estou com medo de ficar louca" (JESUS, 2000, p. 104). Entretanto, a escrita a afasta da loucura e do medo. Sua escrita é feita de muitos detalhes, muitas minúcias, excessos de repetições que, por isso mesmo, revelam a sua impotência, sua incapacidade de sair do mesmo lugar, de fazer o tempo passar, mas que também revela certa sofreguidão em reiterar indefinidamente a vacuidade de seu cotidiano – justamente o que lhe provoca medo.

> Quando eu passava perto do Frigorífico o caminhão de ossos estava estacionado. Pedi uns ossos para o motorista. Ele deu-me um que eu escolhi. Tinha muita gordura.
>
> ... Fiz a sopa e comecei escrever. A noite surgiu.
>
> [...] Fui ver o cineminha. Era desenho da Igreja. [...] O Bobo fazia tanto barulho que deturpava o espetáculo. Os favelados pizam no fio elétrico que liga a máquina. E a máquina desligava [...] Pensei: vou escrever. (JESUS, 2000, p.13)

À pobreza do evento, a escrita é o que lhe resta. Escrever é tudo. *C'est tout*. Se algo não dá certo, ela escreve; esperando a roupa lavada "corar" ao sol, senta-se na calçada e escreve; enquanto o feijão cozinha na panela ou uma criança morre, ela se recolhe com o lápis e papel nas mãos. Para quê? Para um dia publicar um livro, ela diz. E escreve, continua escrevendo sem imaginar a dimensão de seu sonho. Que talvez seja somente escrever, tagarelar, preencher suas lacunas por meio do excesso fazendo proliferar uma linguagem que se esvazia à custa da repetição e que estanca o fluxo do texto. Grosso modo, seria como tampar o sol com uma peneira. Parafraseando Duras, digo que escrever também quer dizer isso: Carolina não sabe por que (se) escreve, apesar de dizer que quer publicar um livro. Por vezes, tem tonturas após horas e horas sem ter o que comer. É quando tudo se torna "amarelo". E registra esses momentos nos papéis catados no lixo, de novo e de novo, inúmeras vezes, como se tentasse captar a si mesma na escrita. Nada mais utópico, entretanto, do que a representação do sujeito em obras autobiográficas, diários, cartas, memórias.

A narradora, no romance, fala de *outro(a)* como se se debruçasse sobre o mesmo. A trajetória da narradora-personagem de *Quarto de despejo* se cruza com a personagem de *Pedaços da Fome* numa estranha familiaridade – ou estranha *feminilidade* ao costurar as palavras no primeiro livro ou costurar roupas no romance. Daí talvez o ritmo e a respiração angustiantes que perpassam os dois textos, o medo e a ameaça que pairam sobre as duas narrativas e, ao mesmo tempo, a capacidade das duas personagens de manipular as perdas: "Quando eu encontro algo no lixo que eu posso comer eu como. Eu não tenho coragem de suicidar-me. E não posso morrer de fome" (JESUS, 2000, p. 141). Entretanto, segue escrevendo, apesar de tudo: "Segui pensando: quem escreve gosta de coisas bonitas. Eu só encontro tristezas e lamentos" (JESUS, 2000, p. 161).

> 30 de julho ... Escrevi até tarde, porque estou sem sono. Quando deitei adormeci logo e sonhei que estava noutra casa. E eu tinha tudo. Sacos de feijão. Eu olhava os sacos e sorria. Eu dizia para o João:
>
> – Agora podemos dar um pontapé na miséria!
>
> E gritei:
>
> – Vai embora, miséria! (JESUS, 2000, p. 163).

E não é isto um gesto de amor pela escrita? E não é isso que é escrever com a força do corpo? E não seria essa uma escrita da ordem do feminino? Há mulheres que escrevem/falam com o corpo. Numa via de mão dupla, vida e escrita se intercalam e se cruzam. Mas a escrita é o equívoco por excelência e há mulheres que se valem desse equívoco para seduzir; a escrita é o seu corpo e o seu olhar que, no entanto, não se permite capturar. Algo da ordem do feminino[75] acontece nesse tipo de escrita e se permite apenas precariamente entrever, talvez como aquele olhar com um olho só pela fresta entreaberta de uma porta – incompleto, cindido, incerto, no qual reside, entretanto, o afeto. Um certo feminino – não exatamente "o feminino" – só é possível bordejar, rastreando as dobras de textos como o *Cântico dos Cânticos* ou *Escrever* ou *Quarto de despejo*.

REFERÊNCIAS

BLANCHOT, Maurice. **O espaço literário**. Rio de Janeiro: Rocco, 1987.

DIDIER, B. **L'ecriture femme**. Paris: Presses Universitaires de France, 1976.

DURAS, M. **Escrever**. Rio de Janeiro: Rocco, 1994.

JESUS, Carolina Maria de. **Pedaços da fome**. São Paulo: Áquila, 1963.

_______. **Quarto de despejo**. São Paulo: Ática, 2000.

LACAN, J. **O seminário**: livro 10: a angústia. Rio de Janeiro: Zahar, 2005.

_______. **O seminário**: livro 20: mais, ainda. Rio de Janeiro: Zahar, 2005.

SCHNEIDER, Michel. A branca dor do nosso desejo. In: **Ladrões de palavras**: ensaios sobre o plágio, a psicanálise e o pensamento. Tradução de Luiz Fernando P.N. Franco. Campinas: Ed. UNICAMP, 1990.

[75] Em *Algumas consequências psíquicas das diferenças anatômicas entre os sexos*, Freud desenvolve o conceito de feminilidade ou do "tornar-se mulher". Remeto também ao texto *Deus e O Gozo d'A Mulher em O Seminário: livro 20: mais, ainda*, de Lacan, no qual ele afirma: "A questão é, com efeito, saber no que consiste o gozo feminino, na medida em que ele não está todo ocupado com o homem, e mesmo, eu diria que, enquanto tal, não se ocupa dele de modo algum, a questão é saber o que é do seu saber" (p.118).

O corpo da escrita & a escrita do corpo

Raffaella Fernandez[76]
Marcelle Leal[77]

> *Quando desperto deixo o leito creio que já familiarize com o lápis na mão porque eu quando escrevo, o meu cérebro, normaliza-se. Não fiquei vaidosa porque as pessoas de visão nota que a existência é composta de cilício e amarume.*
>
> *[...]*
>
> *Eu deixei o leito às três da manhã, porque quando a gente perde o sono começa a pensar nas misérias que nos rodeiam. (...) Deixei o leito para escrever. Enquanto escrevo vou pensando que resido num castelo cor de ouro que reluz na luz do sol. Que as janelas são de prata e as luzes de brilhantes. Que a minha vista circula no jardim e eu contemplo as flores de todas as qualidades. (...) É preciso criar este ambiente de fantasia, para esquecer que estou na favela. Fiz o café e fui carregar água. Olhei o céu, a estrela Dalva já estava no céu. Como é horrível pisar na lama. As horas e m que sou feliz é quando estou residindo nos castelos imaginários.*
>
> (Carolina Maria de Jesus)

Carolina Maria de Jesus é sujeito da narrativa da própria história. A produção da autora manifesta não apenas o curso de suas experiências, mas também apresenta a análise arguta de uma existência quase sempre "composta de cilício e amarume" e "castelos imaginários" de seu entorno e de dentro de si. Uma

[76] Doutora em Teoria e História Literária pela Unicamp. Professora da UNILA (Universidade Federal da Integração Latino-americana. E-mail: raffaellafernandez@yahoo.com.br

[77] Doutora em Teoria da Literatura pela UFRJ.

vez que ingressamos no baile de suas letras, já não saímos mais os mesmos. As palavras convidam para a dança, a sucessão do tempo dita o ritmo e o movimento reflexivo nos retira da inércia.

Desse modo, podemos compreender seus textos como uma expressão-extensão do corpo da escritora, isto é, uma artista que se inscreve no mundo, passando por um processo identitário na e pela reconstrução de sua alteridade, pois sua identidade é reconstruída e desconstruída a partir da relação com o outro, daí a oscilação de pontos de vista considerados adequados a cada situação, interesses ou talvez lapsos da memória que sinalizam diversas ambiguidades em suas narrativas. É como estar em contato com o *scriptor*, aquele criado pelo texto de Barthes como tecido e não uma mera decomposição da obra acabada:

> Texto quer dizer tecido; mas enquanto até aqui esse tecido foi sempre tomado por um produto, por um véu todo inacabado, por trás do qual se mantém, mais ou menos oculto, o sentido (a verdade), nós acentuamos agora, no tecido, a ideia gerativa de que o texto se faz, se trabalha através de um entrelaçamento perpétuo (BARTHES, 1984, p. 82-83).

A partir da noção e não como "conceito de escritura", desenvolvido por Barthes (2002), a autora demonstra que, enquanto a biografia está voltada para a história de vida, o biografema engendra uma escrita de vida. Na invenção de sua língua da fome, Carolina de Jesus se dedica a fazer biografemas de seu corpo na escrita e da escrita em seu corpo. Ao longo de suas obras notam-se variados biografemas confessos a dialogarem com trechos de romances autobiográficos, ensaiados por Carolina de Jesus como instrumento, repertório e inquietação que tematizaram suas narrativas. A escritura como vida, como a própria existência, como corpo negro; não apenas como trajeto, mas também como instauração de um lugar na literatura. Uma vida-escrita ou por escrito, repleta de uma potência impessoal emaranhada de técnicas de si e de suas infindas variações.

Nesse sentido, uma biografia de Carolina de Jesus só faria sentido em conjunto com uma cartografia da sua escrita predominantemente autobiográfica, em busca das ruínas de sua história e criatividades soterradas pelos corpos dominantes. A partir da sua experiência, por meio dos biografemas, a escritora oferece o olhar de quem viveu no lugar de todas as carências, que retornam como mola propulsora no e pelo processo criativo de sua poética de resíduos (FERNANDEZ, 2019), quando o ato de coleta e de inclusão de traços do lugar caótico fica erigido em suas narrativas-corpo. Vale dizer que a pluralidade que as compõem nascem da presença de uma mulher negra vigilante e questionadora que está no mundo e através dele se afeta.

Assim, pode-se dizer que a exogênese (seleção e apropriação das fontes), como traços do passado firmados em seus diários, retornam em suas narrativas como arquivos da memória que corporificam sua poética de resíduos. Como observa Viollet (2013), é muito comum salientar que os escritos autobiográficos se baseiam normalmente em arquivos, traços do passado – essa parte da alteridade inerente ao sujeito transpessoal, intersubjetivo.

Carolina de Jesus se vale de sua existência, aproximando-se de um tipo de "estética do empréstimo" como dispositivo ou técnica de composição que tanto favorece a montagem de seus textos, a partir de elementos emprestados, repetidos, deslocados, aprimorados e expandidos, quanto tem o objetivo de embelezar ao agregar elementos poéticos a sua linguagem.

O verbo "afetar" mencionado em alguns parágrafos acima não é gratuito, pois indica a intervenção da sensibilidade na interação da intelectual com o meio. Azoilda Loretto da Trindade discorre sobre o termo e indica as veredas necessárias para entender como o registro cotidiano não é apenas descritivo, pois contém a estética provinda de suas *afetações*. Segundo a educadora brasileira:

> [...] afetividade tem relação direta com o influenciar e ser influenciado, potencializar, possibilitar. Porque afetividade está relacionada ao gostar de gente, propiciar encontros, contatos, afetos e afetações. Porque afetividade nos reporta ao corpo e porque os corpos são potências, possibilidades, amorosidade. A afetividade é uma manifestação corporal, uma expressão corporal fundamental para os encontros, contatos, para as expressões de desejos, pensamentos individuais e coletivos, de emoções as mais diversas, de sentimentos como amor, ódio, cuidado. Em síntese, a forma, a maneira como estou/sou no mundo afeta o mundo, as pessoas (TRINDADE, 2006, p.103).

Na escrita do corpo carolineano, eventos simples irrompem em uma série de pensamentos que transbordam as partes e atingem o todo de maneira que anunciam a complexidade da existência. Exemplifica-se a afirmação com o seguinte trecho de *Quarto de despejo*: "...esquentei o arroz e os peixes e dei para os filhos. Depois fui catar lenha. Parece que eu vim ao mundo predestinada a catar. Só não cato a felicidade" (JESUS, 2014, p. 81). Conforme se observa, o ato de apanhar os pedaços de madeira elucida a realidade socioeconômica de um mundo que obriga parte de sua população a viver dos restos que produz e se desdobra na apreensão existencial de uma mulher que se conscientiza do destino a que a sociedade lhe impõe. Contudo, ela não se sujeita a tal imanência e, na rede tecida entre os fios da vida e das letras, embala os sonhos e pesadelos que a impelem a seguir o cotejo destas linhas que a entrelaçam.

A dinâmica proposta por seus escritos exige a atenção plena do leitor. Destaca-se, por exemplo, a movimentação brusca da superfície celeste em direção à terra no seguinte fragmento: "Olhei o céu, a estrela Dalva já estava no céu. Como é horrível pisar na lama" (JESUS, 2014, p. 58). A beleza e o brilho venusiano lhe permitem uma fuga breve do vivido, mas prontamente a realidade áspera se impõe pelo roçar dos pés na lama. A poética de resíduos (JESUS, 2014, p. 58). desenvolvida pela autora se configura em meio à vida. Embora vez ou outra o escape do cotidiano lhe permita flutuar rumo a outros espaços, a gravidade dos dias a atrai sem demora para o âmbito terreno.

É imprescindível assinalar que a escassez se esvai nos instantes de devaneios poéticos expressos através de passagens líricas, poemas ou sonhos. A escrita do seu corpo se coloca dentro de castelos imaginários, vestidos de estrelas e fartas mesas de jantar, onde o corpo subalternizado pode se deleitar e aproveitar das benesses do mundo burguês almejado por Carolina até o momento em que adentra a casa de alvenaria e nega o mundo repleto de individualismos e preconceitos que afeta não apenas a si, mas também aos seus filhos e, consequentemente, a sua literatura.

Mesmo que o texto se alinhave entre frases curtas e o conteúdo se alterne de forma dinâmica e nem sempre linear, é possível encontrar o fio pelo qual as partes se suturam: o corpo da escrita & a escrita do corpo. Conforme defendido na tese *Poéticas da sombra: de projeções a sujeitos da Literatura*, Carolina Maria de Jesus é uma escre(vida) das letras. O trecho abaixo explicita a ideia em questão:

> Entre parêntesis, a palavra *vida* ganha destaque, mas também se inscreve dentro de um limite. Esta demarcação indica a efemeridade dos dias que se intercalam dentro de uma existência finita, a exiguidade de recursos para manter a sobrevivência física e espiritual e as fronteiras pelas quais a autora atravessa em busca de tais provisões. Porém, associada a esta margem, está a raiz do verbo escrever "escrev-" que se entranha na "vida" por meio da letra "v" e com ela se imiscui, apesar das divisas impostas. Na obra *Quarto de despejo*, as duas instâncias se entrelaçam de forma que ambas se nutrem para manter o viço diante das condições adversas. Vale dizer também que, a semelhança proposital com o termo *atrevida* se justifica pela ousadia da escritora de se afirmar em um meio que, continuamente, empenha-se em excluir indivíduos com suas características sociais: mulher, negra, pobre e moradora de favela. A insubmissão de assumir uma identidade que o mundo lhe nega é um ato de coragem e uma busca incessante de adequar seu corpo a sua escrita e a escrita a seu corpo. (LEAL, 2017, p.202-203)

No rastro da teoria da sombra desenvolvida no mesmo trabalho, acredita-se que a intelectual brasileira não se apraz em figurar como mera silhueta da Literatura Brasileira. Ela se apropria da tinta para conferir materialidade e complexidade tanto à própria existência quanto a sua produção. O mundo pode lhe negar a identidade literária tão almejada, porém – entre devoluções de originais e risos daqueles que desacreditavam o seu anseio – ela não desiste em afirmar "Sim! Eu sou uma escritora" (LEAL, 2017, p. 215). Dessa forma, ela rejeita o destino que a sociedade lhe impõe e, ao invés de se sujeitar, faz-se sujeito do mundo.

Conforme citado alguns parágrafos acima, talvez ela estivesse certa sobre a predestinação em catar. Todavia, o ato de colher e ressignificar extrapola os domínios do despejo e se expande para as esferas da palavra e da vida. Ela não se contenta em se sobressair como coadjuvante e protagoniza a ação de oferecer e criar sentidos para o que encontra. Em busca do alimento para o corpo e para a escrita, inscreve a sua presença na literatura e no mundo. Assim, insere matizes e profundidade na figura de tipos sociais constantemente preconcebidos por estereótipos e possibilita a formação de outros imaginários, isto é, a mulher negra moradora da comunidade também é um ser que reflete sobre temas existenciais, econômicos, políticos e estéticos que perpassam a si e ao seu entorno.

Comprometida com o ofício intelectual, elabora uma obra original e, sem pedir licença, impõe-se nacional e internacionalmente na cena literária. Esse movimento traz instabilidade para o sistema estabelecido, pois estimula a participação ativa daqueles que outrora não se sentiam tão legitimados a compor as estruturas instituídas. Quando atribui valor para a escrita do próprio corpo e para o corpo da sua escrita, abre caminhos para aqueles que compartilham de modos de vida situados na margem, encorajando-os a empreender o mesmo movimento.

Pode-se citar, entre os exemplos de ressignificação do corpo de Carolina na Literatura Brasileira para forjar parte do cânone do movimento da Literatura Marginal Periférica nos anos 2000, o escritor Ferréz – para quem Carolina seria uma precursora das questões literárias e sociais defendidas não só por ele, mas também pelo conjunto de escritores que se identificam com o projeto lançado no mesmo ano. Em dita ocasião, o intelectual e morador do Capão Redondo, uma favela paulistana, fez questão de elevar a importância de Carolina como escritora da favela. Explicita-se o apresentado através do texto de Ferréz, em matéria publicada no *Mais*:

> Ela não veio de nenhuma universidade importante, não era amiga de grandes editores e muito menos teve estrutura para continuar sua carreira literária. Talvez por uma dessas injustiças a escritora Carolina Maria de Jesus, residente na favela do Canindé, rua A, barraco nº 9, talvez não seja agraciada como uma escritora de clássicos, mas uma coisa é certa: "Quarto de despejo", seu primeiro livro, é a coisa mais importante que já li, por isso é sobre ele que vamos falar. Tenho um exemplar datado de agosto de 1960, e é meu xodó, porque é um dos pouquíssimos livros feitos por quem escreveu o que realmente viveu. O subtítulo é "Diário de uma favelada" e realmente é um diário. Retrata a vida de Carolina como catadora de papelão, que não a impediu de pegar na caneta e escrever inúmeros cadernos que mais tarde seriam condensados no livro, traduzido em mais de 40 países e

escolhido como tema de dezenas documentários em todo o mundo. O livro retrata a vida de Carolina de 15/7/1955 a 1°/1/1960, e nele aprendemos como é viver realmente na dificuldade de não saber o que virá no dia seguinte, em que a única certeza é que a fome continuará a pegar seus filhos. O título vem da imagem que Carolina faz da favela, que, segundo ela, é o quarto de despejo da cidade, porque lá se jogam homens e lixo, que lá se confundem, coisas imprestáveis que a cidade deixa de lado (FERRÉZ, 2005).

Verifica-se que Ferréz ressalta o lugar de fala[78] de Carolina: "é um dos pouquíssimos livros feitos por quem escreveu o que realmente viveu". A literatura da autora provém de um espaço onde tradicionalmente o discurso não é reconhecido. No entanto, ela não declina do seu ofício e, com autoridade, impõe o seu corpo no salão dos literatos. À proporção que entra na dança, instiga o levante dos demais, conduzindo a um baile coletivo no qual cada um pode se sentir à vontade com o próprio tipo de expressão.

Conceição Evaristo também se orgulha em afirmar o berço da sua composição na tradição carolineana. Além da representatividade enquanto autora, como anunciada pelo poeta de São Paulo, o entrelaçar entre as experiências vividas e o registro literário é outra de suas heranças das quais dispomos. O conjunto de obras da moradora do Canindé contém um gérmen da *escrevivência* de sua sucessora (LEAL, 2017). A produção de ambas sutura o estar no mundo – em todas as suas dimensões – ao espaço literário. Dessa maneira, abordam tal arte por um ângulo diverso e apresentam uma narrativa distinta daquela que era normativa até então, causando estranhamento aos senhores e familiaridades aos que a elas se avizinham.

Ao ser indagada sobre a origem de sua escrita, Conceição Evaristo diz:

> Sem dúvida alguma, a narrativa de *Ponciá Vicêncio* não se trata de minha biografia, como *Becos da memória* não é uma escrita verdadeiramente autobiográfica. Porém, toda a minha escrita, poemas, contos, romances, e até ensaios, cumpre um ato de escrevivência. Assim como

---

[78] Conf. RIBEIRO, Djamila. **O que é lugar de fala?** Belo Horizonte (MG): Letramento: Justificando, 2017.

> algumas das histórias escutadas no interior de minha família foram apropriadas como material narrativo para a escrita de PonciáVicêncio, a experiência do desfavelamento que sofri, as angústias de minha meninice e de minha adolescência aparecem em Becos da memória. A composição da personagem Maria Nova muito se con(funde) com a história pessoal do meu eu-menina. Inventar Maria Nova foi inventar a razão de minha escrita (EVARISTO, 2014, p. 31).

Também a narradora por ela criada em *Insubmissas lágrimas de mulheres* (2011) retorna ao debate:

> Invento? Sim, invento, sem o menor pudor. Então, as histórias não são inventadas? Mesmo as reais, quando são contadas? Desafio alguém a relatar fielmente algo que aconteceu. Entre o acontecimento e a narração do fato, alguma coisa se perde e por isso se acrescenta. O real vivido fica comprometido. E, quando se escreve, o comprometimento (ou o não comprometimento) entre o vivido e o escrito aprofunda mais o fosso. Entretanto, afirmo que, ao registrar estas histórias, continuo no premeditado ato de traçar uma escrevivência (EVARISTO, 2011, p. 09).

Uma terceira ilustração é o movimento do *slam*, presente nas áreas periféricas. No beco, na rua ou na praça, a poesia ganha vida pela voz e performance de indivíduos que versam sobre suas lutas e resistências. Como Carolina, eles catam e cantam a palavra cotidiana para fazer literatura. No entanto, ao invés do protagonismo estar na impressão do papel, ele se coloca na oralidade. Cada gesto exprime a coreografia dos dígitos que conduzem a rima.

Consoante ao exposto, nota-se que, à medida em que se incorpora ao grupo de escritores, Carolina materializa seu corpo no âmbito das letras e impulsiona a ocupação do espaço por outros escritores que, até então, estavam à sombra do cânone. A posição periférica da qual advém propicia a criação de um texto que tensiona o centro a partir das perspectivas que o circunscrevem. Em meio ao deslocamento, desestabilizam-se verdades ditadas até então pelo núcleo, como o escritor pertencente a um tipo social específico e o modelo estético idealizado como padrão para a obra de arte. Essa inserção ocorre através de um movimento horizontal, contribuindo para a formação de um elenco de autores da Literatura Brasileira mais inclusivo e, consequentemente, plural.

A consolidação das sombras que se fazem corpo da escrita por elas mesmas provoca rachaduras que abrem espaços para abarcar o literário através de outras perspectivas. Uma dinâmica diferente se estabelece com características mais democráticas e colaborativas, fazendo implodir diversas literalidades que contribuem não apenas para inovações no constructo da Literatura Brasileira, mas também colocando em evidência uma diversidade dos modos de ser/estar de variados corpos brasileiros. Atualmente, muitos literatos e literatas assumem seu protagonismo e narrativas no rastro da produção de Carolina. A estrutura hegemônica teme a popularização da arte, mas essa mulher demonstra, através do seu corpo escrito na escrita do seu corpo, que a Literatura, segundo argumento de Antonio Candido[79], é um direito de todos.

Referências bibliográficas:

BARTHES, Roland. «La Mort de l'auteur» (1968). **Le Bruissement de la langue**. Essais critiques IV. Paris: Le Seuil, 1984. p. 63-69.

EVARISTO, Conceição. Da grafia-desenho da minha mãe, um dos lugares de nascimento de minha escrita. In: ALEXANDRE, Marcos Antônio (Org.). **Representações performáticas brasileiras:** teorias, práticas e suas interfaces. Belo Horizonte: Mazza Edições, 2007.

________. Nos gritos d'Oxum quero entrelaçar minha escrevivência. In: DUARTE, Constância Lima et al. (Org.). **Arquivos femininos**: literatura, valores, sentidos. Florianópolis: Mulheres, 2014. p. 25-33.

FERNANDEZ, Raffaella. **A poética de resíduos de Carolina Maria de Jesus**. São Paulo: Aetia Editorial, 2019.

FERRÉZ. "Quarto de despejo". Especial para a **Folha de São Paulo**, São Paulo, 20 mar. 2005.

JESUS, Carolina Maria de. **Quarto de despejo**: diário de uma favelada. São Paulo: Ática, 2014.

LEAL, Marcelle. **Poéticas das sombras**: de projeções a sujeitos da literatura. Tese (Doutorado em Ciência da Literatura) – Faculdade de Letras, Universidade Federal do Rio de Janeiro. Rio de Janeiro, p. 257, 2017.

---

[79] Conf. CANDIDO, Antonio. O direito à Literatura. In: ________. **Vários escritos**. São Paulo: Duas Cidades, 1995.

TRINDADE, Azoilda Loretto da. Fragmentos de um discurso sobre afetividade. In: BRANDÃO, Ana Paula (Coord.). **Saberes e fazeres**: modos de ver. v. 1. Rio de Janeiro: Fundação Roberto Marinho, 2006. Disponível em: <http://www.acordacultura.org.br/sites/default/files/ kit/Caderno1_ModosDeVer.pdf[LB4] >. Acesso em: 9 jun. 2020.

VIOLLET, Catherine. **Archives familiales**: Modesd'emploi. Récits de genèse. Louvain-la-Neuve: Academia-Bruylant, 2013.

4. O TRÁGICO, A MEMÓRIA E O TESTEMUNHO NAS NARRATIVAS DE CAROLINA MARIA DE JESUS

As fronteiras da palavra em Carolina Maria de Jesus

Maria Madalena Magnabosco[80]

Inicialmente, agradeço o convite realizado pelo Grupo de Estudos Mulheres e Letras para a participação de um evento que nos devolve histórias e memórias de mulheres, principalmente daquelas que transgrediram os cânones e lutaram para serem ouvidas em contextos nem sempre muito acolhedores, como foram e ainda são diversos desses pautados por uma hegemonia patriarcal. No ano do centenário[81] de Carolina Maria de Jesus é uma honra compor essa mesa e partilhar com vocês da evocação da memória e da palavra testemunhal como constituinte de suas histórias.

Inicio utilizando um refrão da música *Angélica,* de Chico Buarque de Hollanda: "Quem é essa mulher que canta sempre esse estribilho? Que canta sempre esse lamento? Que canta como dobra um sino? Quem é Carolina Maria de Jesus?"

Podemos partir de diversos pressupostos para responder a essa pergunta, mas quando nos perguntamos "Quem?", perguntamos pela ontologia, pela origem, pelo que principia Ser. E Ser é linguagem. Nos dizeres de Heidegger (1927): "a linguagem é a morada do Ser". É desse princípio que parto para esboçar um fragmento da memória de Carolina Maria de Jesus em *Quarto de despejo.*

Sabemos que a escrita sempre acompanhou Carolina, desde a mais

---

[80] Psicóloga Clínica, Psicopedagoga, Doutora em Literatura Comparada, Pós-Doutora em Estudos Culturais. Professora de cursos de graduação e pós-graduação em Psicologia. E-mail: madalena.magnabosco@gmail.com.

[81] Este texto foi apresentado no VI Colóquio Mulheres em Letras, que homenageou Carolina Maria de Jesus pelo seu centenário em 2014.

tenra idade, a ponto de Eurípedes Barsanulfo ter se referido a ela, ainda criança, como Poetisa de Sacramento. Assim, apesar de todos os sofrimentos, faltas, discriminações, dificuldades de sua história, Carolina encontrava na escrita uma ressonância que lhe permitia transcender os cenários da realidade sócio-histórica-cultural e política em que vivia.

Escrever relatando o cotidiano de dentro da favela a retirava, por alguns momentos, da ordem do trágico, de uma desolação para com o mundo. Através da escrita diária Carolina se reconstituía, não pela descrição linear do vivido, mas pela (re)descoberta de s(eu). Carolina se reconhecia pela narrativa, pelo desafio em ultrapassar pela palavra o obstáculo entre sua vida e a realidade sufocante da favela. Escrever para esquecer a fome, a dor, a miséria. Escrever para suspender temporariamente a ordem do trágico. "Quando fico nervosa, não gosto de discutir. Prefiro escrever" (JESUS, 1995, p. 19). "Deixei o leito para escrever. Enquanto escrevo vou pensando que resido num castelo cor de ouro que reluz na luz do sol. Que as janelas são de prata e as luzes brilhantes. (...) É preciso criar esse ambiente de fantasia para esquecer que estou na favela" (JESUS, 1995, p. 52).

Quem é essa mulher que narra o cotidiano de sua situação-limite feminina, em um mundo basicamente formado pelos então considerados atributos masculinos da violência, da agressividade e da luta pela sobrevivência? Quem é essa "mulher negra num mundo dominado por brancos", num espaço ditado por homens, sem posses em uma cidade moderna onde "administrar o pouco dinheiro é mais difícil que ganhá-lo" (MEIHY; LEVINE, 1994, p. 63) escritora de livros em um ambiente de elite intelectual refinada e europeizada?

Vítima ou louca? Uma pergunta astuta para aqueles que não consideravam o Quem, que não ouviam o Ser, mas o substituíam pelo Que e consumiam modernamente os versos, palavras e rimas como elementos à margem de um cânone literário.

Desconsiderando essa dicotomia de vítima ou louca, própria da modernidade das letras e corpus cientificistas, Carolina (como Quem) sofreu a passionalidade daqueles que vivem as antinomias da existência sem conhecimento suficiente para compreendê-las e, se possível, transformá-las. Passionalidade da fome, do excesso de falta, da solidão na luta pela sobrevivência. Passionalidade da tragédia onde se dá a luta incessante entre potências antagônicas, tanto no mundo dos sentimentos como no mundo objetivo do fazer humano, o qual ainda não encontrou palavras e símbolos para representar determinadas vivências e emoções.

Nos dizeres de Albin Lesky (1990, p. 183):

> Não é a oposição entre o homem e a sorte decretada (...) que constitui o núcleo essencial, mas sim o ser humano sozinho, na patética expressão da coragem com que porta seu destino. À enormidade da dor responde o borbotar na paixão.

Essa patética expressão da coragem torna-se um núcleo que anima Carolina em seus movimentos intermitentes de potência-impotência, de dentro e fora das relações de gênero. A instabilidade de seu humor, o modo passional com que buscava firmar seu espaço no mundo, suas explosões, se ritmavam a partir desse núcleo. Afinal, após todas suas histórias, podemos dizer que a passionalidade – nesse contexto histórico-cultural da modernidade – nada mais é do que uma resposta possível às vivências-limites que interditam a luta, a comunicação, a projeção criativa e construtiva da agressividade. É a expressão patética dessa coragem de ainda lutar pela vida lá onde não existem nem palavras, nem significantes que encenem uma troca comunicativa com o outro. É a expressão do ainda-não-saber-dizer, da palavra na fronteira – não pela falta de um desejo de comunicação –, mas porque está ausente um significante que poderá suportar outras referências e significações do que seja o viver de uma mulher como Carolina nesse mundo já conhecido e reconhecido pelas "tecnologias de gênero" (LAURETIS, 1994).

Pelo ainda-não-saber-dizer ou pelas fronteiras de sua palavra surge na cena relacional a repetição de um comportamento que reincide como resposta à violência simbólica sofrida por Carolina. O trecho do texto e da vida que repete pode ser uma comunicação pela fissura, pela ruptura a partir da qual se buscam outras referências, onde se procuram outras respostas às interpelações sobre si própria, isto é, sobre a própria imagem e identidade, tal como nos coloca Homi Bhabha.

Assim, retorno à pergunta: "Quem é essa mulher?", e também a reincidência do estribilho: "Levantei. (...) Fui buscar agua. Cheguei em casa, aliás no meu barracão, nervosa e exausta.(...) Levantei as 7 horas. Alegre e contente. Depois que veio os aborrecimentos.(...) Despertei as 7 horas com a conversa dos meus filhos. Deixei o leito, fui buscar água" (JESUS, 1995, p.15).

Movimentos que se repetem e reincidem podem ser uma estratégia utilizada para comunicar o desejo de uma outra escuta sob outras leituras e escritas. Utilizando uma linguagem psicológica, o sintoma – enquanto reincidir de respostas – já é comunicação de outras consciências onde o sujeito, pelo exílio de antigos sentidos, viu-se expulso da familiaridade de seus conhecimentos e reconhecimentos. Seja essa familiaridade uma identidade de gênero, de classe, de raça, ideológica, da imagem corporal, o sujeito sente-se exilado dela e nela. Ele estranha e, ao mesmo tempo, inicia uma travessia, uma desconstrução no próprio estranhamento.

Esse é um dos momentos mais delicados do processo de habitar a fronteira das palavras pelo contexto de situação nas zonas potenciais e ambíguas da construção de novos símbolos que representem outras imagens. Se acolhido e valorizado como alteridade, esse momento é frutífero e transformador de significados. Entretanto, se rechaçado e concebido como loucura, perigo, sujeira e contaminação negativa, ele será apenas a reafirmação do então cultuado e valorizado por um raciocínio e por uma linguagem hegemônica da medicina, da psicologia e dos estudos sobre gênero, recolocando a dúvida: vítima ou louca?

É no próprio conflito entre potências, no embate com as forças antagônicas e contraditórias que percorrem sua história que Carolina se defronta com a força/fragilidade de sua palavra testemunhal. A palavra reincidente no cotidiano de seu diário – que a devolve à sua ética – é a mesma que negativiza sua imagem perante o outro, já que nas escutas deste, ela (palavra) perde a função mediadora e transcendente entre o Ser de Carolina e a objetividade do mundo que passou a viver, principalmente após a publicação do livro *Quarto de despejo*. Sua escrita tinha por objetivo suspender – pela mediação do testemunho narrativo – as vivências patéticas do dia-a-dia na favela através de uma linguagem que lhe despertava sonhos, desejos, bem como lhe possibilitava organizar sentimentos e pensamentos. Essa função mediadora de suas palavras, quando da recepção por um público progressista, torna-se não mais mediação, mas experiência dolorosa da dificuldade de transpor eticamente o mundo do progresso e o desenvolvimento da modernidade. O que era mediação torna-se obstáculo, negatividade que explicita e acirra a angústia de Carolina ao perceber as parcas possibilidades de transformar o mundo pela justiça que ela tanto desejava.

Quanto mais sua palavra voava mundos através de eventos políticos dos quais participava – viagens a outros países, traduções para outros idiomas –, mais Carolina se debatia em seu deslocamento-exílio. Da palavra que agia como bálsamo sobre seu sofrimento surge a palavra com a qual ela deverá lutar exaustivamente para tentar consolidar politicamente[82] sua liberdade e expressão da alteridade. Digo politicamente, pois essa palavra balsâmica, ao se tornar pública, receberá julgamentos e avaliações de uma estrutura institucional e acadêmica inteiramente diversa da realidade da autora. Sob essas avaliações, suas palavras são interpretadas por critérios canônicos literários, comportamentais, estilísticos, políticos e sociais que não condiziam com o objetivo de sua escrita. Nas palavras de Meihy/Levine (1994, p. 31):

> Os leitores brasileiros reagiram ao *diário* de Carolina de forma consistente, objetiva e pesada, contrastando as visões de mundo expressas no texto com suas preferências políticas. Jânio Quadros deixou-se fotografar abraçando a escritora que ia, assim, oferecendo munição à crítica que a via como um sema sem controle da própria imagem. Ao mesmo tempo, outros filtravam passagens do livro para vazar suas mensagens: dom Helder Câmara, arcebispo progressista de Recife, disse que "haverá quem chorará como comunista quando ver um livro como este". (...) Luís Martins, distanciando-se da autora, afirmava que "não sabia se *Quarto de despejo* seria, rigorosamente falando, um trabalho decente de literatura, mas é um livro que deixa marca." Outros

[82] O conceito de política utilizado no projeto encontra seus fundamentos em Arendt. *A condição humana*, p. 15: "A ação, única atividade que se exerce diretamente entre os homens sem a mediação das coisas ou da matéria, corresponde à condição humana da pluralidade, ao fato de que os homens, e não o Homem, vivem na terra e habitam o mundo. Todos os aspectos da condição humana têm alguma relação com a política; mas essa pluralidade é especificamente a condição – não apenas a *conditio sine qua non*, mas a *conditio per quam* – de toda vida política. (...) A pluralidade é a condição da ação humana pelo fato de sermos todos os mesmos, isto é, humanos, sem que ninguém seja exatamente igual a qualquer pessoa que tenha existido, exista ou venha a existir".

> aclamavam o livro como um manifesto que deveria ser lido pelos "políticos, administradores, e candidatos a cargos públicos".

Cobrada pelas pessoas quanto a posicionamentos políticos, fidelidade partidária, pertença a grupos religiosos e comunitários, domínio sobre sua linguagem, Carolina torna-se uma mercadoria amada e odiada através da mídia. As brigas, irritações, agressividades de Carolina podem ser a luta dilacerante contra essas pressões para que fosse e pertencesse ao que nem conhecia e, também, contra a distorção ética de sua palavra quando interpretada pelas regras institucionais de um mundo já transfigurado por valores progressistas e partidário-higienistas. Seu humor intransigente e oscilante que a caracterizou como louca pode ser o modo que tinha para dizer: "Não é isso que quero falar. Vocês não estão entendendo. Me ouçam!". Em outras palavras, recorrendo a Zaratrusta, "seus ouvidos não são para o que diz minha boca".

Infelizmente, no moderno contexto higienista do sexo-raça, para Carolina ser ouvida seria necessário uma "desinstitucionalização da escuta" por parte daqueles que participavam ativamente da formação ideológica das representações e imaginários sociais da modernização. Todavia, isto não aconteceu.

Perdida a mediação da palavra contextual (já que "não ouvida"), diminui-se a força do sujeito para defender-se, já que ele se torna minoria entre grupos e concepções legitimadas por instituições socioculturais e políticas hegemônicas. Perdida, confundida e misturada, Carolina passa a ser o emblema da contradição, da inconstância, da agressividade e, porque não dizer, da loucura. Diante de sua ingenuidade e pouco preparo para lidar com o mundo consumista das imagens e com os jogos sociais e políticos da época, ela se tornou o protótipo não só do favelado como oportunista, mas também da mulher perigosa que necessita ser colocada em seu devido lugar, ou seja, às margens da palavra, ou no "quarto de despejo" da feminilidade.

Nesse contexto ruidoso, a consolidação política (de cidadã da polis) de sua liberdade como alteridade foi se esgarçando, enfraquecendo e perdendo o sentido à medida que sua palavra era ouvida sob determinados significados já estruturados por categorias hegemônicas acima mencionadas.

A ordem do trágico – enquanto a desolação própria de uma incomunicabilidade com o outro, própria da irrepresentabilidade da experiência – presente nos textos-vida *Quarto de despejo* e *Casa de alvenaria – diário de uma ex-favelada*, não foi para esconder ou mesmo deformar a realidade do modernismo no Brasil, mas para realçar como uma representação simbolica pode tornar inaudível uma alteridade que busca, passionalmente, inserir-se e apropriar-se da e na voz, através da mediação de outros jogos de linguagem.

Esse ainda tem sido um dos grandes dilemas da mulher, ou seja, o conflito do dizer sem ser ouvida por outros paradigmas. A inaudibilidade torna a existência trágica e patética, torna a palavra uma sonoridade esvaziada, impedida de bordear outros sentidos. Sem sentido, a palavra volta-se contra o próprio sujeito, como em um efeito *boomerang*, e onde poderia haver o início de novos diálogos e novas escutas ocorre apenas uma reafirmação dos significados já instituídos e autorizados por representações legitimadas pela cultura. Nesse momento de impotência, ou melhor, do silêncio ruidoso da palavra, o sujeito fragilizado pelo ainda-não-saber-dizer (já que sem representações que o autorrepresentem) corre o risco de avaliar-se pejorativamente como "fora-da-ordem, louco, nervoso", isto é, sem condições de trocas simbólicas e comunicativas com o outro.

Mediante tais argumentações, afirmo que a inaudibilidade de significados contextuais e enunciativos da dor leva o sujeito a reinscrever-se em símbolos legitimados pela cultura, dada a necessidade de vínculos que tornem possíveis algumas identificações com grupos e identidades culturais. Retirando-se do corpo vivido que sofre e do *corpus linguístico* que legitima e também estigmatiza sentidos da dor, o sujeito se (re)inscreve na situação-limite da incomunicabilidade.

Creio ser esta uma das impotências vivenciadas pelas mulheres que, ao resistirem aos discursos autorizados de gênero, ainda-não-podem-dizer. É o encontro com a palavra silenciada que, muitas vezes, as levam a se acreditarem habitantes dos quartos de despejo da feminilidade. Esta seria uma das ordens do trágico que levam Angélicas, Marias, Veras e Carolinas a se desconhecerem e a cantarem sempre o mesmo estribilho por não poderem embalar, agasalhar e acolher o s(eu) filho que estava para nascer: a palavra nova já inscrita e escrita em seus corpos-testemunhos e autorrepresentadas por outros símbolos, signos, significantes e linguagens: as narrativas testemunhais.

Referências

ARENDT, Hannah. **A condição humana**. Rio de Janeiro: Forense Universitária, 1987.

BHABHA, Homi K. **O local da cultura**. Tradução Myriam Ávila, Eliana Lourenço de Lima Reis e Gláucia Renate Gonçalves. Belo Horizonte: Editora UFMG, 1998.

JESUS, Carolina Maria de. **Quarto de despejo**. 5. ed. São Paulo: Ed. Ática, 1995.

LAURETIS, Theresa. As tecnologias do gênero. In: HOLLANDA, Heloísa Buarque de (org.). **Tendências e impasses** – o feminismo como crítica da cultura. Rio de Janeiro: Rocco, 1994.

LESKY, Albin. **A tragédia grega**. 2. ed. São Paulo: Perspectiva, 1990.

MEIHY, José Carlos Sebe Bom; LEVINE, Robert. **Cinderela Negra**: a saga de Carolina Maria de Jesus. Rio de Janeiro: Editora UFRJ, 1994.

A escrita performática de Carolina Maria de Jesus em "Minha vida" e "Sócrates africano"

Aline Alves Arruda[83]

Carolina Maria de Jesus (1914-2014) dispensa, neste Colóquio[84], apresentações. Em mais um dos eventos que homenageiam seu centenário, comemoramos também a divulgação de seus escritos, de seu nome, tão esquecido pela academia nos últimos anos, mas felizmente recuperado por estudiosos e apreciadores de sua obra, especialmente neste 2014. Este evento reuniu autores de teses e dissertações sobre a escritora e editores de seus textos. Tivemos uma conferência de abertura, três mesas de comunicações e duas mesas redondas com acadêmicos que discutiram aqui sua trajetória por diferentes caminhos de análise, mostrando que sua escrita é literária, digna de homenagens e estudos como este. A dedicação de outra escritora, Conceição Evaristo, ao trabalho de Carolina, mostra que a literatura dessas mulheres perfaz um caminho, uma linha histórica que se reflete ainda hoje na literatura reconhecida da escritora mineira contemporânea que se debruça sobre sua antecessora no duro exercício de "catar a palavra e o pão", no que há de mais metafórico e literal, ao mesmo tempo, na expressão citada desde o título do trabalho apresentado por Conceição.

É nesse contexto festivo que proponho uma leitura dos textos autobiográficos "Minha vida" e "Sócrates africano", transcritos no livro *Cinderela Negra*: a saga de Carolina Maria de Jesus, organizado por Meihy e Levine, uma

---

[83] Professora do Instituto Federal de Minas Gerais, campus Betim. Doutora em Literatura Brasileira pela UFMG. E-mail: profalinearruda@gmail.com.

[84] Este texto foi apresentado no VI Colóquio Mulheres em Letras em 2014, ano do centenário de Carolina Maria de Jesus.

biografia que também conta com depoimentos de familiares e de pessoas que conviveram com ela. "Sócrates africano" já havia sido publicado na revista *Escrita*, número 11, em 1976. Minha análise dos textos em questão passa pelo conceito de "escrita performática", cunhado por Graciela Ravetti (2002, 2011).

Para conceituar a expressão é preciso primeiro distinguir a *performance art* dos outros movimentos artísticos. Segundo Ravetti (2011, p. 17), "o que distingue a performance de outros movimentos é, a princípio, sua interação entre o individual e o coletivo, com a clara tendência a mexer e revelar temas controversos em seus aspectos mais revoltantes e impalatáveis". Os temas "controversos" serão, assim, motes para a arte performática, como a violência, o racismo, as infrações aos direitos humanos, o desrespeito à natureza e a escravidão. Outro aspecto que marca a performance *art* é o envolvimento com o corpo do artista. Diana Taylor (2012, p. 07) explica que "Performance se refiere a una amplia gama de comportamientos y prácticas corporales". O artista, para apresentar sua arte, estaria livre das instituições e espaços oficiais como teatros e galerias, pois a performance surge de repente, em qualquer canto, em qualquer momento, basta para isso o corpo do artista, sua linguagem, seu talento e imaginação. Segunda ela, a performance pode também incluir uma "dimensão mimética", mas assume muitas vezes a possibilidade de crítica e de criatividade.

Ainda segundo Graciela Ravetti, as narrativas cujos traços literários compartilham a natureza da performance cênica podem ser assim chamadas. Tais textos transgridem os gêneros literários e mostram-se gerando outras leis no presente. A performance escrita também passa pelo corpo, "da mão que escreve, da agência que singulariza o texto que é também, sem dúvida, só legível a partir de uma cultura, de uma história, de um território" (RAVETTI, 2011, p. 20). Como a palavra performance etimologicamente remete à expressão, a escrita, como forma de expressão, também pode ser vista como uma performance do corpo. Outros aspectos da arte performática, segundo Graciela Ravetti (2011), podem ser trazidos para os textos escritos, pois os textos performáticos podem atuar como arquivos na medida em que revelam um passado perdido, interagir com outras artes, como os rituais, as performances artísticas e culturais, revelar uma nuance "autobiográfica, confessional ou testemunhal" (p. 38), o autor pode se performatizar em narrador, há certa aproximação com a oralidade e com o texto antropológico e são visíveis apenas ao olho também performático, ou seja, o leitor entra "em sintonia com a obra" (p. 39).

A escrita autobiográfica de Carolina de Jesus é trazida para a visibilidade, sua e do leitor, dessa maneira performática, numa forma de transmissão da memória. No caso dos diários, um testemunho de "escrevivência[85]"; no caso dos textos autobiográficos como "Minha vida" e "Sócrates africano", além dessa experiência revelada, teremos a ficcionalização, de forma corporificada e híbrida, transgredindo o gênero.

Ravetti (2003) afirma ainda que a escrita do tipo performática pode contribuir para a efetivação de diálogos culturais considerados impossíveis. Talvez esteja aí a explicação para o sucesso da favelada que escreve seu cotidiano e vira *best seller* no Brasil e em outros países. Essa subversão e transgressão do cânone seria uma característica dessas narrativas. Carolina de Jesus ganha voz e corpo ao transgredir o espaço do quarto de despejo e "invadir", com sua performance escrita, a sala de visitas de São Paulo e do mundo. Ela possibilita, assim, que sua voz corporificada, sua encenação de vida, seja ouvida e não mais silenciada e resguardada ao barraco onde mora no Canindé. Suas denúncias sociais e étnicas, mesmo vindo a público através de sua "linguagem fraturada" (SOUSA, 2012) e de sua sintaxe nada culta para os padrões intelectuais, atinge um leitor pouco acostumado a esse tipo de literatura. As características observadas em seus textos – a linguagem oral, a sintaxe fragmentada e não padrão, a denuncia, a exposição do sujeito, entre outras – performatizam a escrita da autora mineira.

Os capítulos 10 e 11 de *Diário de Bitita* são os textos "Minha vida" e "Sócrates africano", publicados no livro *Cinderela Negra*, de 1994, com algumas modificações. No texto que antecede os de Carolina, os autores Meihy e Levine (1994, p. 171) explicam:

> "*Minha vida*" é um texto original de Carolina Maria de Jesus. Uma versão posterior, intitulada "*Um Brasil para os brasileiros*", foi publicada na França e depois integrou a versão de *Diário de Bitita*. Interessa retomar

---

85 Termo criado por Conceição Evaristo que mistura o conceito de escrita com a experiência, com a "vivência".

esse texto porque, como escrita original, ele dá mostras da redação de Carolina. Além do mais, o fato de conter passagens relacionadas à sua infância revela aspectos pouco valorizados de seu projeto de escritora. Um certo encanto e lirismo marcam a percepção da pobreza antes da favela. Constatar a diferença entre a miséria que deixou saudade e a pobreza que virou denúncia possibilita o entendimento da consciência da Carolina. "*O Sócrates Africano*" obedece ao mesmo critério de seleção. Particularmente, este escrito evidencia a estranha sofisticação entre o esforço mitificador e a pobreza da estrutura vernacular.

"O Sócrates africano", ou o capítulo 10 de *Diário de Bitita*, "A morte do avô", idealiza a figura do avô de Carolina. Ele é tido como um negro sábio, representando também o detentor do repertório ancestral ao repassá-lo para os filhos e netos. O avô seria a figura do griot africano que, além de narrar o passado de sofrimento, alerta os mais novos para o presente e o futuro. É ele quem lhes conta sobre Zumbi e sobre Palmares e quem orgulhava a família por ser admirado em toda a cidade pela sua sabedoria e inteligência, inclusive pelos brancos importantes, que lhe deram o apelido de Sócrates.

O texto publicado em *Cinderela Negra* revela com detalhes os fatos que antecederam a morte do patriarca. A narradora Bitita nos conta que, aos 82 anos, o homem iletrado, mas considerado "Sócrates africano", sente dores nos rins e prevê a própria morte. Antes, porém, precisa ajustar algumas contas e pede que a família pague uma dívida financeira. Ele propõe também pagar outra dívida com sua companheira, Siá Maruca, com quem vive há 21 anos sem se casar oficialmente; a mulher aceita com alegria o pedido de Benedito e um padre casa-a com o moribundo. O "acerto de contas" moral, ético e de valores com o mundo e com os seus, está feito. Carolina, performatizada na menina Bitita nessas passagens, continua a narradora inquieta com os assuntos tabus e, dessa vez, é a morte do avô que a incomoda. Benedito é mais que um pai ou avô para ela; ele representa sua ancestralidade, aquele que guarda toda sua história e possui seu afeto maior. Para ela, portanto, o avô deveria ser imortal.

Em certo momento do texto, o velho faz um último pedido: gostaria de rever e saber notícias do filho Joaquim, que estava desaparecido há anos. A família, na ânsia de lhe realizar o desejo, procura a vizinha, Dona Maria "Treme-treme", que faz um sortilégio para encontrar o homem, usando uma peneira e uma toalha virgem e um maço de velas para apelar a Santo Antônio. Sete dias depois a família recebe uma carta de Joaquim. A narrativa do ritual atende à premissa da escrita performática e, nesse caso, a menina Bitita nos revela entre ficção e realidade a herança espiritual de sua família. O enterro do avô também é narrado nesse tom, em que a narradora entremeia sua história pessoal com denúncias sobre o racismo, vivido pelo sábio Sócrates africano e pelos pretos de Sacramento. Sua indignação de menina é performatizada nessa passagem: "Mamãe! Por que é que Deus não fez diversos mundos e poderia dar um mundo só para os pretos, outro para os brancos e outro para os amarelos. Por que viver os pretos, os brancos, os amarelos num só mundo?" (JESUS, 1994, p. 195).

Já o texto "Minha vida" narra sucintamente a trajetória de Carolina: sua infância e adolescência em Sacramento até sua ida para São Paulo e a descoberta que era poetisa. Embora a alfabetização não fosse comum aos negros de Sacramento, Bitita entra para o Colégio Alan Kardec sob o amadrinhamento de dona Maria Leite. A narradora, sempre performaticamente, envolvendo o leitor no seu ponto de vista infantil e, por vezes, por isso, ingênuo e terno, nos conta sua experiência diante do racismo dos colegas e da persistência e paciência da professora. No início do relato, Bitita estranha o nome pelo qual é chamada na escola, Carolina Maria de Jesus. Ela não se identifica com ele, mas com Bitita, como até então era chamada por todos e, principalmente, pelos familiares. A narradora transparece para o leitor a visão de que a escola lhe deu malícia e uma visão crítica da vida. A menina deixa de mamar tardiamente, aprende a ler e, mesmo se mostrando preguiçosa, era considerada inteligente pela professora, que usava a diferença entre negros e brancos como estratégia para incentivar a competição e a vontade de aprender entre seus alunos.

"Minha vida" também conta a mudança da família de Bitita para a roça, com a mãe e o padrasto. Nessa parte do texto transcrito, vemos uma característica da biografia de Carolina que ela trará para sua ficção e para seus diários: a idealização do campo. A escritora acreditava que a reforma agrária resolveria os problemas dos pobres brasileiros, pois em diversas vezes repete isso em sua obra, inclusive na ficção. No relato autobiográfico, a passagem pelo campo, embora inicialmente traumática, pois a menina foi obrigada a deixar a escola de onde não queria sair, mostra-se feliz, pois havia fartura alimentícia e poucas preocupações. A volta para a cidade, narrada no restante do texto "Minha vida", é difícil. Carolina começa a trabalhar como doméstica e sofre com a dureza dos patrões e com o racismo.

A chegada à capital paulistana é descrita no texto transcrito. O texto termina com a doméstica sonhando com uma vida melhor assim que avista a cidade. Carolina já via São Paulo como a "terra prometida", a "sucursal do paraíso". Numa de suas comparações, diz que a cidade era semelhante "a uma bolsa de borracha, que o que se introduz, encontra espaço" (JESUS, 1994, p. 184). A utópica metrópole causa alvoroço na doméstica de Sacramento no dia 31 de janeiro de 1937. Inicialmente assustada com o número de pessoas, Carolina logo se entusiasma com a capital, que vai marcar o início de sua carreira como escritora. Ela acredita que, residindo em São Paulo, vai pensar com mais intensidade e que seu cérebro "se desenvolveu", numa referência clara ao modo como uma cidade grande pode "abrir a cabeça" das pessoas e dar-lhes outras visões da vida e do mundo.

"Minha vida" termina então com o relato do episódio em que Carolina ouve do jornalista Vili Aureli que era uma "poetisa" e como a escrita não largava mais sua cabeça, seu "pensamento poético", como ela chamava. O nome com o qual não se identificava, Carolina Maria de Jesus, passa a soar-lhe bem, como nome de escritora, dito e repetido pelos vizinhos e conhecidos da cidade, que o haviam lido no jornal *Folha da Manhã*, a sua primeira publicação e, sabemos, sua estreia como escritora, o início de seu projeto literário.

Os diversos momentos do indivíduo narrador e narrado em sua autobiografia se fragmentam, se completam e se encenam ao mesmo tempo. Os textos memorialísticos de Carolina de Jesus são bons exemplos disso, pois nos revelam sua face autobiografada que continua encenando-se através da escrita fragmentada, de reminiscências e, ao mesmo tempo potente, denunciativa e visceral.

Referências

JESUS, Carolina Maria de. **Diário de Bitita**. Rio de Janeiro: Nova Fronteira, 1986.

_______. Minha vida; O Sócrates africano. In: LEVINE, Robert M; MEYHY, José Carlos Sebe Bom. **Cinderela negra**: a saga de Carolina Maria de Jesus. Rio de Janeiro: UFRJ, 1994.

LEVINE, Robert M; MEYHY, José Carlos Sebe Bom. **Cinderela negra**: a saga de Carolina Maria de Jesus. Rio de Janeiro: UFRJ, 1994.

RAVETTI, Graciela. Autoficção e testemunho: a interseção literatura/estudos culturais. In: OLIVEIRA, Silvana Pessôa; OTTE, Georg (orgs.). **Mosaico crítico**. Belo Horizonte: Autêntica, 1999.

_______. Narrativas performáticas. In: RAVETTI, G.; ARBEX, M. (orgs.). **Performance, exílio, fronteiras**: errâncias territoriais e textuais. Belo Horizonte: Departamento de Letras Românicas, FALE-UFMG/Poslit, 2002. p. 47-68.

_______. **Nem pedra na pedra, nem ar no ar**: reflexões sobre literatura latino-americana. Belo Horizonte: Editora UFMG, 2011.

TAYLOR, Diana. **Acciones de memória**: performance, historia y trauma. Santiago de Surco: Fondo Editorial de la Asamblea Nacional de Rectores, 2012.

_______. **O arquivo e o repertório**: performance e memória cultural nas Americas. Belo Horizonte: Editora UFMG, 2013.

Diário de Bitita ou *Um Brasil para os Brasileiros*: Contramemória Colonial e Pós-abolição

Fernanda R. Miranda[86]

Era preciso autorizar o texto da própria vida, assim como era preciso ajudar a construir a história dos seus. Era preciso continuar decifrando nos vestígios do tempo os sentidos de tudo que ficara para trás.

(Conceição Evaristo)

Diário de Bitita é uma publicação póstuma, lançada em 1982 – cinco anos depois da morte da autora, ocorrida em 1977 –, primeiro na França e em língua francesa e depois traduzida para o português e publicada no Brasil em 1986.

A publicação da obra foi intermediada pela visita que Carolina Maria de Jesus recebeu de duas jornalistas francesas que foram entrevistá-la em seu sítio, em Parelheiros, em meados dos anos 1970: Maryvonne Lapouge e Clelia Pisa. A elas foram entregues dois cadernos manuscritos, pelos quais tornaram-se responsáveis pelo trabalho de editoração e publicação. O texto foi traduzido para o francês e denominado "diário", dado o sucesso que *Quarto de despejo* alcançara na Europa (CASTRO; MACHADO, 2007, p. 120). Lançado na França com o título *Journal de Bitita,* a Nova Fronteira comprou os direitos de edição e traduziu a obra para o português como *Diário de Bitita.* Os originais permaneceram na França por décadas e, mais recentemente, foram doados por Clelia Pisa ao Instituto Moreira Salles (IMS), onde se encontram em boas condições de conservação e podem ser acessados por pesquisadores na biblioteca do instituto no Rio de Janeiro.

86 Doutora em Letras – USP. Contato: fernandaromira@gmail.com

A despeito do título, o texto é menos um diário e mais uma "ficção da memória"[87], cujo roteiro elabora narrativamente as lembranças de Carolina menina, recompondo a infância em Sacramento e a juventude nos arredores do interior mineiro e paulista na primeira ou segunda década do século88, seguindo até as vésperas da sua chegada à capital de São Paulo, em 1937, palco das experiências narradas em *Quarto de despejo: diário de uma favelada* (1960).

O título do livro representa uma dupla tradução. Primeiro, uma tradução literal do *Journal de Bitita,* francês. Segundo, uma tradução tendenciosa, que aciona um modo de ler a autora a partir do horizonte interpretativo gerado com o *Diário de uma favelada.* O título original dado por Carolina – *Minha vida* ou *Um Brasil para os brasileiros* – abrigava, por outro lado, tanto a dimensão da escrita de si como a perspectiva da escrita da História, marcada por um sentido de reivindicação da nação por parte do sujeito negro marginalizado. De fato, a narrativa de Bitita formaliza exatamente o enunciado no título original da autora: através da escrita da memória, tece um olhar amplo sobre a experiência negra no pós-abolição, olhar que filtra, principalmente, a exclusão do sujeito negro da nação como fator nuclear da manutenção da colonialidade nacional.

A tradução que resultou na publicação brasileira é absolutamente fiel à edição francesa; porém, a edição francesa – seguindo a trajetória de edições intervencionistas que acometem toda a produção publicada de Carolina Maria de Jesus – apresenta diversos aspectos problemáticos originários das mudanças que provoca no texto. O texto original de Carolina, por exemplo, é bem menos linear do que a edição publicada revela e não apresenta a subdivisão em capítulos; além disso, muitas palavras, frases e trechos foram cortados na versão editada[89].

O fato de o livro ter sido publicado primeiro na Europa e depois traduzido para o português do Brasil talvez explique algumas especificidades desse texto em relação às demais obras publicadas da autora. Em primeiro lugar, ele se diferencia em relação à grafia, pois passou por revisão ortográfica e, portanto, não apresenta

---

[87] Termo usado por Conceição Evaristo para nomear seu livro *Becos da Memória* e, mais recentemente, empenhado pela poeta Zainne Lima da Silva em seu livro *Pequenas ficções da memória.*

[88] A data precisa do seu nascimento é desconhecida: "No dia 27 de agosto de 1927 o vovô faleceu. Minha mãe disse-me que eu estava com seis anos. Será que eu nasci no ano de 1921? Há os que dizem que nasci no ano de 1914" (JESUS, 1986, p. 120).

[89] Um estudo mais detalhado acerca dessa obra e seu processo de edição está sendo realizado por mim nesse momento.

as rupturas com a norma-padrão da língua impressas e até negritadas nas obras anteriores. Investigando os manuscritos, constata-se que a própria escrita da autora nesse momento já não era a mesma, fruto de seu próprio empenho, além de ela ter mais tempo para dedicar-se à escrita. Diferentemente dos outros, esse livro apresenta poucos conteúdos paratextuais, não tem prefácio nem outra apresentação, apenas uma orelha, sem autoria, da qual destaco um trecho:

> Assim como a outra grande obra de Maria Carolina, **este livro não é fruto de uma preocupação artística** – são apontamentos escritos nas horas livres de uma trabalhadora, uma mulher negra, nascida no interior de Minas Gerais na primeira ou segunda década do século, criada na miséria, vítima constante do preconceito. Mesmo assim, ou por isso mesmo, sua inteligência e sensibilidade, a consciência que tem de si própria e sua curiosidade frente ao mundo que a cerca fazem deste livro mais do que um testemunho. Pois, **inseparável da história pessoal da autora, aparece aqui uma outra face da História, protagonizada por todos aqueles que a constroem sem que possam, contudo, escrevê-la** (JESUS, 1986, grifos meus).

São notáveis aqui os ecos da recepção anterior, constrangendo a capacidade de reflexão, pensamento e consciência da intencionalidade literária da autora em razão das condições materiais de produção. A dimensão valorativa está salientada na tipificação – sem explicações – da escrita como apontamento, gerada no intervalo das atividades diárias, isenta de "preocupação artística", sem elaboração: fixação flagrante das condições de produção de *Quarto de despejo*. Ainda assim, a nota final destacada no excerto se aproxima bem do caráter da obra, ao considerar que há nela um atravessamento entre escrita de si e escrita da História.

Diário de Bitita, ou *Um Brasil para os brasileiros*, é uma formulação narrativa da experiência histórica negra no Brasil pós-abolição. Concentrando uma síntese da manutenção das estruturas escravocratas após o término da escravidão a partir da narração do cotidiano de Bitita e de sua comunidade, a narrativa desnuda um mundo social regido por uma dinâmica estritamente racializada, dividida entre sujeitos configurados pela razão colonialista. Aspectos históricos dos primeiros tempos da República, como a substituição da mão-de-obra afro-brasileira pela estrangeira; os primeiros acessos de crianças negras à escola; as relações de apadrinhamento; o sistema de colonato; etc., compõem as memórias textualizadas na ficção, alçando-as à enunciação da experiência histórica negra no pós-abolição.

O fato de a narrativa ser composta na forma de um caderno de memórias potencializa a estética-do-corta-silêncio, da qual emergem contramemórias coloniais. *Diário de Bitita* é tecido como uma colcha de retalhos, costurando diversos pedaços de histórias e vivências de pessoas que, juntas, formam um quadro plural e complexo donde é possível apreender a configuração do Brasil rural pós-colonial através da fala do sujeito negro. Memórias situadas numa primeira pessoa irredutível, performática e linearmente composta. Organizando a vida em capítulos de um cotidiano permeado pela diferenciação social, o racismo estrutural e a violência aparecem em diversos níveis.

O texto realça um quadro social e político em que a raça era a categoria central que articulava a pertença ou não do sujeito à nação. A ampla exclusão do negro ao *status* de cidadão após 1888 é narrada por meio de diversos aspectos, passando pelo analfabetismo da população, a permanência do trabalho escravo, a dificuldade de acesso a equipamentos públicos de forma geral, o racismo sistêmico. A narrativa espelha essa conjuntura através do olhar de uma menina negra, o que amplifica sua característica questionadora, pois, diferentemente dos adultos, a criança é notadamente alguém que faz perguntas, que interroga sem receios tudo ao seu redor, desestabilizando aquilo que já compunha a "normalidade" das coisas. A liberdade de fazer perguntas é o traço que caracteriza Bitita, além da sua pele preta.

Bitita é uma menina de pele escura. Esse dado do seu estar-no-mundo é constantemente destacado na narrativa, que acentua a todo tempo a linha de cor como um aspecto tácito da diferenciação social e do acesso fracionado à cidadania. Bitita passou a infância sendo racialmente inferiorizada. Destaca-se de Jesus (1986), "Quando alguém ia me xingar era: – Negrinha! Negrinha!" (p. 74). "Dona Cota, espanca esta negrinha! Que menina cacete. Macaca" (p. 11). "Que negrinha feia! Além de feia, antipática. Se fosse minha filha eu matava."

(p. 11). Essa violência em torno do seu corpo negro pauta a subjetividade da menina: "Um dia perguntei a minha mãe: –Mamãe eu sou gente ou bicho? – Você é gente minha filha! – O que é ser gente? A minha mãe não respondeu". (p. 10). A raça e o racismo comparecem na narrativa de forma transversal e sob vários pontos de vista. "Eu sabia que era negra por causa dos meninos brancos. Quando brigavam comigo, diziam: – Negrinha! Negrinha fedida!" (p. 92).No texto, estão grafados a dor, a violência, a revolta e o revide: "Não compreendi, mas achei isso tão confuso! Por causa dos meninos brancos criticarem o nosso cabelo: –Cabelo pixaim! Cabelo duro! Eu lutava para fazer os meus cabelos crescerem. Era uma luta inútil. O negro é filho de macaco. Que vontade de jogar pedras" (p. 92). Dessa forma, vão-se amalgamando diversos discursos em torno da experiência histórica negra que formam contramemórias coloniais, emergindo em períodos curtos, sintéticos, diretos – como se fossem pedras atiradas na raiz do silenciamento historicamente imposto às vozes negras.

A narrativa enreda hierarquias de gênero, raciais e de classe, movimentando o interior dos processos históricos de sujeição e enfrentamento continuados desde a escravidão. Como uma colcha de retalhos, esse enredamento costura – e exige do leitor – um olhar interseccional acerca dos lugares de assujeitamento/dominação[90], e o que estes significam dentro do jogo de forças sociais que sustenta hierarquias e desigualdades.

Vivendo um contexto desigual, hierárquico e profundamente racializado, a menina Bitita experimenta o mundo a partir de um constante rompimento dos limites de agência definidos. Assim, a intersecção entre raça e gênero, limitando o alcance de sua agência, faz com que a menina inicialmente se torne dissidente da condição de mulher para tornar-se sujeito:

> No mato eu vi um homem cortar uma árvore. Fiquei com inveja e decidi ser homem para ter forças. Fui procurar a minha mãe e supliquei-lhe: – Mamãe... eu quero virar homem. Não gosto de ser

[90] Lembrando as palavras de Kimberlé Crenshaw (1991): "Onde os sistemas de raça, gênero e dominação de classe convergem, como ocorre nas experiências de mulheres não-brancas, as estratégias de intervenção baseadas unicamente nas experiências das mulheres que não compartilham a mesma classe ou raça de fundo serão de ajuda limitada para as mulheres que por causa de raça e classe enfrentam obstáculos diferentes".

mulher! Vamos mamãe! Faça eu virar homem! – Vai deitar-se. Amanhã, quando despertar, você já virou homem. (...) Deitei e adormeci. Quando despertei, fui procurar a minha mãe e lamentei. – Eu não virei homem! A senhora me enganou. (...) Seguia a minha mãe por todos os cantos, chorando e pedindo: – eu quero virar homem! Eu quero virar homem. Falava o dia todo. (...) Minha mãe tolerava e dizia: – Quando você ver o arco-íris, você passa por debaixo dele que você vira homem (...). Minha mãe falava pouco. – Por que é que você quer virar homem? – Quero ter a força que tem um homem. O homem pode cortar uma árvore com machado. Quero ter a coragem que tem um homem. Ele anda nas matas e não tem medo de cobras. O homem que trabalha ganha mais dinheiro do que uma mulher e fica rico e pode comprar uma casa bonita para morar (JESUS, 1986, p. 11-12).

Noutro momento, ela enfrenta o filho do juiz, que mandava na cidade, e discursivamente declina de seu lugar de gênero, posto que, naquele contexto – como é flagrante em diversas passagens do romance –, a igualdade entre uma mulher negra pobre e um homem branco rico não estava disponível:

> Um dia, eu andava pelas ruas, ia contente. Ganhei uma lima e ia oferecer a minha mãe quando apareceu o Humbertinho e me tomou a lima. Chorei. Ele era branco. Tinha servido no exército. Quando eu encontrava-o, xingava: – Me dá minha lima! (...) **Todos temiam-no, ele era filho do juiz. E o juiz manda prender**. (...) Uma tarde quando eu passava na frente da sua casa, ele abordou-me e me jogou várias limas no rosto, nas pernas. Que dor! Então eu xinguei: – Cachorro ordinário, ninguém aqui gosta de você! Vai embora, você é um sujo. Foram contar ao doutor Brand que foi ver a nossa discussão. (..) O doutor Brand interferiu: – Você não tem educação? – Eu tenho. O teu filho que não tem. – Cala a boca. Eu posso te internar. Para o seu filho fazer porcaria em mim como faz com as meninas que o senhor recolhe? (...) Foram avisar a minha mãe que eu estava brigando com doutor Brand. Foram avisar os soldados. O povo corria para ver a briga. Quando o Doutor Brand caminhou na minha direção, não corri e ele não me bateu. Minha mãe puxou-me: – Cala a boca cadela! Gritei: – **Deixa, isto aqui é uma briga de homem com homem** (JESUS, 1986, p. 28, grifos meus).

O Humbertinho se emparelha com a protagonista de outro romance de Carolina Maria de Jesus, Maria Clara, do romance *Pedaços da fome* (1963), no qual a autora elabora seu olhar sobre os privilégios históricos que sustentam o poder da branquitude no Brasil. Ambas as personagens estão situados no mesmo lugar de poder da branquitude brasileira. O doutor Brand, pai de Humbertinho, é, no enredo de *Diário de Bitita*, a representação da masculinidade branca hegemônica dominante: agora não mais o coronel, mas o juiz. Em *Pedaços da fome*, a autora centraliza a ficção no protagonismo da jovem branca; em *Diário de Bitita*, personagens brancas são periféricas, aparecem de passagem, mas sua passagem demarca nitidamente a lógica mandonista colonial operante num *reload* do senhor de escravo que passa de pai para filho.

A autoridade do juiz se pauta em uma configuração que mantém a estrutura colonialista ativa: por um lado, a narradora mostra os negros tendo que lidar incessantemente com os resquícios da escravidão; por outro, mostra o lugar do senhor de escravos atualizado na ordem de dominação do presente narrado. Assim, o juiz, como atualização do lugar do senhor na ordem colonial[91], corresponde ao lugar da lei de forma mais ampla no agenciamento da opressão sobre a comunidade negra. Soldados aparecem o tempo inteiro na narrativa, agentes cotidianos da dominação oficial. Não por acaso, o episódio em que Bitita enfrenta o juiz é narrado imediatamente depois da narração da prisão de sua mãe:

> Minha mãe lavava roupa por dia e ganhava cinco mil-réis. Levava-me com ela. (...) O meu olhar ficava circulando através das vidraças olhando os patrões comer na mesa. E com inveja dos pretos que podiam trabalhar dentro das casas dos ricos. Um dia minha mãe estava lavando roupa. (...) Os policiais prenderam-na. Fiquei nervosa. Mas não podia dizer nada. **Se reclamasse o soldado me batia com um chicote de borracha**. (...) Quando o meu irmão soube que a mamãe estava presa começou a chorar. Rodávamos ao redor da cadeia chorando. À meia-noite resolveram soltá-la. Ficamos alegres. Ela nos agradeceu depois chorou. Eu pensava: "**é só as pretas que vão presas**" (JESUS, 1986, p. 27, grifos meus).

[91] Não por acaso, a esposa do juiz, que não tem nome próprio, é chamada de "dona Sinhá" (JESUS, 1986, p. 30)..

Mulheres negras eram presas sem razão – ou melhor, dentro de uma (ir)racionalidade racista – e a permanência do chicote era macro símbolo da opressão dos senhores de escravos. "Quando havia um conflito, quem ia preso era o negro. E muitas vezes o negro estava apenas olhando. **Os soldados não podiam prender os brancos**, então prendiam os pretos. Ter uma pele branca era um escudo, um salvo-conduto" (JESUS, 1986, p. 52, grifos meus). Assim como este, muitos outros episódios da narrativa acentuam a arbitrariedade da punição que pessoas negras sofriam apenas por serem negras. "Os brancos, que eram os donos do Brasil, não defendiam os negros. Apenas sorriam achando graça de ver os negros correndo de um lado para outro. Procurando um refúgio, para não serem atingidos por uma bala" (JESUS, 1986, p. 56).

Uma sociedade racista, (retro)alimentada pela condição subalterna dos próprios atores que executavam a opressão, oprimidos também:

> Para prender alguém é preciso existir motivos. O que eu não posso compreender é como eles podem aceitar o tipo analfabeto para ser policial. De duzentos homens, apenas dez sabiam ler. O último recurso era aceitar o policial analfabeto. Quando eles recebiam faziam uma cruz, para provar que haviam recebido o soldo (JESUS, 1986, p. 28).

No meio dessa sociedade racialmente estratificada, a autora/narradora/personagem identifica apenas uma via de escape: o estudo. "Não tinha um preto culto para nos falar da escravidão, para incentivar a raça" (JESUS, 1986, p. 93-94). É justamente na leitura, ou melhor, no acesso ao conhecimento, que Bitita se apoia para enfrentar tal ordem de coisas. O confronto à supremacia branca representada pelo juiz chega ao fim com Bitita vitoriosa e o juiz declarando que abandonaria a cidade, o que torna a menina uma heroína da comunidade. Manipulando conteúdos que a informavam da condição do seu povo, ela sai vencedora da contenda porque diz ao branco qual tipo de comportamento o branco deveria ter, isto é, como ele deveria proceder diante do seu lugar de poder.

> Quando ele ia me bater, eu disse-lhe: – O Rui Barbosa falou que os bancos não devem roubar, não deve matar. Não devem prevalecer porque é o branco quem predomina. A chave do mundo está nas mãos

> dos brancos, o branco tem que ser superior para dar o exemplo. O branco tem que ser semelhante ao maestro na orquestra. **O branco tem que andar na linha**. O Doutor Brand, disse: – Vamos parar, eu vou deixar a sua cidade (JESUS, 1986, p. 28-29, grifos meus).

O revide de Bitita representa um revide da comunidade, que se sente libertada: "– Que menina inteligente, nos defendeu! Limpou a cidade." (JESUS, 1986, p. 30). Em resposta às explicações elencadas que pudessem justificar a coragem da menina, ela diz que fora impelida a agir porque estava consciente e informada: "Diziam que foram as palavras de Rui Barbosa, que mencionei, que fizeram o juiz retroceder. Que eu falava por intermédio de um espírito. É que eu ouvia o senhor Nogueira ler O Estado de São Paulo." (JESUS, 1986, p. 30). Assim, a leitura não significa, do ponto de vista de Bitita, apenas a decodificação de letras e sílabas – visto que a própria menina não era alfabetizada neste momento da narrativa –, mas a capacidade de ler/compreender o contexto ao redor e articulá-lo dentro da própria história:

> No ano de 1925, as escolas admitiam as alunas negras. Mas, quando as alunas negras voltavam das escolas, estavam chorando. Dizendo que não queriam voltar à escola porque os brancos falavam que os negros eram fedidos. As professoras aceitavam os alunos pretos por imposição. Mas se o nego não passava de ano as mães iam procurar as professoras e diziam: – A senhora não deixou meu filho entrar no segundo ano porque ele é negro, mas ele já sabe ler e escrever (...). As professoras não respondiam (...). Depois exclamavam: – Os abolicionistas, vejam o que fizeram! Essa gente agora pensa que pode falar de igual para igual. Eu, na época da abolição, tinha mandado toda essa gente repugnante de volta para a África (JESUS, 1986, p. 38-39).

A própria história do letramento de Bitita reflete o lugar de poder branco na ordem colonial: ela se matriculou porque a patroa de sua mãe mandou. "Minha mãe era tímida. E dizia que os negros devem obedecer aos brancos. Por isso ela devia enviar-me à escola, para não desgostar a dona Maria leite" (JESUS, 1986, p. 123). Bitita frequentou a sala de aula por dois únicos anos e, quando lá entrou pela primeira vez, fora recebida pelas ofensas discriminatórias dos colegas: "Que negrinha feia!", "Que olhos grandes, parece sapo" (JESUS, 1986, p. 122). Mesmo opressor, a escola é um espaço absolutamente central na perspectiva de romper a subalternidade. Nesse espaço, a menina aprendeu mais do que decodificar os signos alfabéticos: foi na escola que descobriu seu nome próprio:

> Eu gosto de ser obedecida. Está ouvindo-me, dona Carolina Maria de Jesus! Fiquei furiosa e respondi com insolência: – O meu nome é Bitita. – O teu nome é Carolina Maria de Jesus. **Era a primeira vez que eu ouvia pronunciar o meu nome**. – Eu não quero este nome, vou trocá-lo por outro. A professora deu-me umas reguadas na perna, parei de chorar (JESUS, 1986, p. 124, grifos meus).

Saber ler era um ato tão transgressor e controlado naquele contexto que Bitita chega a ser presa, por soldados analfabetos, pelo **crime** de ser pega lendo um grande livro. A referência ao letramento acompanha a narrativa inteira, especialmente com o intuito de defender que a saída para a estagnação da comunidade negra estava na escolarização – um aspecto especialmente caro a Carolina Maria de Jesus.

Para salientar a racialização dos acessos, Carolina tenciona outro elemento de impacto para deslindar a configuração racista que pautava a categoria de sujeito nacional, mostrando como dentro dessa categoria havia uma disputa racial. Dessa vez, ela complexifica o quadro, contrastando a marginalização do negro no contexto pós-abolição com o elemento estrangeiro.

> O senhor Manuel Nogueira passava o dia com os brancos por que era oficial de justiça. E no entardecer ele sentava na porta de sua casa, e lia o jornal **O Estado de São Paulo** para nós ouvirmos trechos que foram ditos pelo Rio Barbosa; por exemplo, que cada estado deveria ceder terras para os negros cultivar. Mas este projeto não foi aprovado na Câmara (JESUS, 1986, p. 40).

A questão da imigração europeia é posta em relevo para iluminar a condição de estagnação social do negro como resultado de um **investimento da nação**. "Minha tia Claudimira trabalhava para os sírios que vinham como imigrantes para o Brasil. E aqui conseguiam até empregada. (...) Pensei: "Será que o Brasil vai ser sempre bom como eles dizem? Porque será que o estrangeiro chega pobre aqui e fica rico? E nós, os naturais, aqui nascemos, aqui nós vivemos e morremos pobres?" (JESUS, 1986, p. 61). Elencando dados históricos com aspectos da vivência, a narrativa desenha, com contornos interseccionais, um quadro estrutural de desigualdade:

> O Brasil abriu imigração para Itália. Íamos receber seis mil italianos (...). Eles vinham para ser colonos, iam arrendar as terras dos fazendeiros, para plantações. E os brasileiros tinham que respeitá-los. Quando os italianos chegaram, viram que o único braço ao seu alcance para auxiliá-lo era o braço negro. Os italianos que vieram foram selecionados. Sadios, bons dentes e sabiam ler. (...) Que alívio para os negros! Trabalhando para os italianos eles ganhariam um mil-réis por dia. No fim da semana, que dinheirão! (...) **Os negros compravam sapatos** (...). Para os italianos não faltavam os camaradas, porque eles eram educados e carinhosos com os negros. Quando os italianos faziam bailes aos sábados, deixavam suas filhas dançar com os negros, que ficavam envaidecidos. E no domingo eles reuniam-se nas esquinas para comentar: – Eu dancei com a Concheta. Eu dancei com a Pina. Na segunda-feira o negro que dançou com a Concheta o negro que dançou com a pena trabalhariam como se fossem quatro homens. (...) **Os italianos, de colonos, foram transformando-se em fazendeiros**, compravam áreas nas grandes cidades. Construíam casas para aluga-las, vilas. **Mandavam nas cidades** e viviam com os rendimentos dos aluguéis. **No alto das casas moravam os donos. Nos porões, moravam os pretos** (JESUS, 1986, p. 40-42, grifo meu).

Enquanto os italianos galgavam rapidamente sua ascensão, os negros ainda compravam sapatos – um símbolo que remete imediatamente à condição anteriormente descalçada do escravo. A comparação entre os dois grupos ressalta que a categoria raça se sobrepunha, paradoxalmente, até aos limites da nacionalidade na disputa interna do pertencimento à Nação os estrangeiros, por serem brancos, conseguiam se posicionar rapidamente no território; em contrapartida, os negros permaneciam sendo excluídos do acesso pleno à cidadania.

A falta de conhecimento do mundo letrado é vista por ela como o problema central, responsável por manter um estado inalterável de desigualdade entre brancos e negros, entre cidadãos brasileiros e sub-cidadãos sub-brasileiros: "Eu notava que os pretos não sabiam ler. Nunca vi um livro na mão de um negro. Os negros não serviam o exército porque não eram registrados, não eram sorteados. Eles diziam: – É orgulho. **Só os brancos que são considerados brasileiros**. Ninguém na minha família tinha registro" (JESUS, 1986, p. 121, grifo meu).

Não saber ler, não ser oficialmente registrado, não ter direito ao voto, não acessar os atributos da cidadania brasileira, estar desapossado da possiblidade de escrever a história, de inscrever-se na História: aspectos que compunham a experiência histórica dos negros no pós-abolição. "Só os brancos eram considerados brasileiros" – os negros eram mantidos como sub-cidadãos dentro da nação, pois a constituição de sujeito nacional legítimo passava por uma especificidade de raça.

A presença de imigrantes e a sua rápida adaptação às instâncias de privilégio iluminam ainda outro aspecto especialmente marcante na trajetória de Carolina: o fato de ela não permanecer parada em um mesmo lugar, de caminhar, migrar, se locomover. De fato, em *Quarto de despejo*, a narradora/protagonista é marcada pelo ato de andar pelas ruas da cidade, atravessando as fronteiras estipuladas. Em *Diário de Bitita*, mostra-se o princípio dessa **busca por um lugar**, com a travessia, a pé, por diversas localidades interioranas: Carolina se torna uma caminhante, passando por diversas cidades do interior mineiro e depois paulista, em busca de condições de vida que lhe garantissem o mínimo para viver. Por essa ótica do deslocamento – ponto crucial da diáspora – também a autora deslinda a premência da raça como instaurador da diferença. Diferentemente dos italianos – sírios e japoneses aparecem com menos frequência na narrativa –, que chegaram ao território brasileiro a convite do Estado, os negros, trazidos à força como escravos, lutavam ainda para se encontrar dentro dos limites da categoria de brasileiro:

> Sabe, Carolina, muitas pessoas lutaram para a libertação de vocês. Mas vocês não tem apego a nada. Parecem esquilos. Eu acho vocês, negros, um povo muito difícil. Se vocês são desorganizados, é porque vocês querem. O que é que você lucra com suas andanças? Dá a impressão que vocês chegam nas nossas casas só para investigar algo e depois partem (JESUS, 1986, p. 192).

A mentalidade escravocrata da cidade vai fazendo com que ela se afaste definitivamente de Sacramento, onde tudo permanecia igual: "(...) Havia recebido cartas de minha mãe. Que a polícia estava espancando o meu tio Antônio. Fiquei pensando na minha família, eram todos analfabetos (...) (p. 201). A resposta que Carolina dá a sua mãe é impactante: "Respondi a carta de minha mãe pedindo para que não falasse. Os pobres tem que ser afônicos. **Viver no nosso país como se fossemos estrangeiros**" (JESUS, 1986, p. 201, grifo meu).

Essa ideia de que a nação brasileira não estava disponível nem acessível para os negros é evidente na obra (publicada) de Carolina Maria de Jesus como um todo e está profundamente conectada à percepção de que a abolição não se concretizou completamente, de modo que ainda não teria havido, na perspectiva dela, a transição real do lugar de ex-escravo para a categoria de sujeito nacional, com todos os direitos e atribuições que essa categoria implica

De fato, a percepção de profunda descontinuidade entre a abolição e a liberdade como garantidora de direitos à cidadania é patente de forma transversal na obra de Carolina Maria de Jesus. Seu argumento está principalmente concentrado nas passagens em que ela reflete sobre a opressão racial continuada sobre o negro, problematizando os sentidos do 13 de maio. Em sua escrita nos diários a data nunca passa incólume:

> 13 de maio de 1958. Hoje amanheceu chovendo. É um dia simpático para mim. É o dia da Abolição. Dia em que comemoramos a libertação dos escravos... Nas prisões os negros eram os bodes expiatórios. Mas os brancos agora são mais cultos. E não nos tratam com desprezo. Que Deus ilumine os brancos para que os pretos sejam felizes. Vera começou a pedir comida. E eu não tinha. **Era a reprise do espetáculo**. Eu estava com dois cruzeiros. Pretendia comprar um pouco de farinha

> para fazer um virado. Fui pedir um pouco de banha a Dona Alice. Ela deu-me banha e arroz. Era 9 horas da noite quando comemos. E assim no dia 13 de maio de 1958 eu lutava contra a escravatura atual – a fome! (JESUS, 1960, p. 32, grifos meus).

A reflexão sobre o 13 de maio está presente também em *Casa de Alvenaria*, de maneira sucinta e muito irônica, Carolina Maria de Jesus posiciona sua crítica à manutenção da racialização dos privilégios e opressões, sustentando uma continuidade histórica não interrompida com o ato da abolição: "Hoje é 13 de maio, dia consagrado aos pretos, que vivem tranquilos mesclados com os brancos. Hoje é um dia que nós os pretos do Brasil podemos bradar: – Viva os brancos! (JESUS, 1961, p. 177).

Esses apontamentos acerca do 13 de maio refletem a experiência de Carolina na grande cidade. Somados à narrativa das suas vivências no interior rural, constroem uma cartografia da colonialidade brasileira, salientando as continuidades em relação aos desafios que a população negra ainda enfrentava. Suas narrativas em *Quarto de despejo* e *Casa de alvenaria* conectam temporalidades ao mostrar, no meio século XX, a acentuação da pobreza dos negros na contramão do "milagre econômico" brasileiro, atualizando aquilo que a História diz pertencer ao passado: as ruínas do colonial em vivo funcionamento.

Outrossim, em *Diário de Bitita*, a presença tangente do cativeiro é perceptível no cotidiano das pessoas negras, nas dificuldades que enfrentam. "Para mim a escravidão havia amainado apenas um pouquinho. Era horroroso ver os colonos andarem com as roupas rasgadas, remendadas, como se fossem mendigos" (JESUS, 1986, p. 159). Mas não é só isso. Nessa obra, assim como em *Pedaços da fome*, a autora acentua a permanência da colonialidade construindo também o sujeito branco, edificando sua visão de mundo e o seu devir.

Em suma, *Diário de Bitita* pode ser conjugado a partir de três grandes matérias interligadas, interdependentes e consequentes – o racismo, atuante como sistema organizador da vida (de negros e brancos) depois do fim da escravidão; a colonialidade como um moto-contínuo, entranhada nas instituições, na economia e nas subjetividades; resultando dos dois pontos primeiros, o corolário da não assimilação do sujeito negro pobre à nação, reivindicada por meio dos discursos que se cruzam no narrado.

A narrativa chega ao final nos idos de 1936. Nesse momento, surge a Carolina uma oportunidade de acessar a cidade de São Paulo. *Diário de Bitita* termina anunciando a utopia que a autora alimentava em torno da metrópole moderna: "Que cidade progressista! São Paulo deve ser o figurino para que este país se transforme num bom Brasil para os brasileiros" (JESUS, 1986, p. 202-203). Utopia, ou ironia, pois, como sabemos, essa esperança dará lugar a uma experiência profundamente distópica, narrada em *Quarto de despejo*, na qual a autora vai pontuar a marginalização dos negros pobres como o epicentro da modernidade nacional.

Em *Diário de Bitita*, a autora apresenta uma cartografia das relações de poder materializadas na desigualdade racial, fazendo com que a protagonista projete na metrópole uma linha de fuga que lhe permitisse escapar do contexto rural estagnado, delimitando a fronteira entre dominadores e dominados. Mas a linha de fuga é falha para ela, porque a metrópole irá reescrever a mesma divisão, conforme lemos em *Quarto de despejo* e *Casa de alvenaria*. Já em *Pedaços da fome* a ficção trabalha o mesmo ponto por meio do roteiro de uma jovem branca herdeira que performa a antiga sinhá de outros tempos, que migra do interior para a metrópole, onde vive a experiência transitória da subalternidade, rompida por uma condição de privilégio permanente.

A leitura das obras em paralelo anuncia um projeto literário definido, pautado na materialidade de um pensamento autoral sobre a nação: pelas linhas de Carolina Maria de Jesus, desvela-se uma continuidade dos processos coloniais de organização do mundo, processos coloniais de subjetivação e de constituição/manutenção de lugares racializados de poder e de subalternidade, processos que o pensamento – incluindo a literatura nacional – canônico optou por manter em silêncio, ocultados.

Essa visada crítica é sempre costurada pela autora através da intersecção entre raça, gênero e classe. O desvendar de sua potência demanda, por parte do leitor, o entendimento de que Carolina Maria de Jesus foi uma intelectual que, através da escrita literária, produziu um pensamento sobre a nação, sobre a modernidade nacional, sobre o poder e sobre a margem, problematizando o imaginário dominante. Ela foi uma intelectual que fraturou a harmonia do cenário ao alçar a máxima potência a sua existência de mulher negra altiva, aguerrida em seu pensamento articulado.

REFERÊNCIAS

CRENSHAW, Kimberle. Mapping the Margins: Intersectionality, Identity Politics, and Violence against Women of Color. **Stanford Law Review,** v. 43, n. 6, 1991.

CASTRO, Eliana de Moura; MACHADO, Marília Novais de Mata. **Muito bem, Carolina!**: Biografia de Carolina Maria de Jesus. Belo Horizonte: C/Arte, 2007.

JESUS, Carolina Maria de. **Casa de Alvenaria**: diário de uma ex-favelada. São Paulo: Francisco Alves, 1961.

_______. **Diário de Bitita**. Rio de Janeiro: Nova Fronteira, 1986.

_______. **Pedaços da fome**. São Paulo: Ed. Áquila, 1963.

_______. **Quarto de despejo**: diário de uma favelada. São Paulo: Ática, 1960.

A representação da mulher em Carolina Maria de Jesus: entre o estereótipo e a escrita de si

Eliane da Conceição Silva[92]

Neste trabalho pretendo desenvolver uma análise da representação da mulher feita pela escritora Carolina Maria de Jesus (1914-1977) através da obra: *Quarto de despejo: diário de uma favelada* (1960), uma vez que o texto apresenta a visão crítica da escritora sobre sua realidade, com a especificidade de valer-se do registro cotidiano, próprio da escrita de um diário.

Partindo de uma perspectiva que se atém não apenas ao texto, mas também ao contexto de sua produção, o objetivo é compreender como Carolina Maria de Jesus representa a mulher em seus escritos, como concebe e percebe os papéis de gênero e como vivenciou essas mesmas questões, uma vez que a escrita de um diário, embora pressuponha uma parcela significativa de criação, de representação, também permite estabelecer relações entre obra e realidade, posto ser a própria escritora a principal personagem e narradora das histórias que representa.

Carolina Maria de Jesus ocupou uma posição muito singular no campo de produção cultural brasileiro na década de 1960, uma vez que a ex-catadora de papel tornou-se uma escritora famosa, mundialmente conhecida, tendo sua principal obra, *Quarto de despejo*, publicada em mais de 13 línguas, sendo sucesso de vendas no Brasil e no exterior, mas cujo reconhecimento por parte dos membros do campo literário não veio. Ademais, a situação de marginalidade e vulnerabilidade social em que viveu, dada sua condição de favelada e catadora de lixo, bem como a estigmatização sofrida em relação à sociedade letrada enquanto

---

[92] Eliane da Conceição Silva é doutora em Ciências Sociais pela UNESP, Faculdade de Ciências e Letras de Araraquara/SP. E-mail: sophiapedrop@yahoo.com.br.

mulher, negra e sem educação formal, tornam sua obra significativa, mostrando a relação inconteste entre atividade cultural e vida social.

Segundo Constância Lima Duarte (2003), a produção intelectual da mulher ficou obscurecida na história literária, seja pelas situações em que houve a "incorporação" da obra feita por mulheres por outro, seja pelas condições adversas impostas à produção das diversas literatas e artistas. A autora afirma que várias dessas mulheres, que foram esquecidas ou "silenciadas", eram instruídas e pertencentes a classes mais abastadas, e se mulheres pobres talentosas tivessem sequer chegado a serem conhecidas em seu anonimato elas seriam ainda mais obscurecidas. Carolina Maria de Jesus, mesmo situada em pleno século XX, evidencia o grau de adversidades que essas outras mulheres, duplamente silenciadas por serem pobres – e, no caso de Carolina, triplamente, por ser negra e pobre também –, enfrentavam.

Sendo assim, ao tomarmos a trajetória de Carolina Maria de Jesus, as possibilidades de ela se tornar uma escritora reconhecida como representativa desse contexto pareceriam bastante pequenas. Como definiu Joel Rufino dos Santos (2009), Carolina Maria de Jesus era uma escritora improvável[93] por conta de sua trajetória – catadora de lixo, favelada e sem educação formal (Carolina estudou apenas até a 2ª série do ensino fundamental) – e do fato de sua escrita ser exercida apesar de todas as adversidades materiais, sociais e culturais.

A crítica, o texto e o contexto

Em relação à representação da mulher em sua obra, nenhum tipo de explicação simplista permite apreender a forma como ela concebia a si e as outras mulheres de seu convívio na favela. A primeira propensão é defini-la como uma escritora feminista, mais ou menos como Luiza Lobo (2010) concebe as escritoras que são portadoras de um discurso sobre a mulher que denota certa consciência a respeito da forma como as mulheres vivem e como são inseridas na

---

[93] A palavra é ambígua, pois tanto pode significar as chances limitadas de ela ser vista como escritora, quanto a possibilidade de sua atividade enquanto escritora ser confirmada, corroborada como escrita literária. Entretanto, o livro do autor tende mais para a primeira acepção do termo e é nela que pauto a presente análise.

sociedade. Entretanto, Carolina também forma, através de seus discursos, juízos de valor sobre o comportamento das mulheres, norteado por certa moralidade que nega à mulher a autonomia em relação a seu próprio corpo, ou que a condiciona a certos papéis sociais que definem o que seja uma boa esposa, mãe e, portanto, mulher. Entretanto, suas contradições, ao invés de desqualificarem sua visão a respeito da mulher, a tornam emblemática do ponto de vista literário, uma vez que representam aspectos da realidade social, estilizados e ressignificados pela escritora. Além disso, essa representação da mulher, bastante próxima daquelas feitas por homens ao longo da história, que condicionam a mulher a determinado padrão de comportamento, é feita por uma mulher cuja condição social, triplamente silenciada dentro do campo literário por ser também negra e pobre, complexifica a análise de sua obra, a um só tempo escrita sobre mulheres e escrita de mulher.

Dessa forma, a partir da análise do texto de Carolina Maria de Jesus, percebe-se que não é possível atribuir uma escrita ou crítica feminista fora da estrutura dominante, pois ao se considerar os fatores sociais, econômicos e políticos de uma sociedade dominada por homens, conceber a existência de uma escrita essencialmente feminina é algo ilusório:

> O conceito de texto da mulher na zona selvagem é um jogo de abstração: na realidade à qual devemos nos dirigir como críticos, a escrita das mulheres é um "discurso de duas vozes" que personifica sempre as heranças social, literária e cultural tanto do silenciado quanto do dominante (SHOWALTER, 1994, p. 50).

Segundo Elaine Showalter (1994), há duas formas de crítica literária feminista, que não devem ser confundidas, posto terem focos distintos na análise literária, uma vez que adotam diferentes enfoques teóricos. Nesse sentido, a autora afirma que a crítica feminista – fortemente marcada pelo aspecto ideológico que se atém aos estereótipos atribuídos às mulheres, aos modos como estas têm sido representadas na literatura, procurando denunciar os juízos de valor, as omissões, etc. – visa estabelecer modelos conceituais definidos, adotando um caráter revisionista. Entretanto, para a autora, esse revisionismo só ratifica a injustiça, pois se baseia em modelos pré-existentes, mantendo-se dependente. Já o outro modelo de crítica literária feminista, definido por ela como ginocrítica, superaria esse problema, pois ofereceria mais oportunidades teóricas, uma vez que o foco sai da representação a respeito da mulher e passa para a escrita feita pela mulher. Sendo assim, a ginocrítica ampliaria a discussão, englobando a História, os estilos, temas, a trajetória, a carreira e as leis literárias de uma tradição de mulheres.

Tendo isso por base, intentarei transitar por essa fronteira e procurar perceber na obra de Carolina Maria de Jesus elementos que digam respeito a uma crítica feminista, cuja teórica se coloca como leitora atenta aos estereótipos das mulheres na literatura, bem como enfatiza os aspectos de uma ginocrítica, atentando para a produção literária feita por uma mulher. Nesse sentido, ao lidar com os dois modelos de análise é possível estabelecer um diálogo relevante entre a escrita da mulher e a representação que ela mesma faz de si e de outras mulheres, que não necessariamente é mais isenta ou crítica apenas por ser feita por uma mulher.

Para Toril Moi (2006), um dos problemas da ginocrítica é que a crítica acaba se tornando mais compassiva por tratar de uma escrita feita por mulheres e que a ênfase na experiência da mulher, que envolve contexto, história, cultura, etc., acaba operando uma espécie de desaparecimento do texto e, por isso, ela reitera a necessidade de compreensão do texto a partir de suas próprias características:

> En otras palabras, el texto ha desaparecido, o se ha convertido en un medio transparente a través del cual se puede alcanzar la "experiencia". Esta interpretación de los textos como auténticos transmisores de la experiencia "humana" es, como hemos visto, un rasgo típico del humanismo machista occidental (MOI, 2006, p. 86).

No entanto, esse tipo visão deifica o texto em si e acaba por desconsiderar o texto literário enquanto criação humana e que, portanto, envolve influências sociais, contexto histórico, cultura, condições materiais, mercado editorial, etc., que determinam escolhas e representações de mundo. Apesar de ser bastante arriscado tender para o determinismo da ordem social ou histórica, é somente atendo-se à posição da escritora como agente nessa mesma ordem e como portadora de uma voz que foi historicamente silenciada que a análise pode ser desenvolvida, uma vez que a partir da conjugação de diferentes fatores o estudo possibilita compreender como ela pôde romper com os mesmos estereótipos que representa, tanto na sua própria experiência, quanto na representação que faz de si e de outras mulheres em sua obra.

Com isso, o modelo teórico ginocrítico se torna essencial para a presente análise, pois, como Elaine Showalter (1994) enfatiza, ele é capaz de lidar com a especificidade e a diferença dos escritos de mulheres, mais do que os modelos focados no viés biológico, psicanalista ou linguista. Embora se paute em alguns elementos fornecidos por essas áreas, esse modelo relaciona a escrita da mulher a contextos sociais mais amplos, nos quais se dão essas mesmas ideias. Além disso, para a autora, não basta o enfoque no gênero, mas na raça, classe social, história, nacionalidade, como elementos determinantes para definir e compreender a atividade de uma escritora. Dessa forma, a escrita de Carolina Maria de Jesus nos parece emblemática, uma vez que sua obra não pode ser compreendida com base apenas na feitura do próprio texto ou no tipo de leitura essencialista que busque em sua obra elementos de uma suposta escrita feminina.

Tal como Pierre Bourdieu (2002), que define o conceito de campo literário como um espaço de luta por legitimidade no qual o jogo pressupõe regras e relações objetivas próprias, o escritor está subordinado a sua posição dentro do campo e sua trajetória está intimamente ligada a essa posição. A *illusio* literária à que o autor se refere representa a adesão ao jogo literário e remete à crença partilhada nas regras definidas pelo próprio campo – marcadas não só por questões estéticas, mas também por fatores sociais –, que determinaria os valores e padrões a serem cultuados e respeitados pelos membros do grupo. Sendo assim, quanto ao escritor – ou como ele prefere definir, o produtor cultural –, não se deve perguntar como tal ou qual nome chegou a ser o que foi, mas perguntar-se como, a partir de sua origem social, pôde ocupar determinada posição ou desempenhar certo papel no campo literário. Observando o contexto de surgimento da obra de Carolina Maria de Jesus, torna-se difícil determinar que posição ela ocupou dentro do campo literário, dada sua origem social, já que não possuía o *habitus*[94] de um produtor cultural. Ademais, mesmo quando reconhecida sua escrita, ainda que como mero registro histórico, essa mesma escrita denunciava claramente seu não pertencimento, uma vez que não dominava as regras básicas de produção literária, desde a gramática até o domínio das escolas literárias às quais pudesse se filiar ou criticar[95].

Dessa forma, ao buscarmos analisar o contexto histórico de Carolina Maria de Jesus, sua origem social e o próprio campo, percebemos que o rótulo de simples personagem extravagante, capaz de chamar a atenção do cânone por sua originalidade – mais pela origem social do que pela forma de sua escrita –, mas cuja obra é essencialmente ingênua, é o tipo de explicação que Bourdieu define como uma "leitura interna", limitada ao próprio texto, ignorando o exterior. Essa explicação se vale do exterior apenas na medida em que é útil para manter a leitura interna da obra intacta e a fé na literatura pura, verdadeira e sofisticada, inabalada, já que o contexto histórico só serviu para "criá-la" enquanto escritora, mas sem legitimidade, se considerados esses mesmos padrões essenciais à produção presentes no cânone.

Quando Carolina Maria de Jesus chegou à cidade de São Paulo, em 1947, a sociedade brasileira vivia um período de intensa urbanização, devido ao processo de industrialização que entrava em uma nova fase. Como tantos migrantes que vieram para São Paulo, Carolina veio do interior de Minas Gerais, da cidade de Sacramento, em busca de melhores condições de vida, mas sua peregrinação começa bem antes, em 1930, quando ela, com apenas 16 anos, se muda para o interior de São Paulo com sua mãe, que morre em 1937.

---

[94] De acordo com Pierre Bourdieu (1994, p. 61-62, grifo do autor), *habitus* pode ser definido como: "[...] sistemas de *disposições* duráveis, estruturas estruturadas predispostas a funcionar como estruturas estruturantes, isto é, como princípio gerador e estruturador das práticas e das representações que podem ser objetivamente 'reguladas' e 'regulares' sem ser o produto da obediência a regras, objetivamente adaptadas a seu fim sem supor a intenção consciente dos fins e o domínio expresso das operações necessárias para atingi-los e coletivamente orquestradas, sem ser o produto da ação organizadora de um regente".

[95] Joel Rufino dos Santos (2009) menciona a dificuldade de se conhecer o que está na base de sua produção literária, até por conta de suas leituras serem esparsas, coletadas aqui e ali, mas ainda assim ele arrisca supor quais seriam suas referências: "Suponho, mas é só suposição, que suas fontes literárias fossem antologias escolares, daquele começo de século XX, de que tirou o máximo proveito, como outros poetas de baixa escolaridade e grande expressividade, um Carola, um Catulo da Paixão Cearense, um Silas de Oliveira" (SANTOS, 2009, p. 43) e segue, enumerando autores como José de Alencar, Castro Alves, Macedo, Bilac, Bernardo Guimarães etc.

> Carolina, sozinha no mundo, dormiu sob pontes, em estradas e lugares desprotegidos. Fez várias coisas para ganhar dinheiro, principalmente trabalhou como empregada doméstica. Foi tambem faxineira em hotéis, auxiliar de enfermagem em um hospital, vendeu cerveja, algumas vezes tentou ser artista de circo (MEIHY; LEVINE, 1994, p. 21).

Aos 33 anos, Carolina muda-se para a cidade de São Paulo e busca meios de sobreviver. Trabalha por algum tempo como empregada doméstica, mas, ao engravidar de seu primeiro filho[96], Carolina é demitida e vai morar na favela do Canindé, próxima às margens do rio Tietê – região onde se localiza o estádio da Portuguesa – e, a partir de então, passa a recolher papéis e outros materiais nas ruas para sustentar a si e a seus filhos. Esses pontos são importantes para definirmos claramente em que situação social Carolina Maria de Jesus vivia. Diferentemente de muitos escritores, ela vivenciava uma posição marginalizada no mundo social, e esse aspecto desempenhará um papel importante na e para sua escrita, já que além de retratar a situação de marginalização, de violência e de crítica social a respeito da favela, sua condição de mulher, negra e pobre faz com que sua legitimidade enquanto escritora passe por constrições ainda mais complexas.

Virginia Woolf afirma em *Um teto todo seu* (1928) que a condição básica para a mulher poder escrever ficção é ter dinheiro e um espaço próprio, ou seja, sair da condição de dependência econômica e social. Mesmo reconhecendo o peso do condicionamento material, ela sugere com isso que a independência econômica envolve também o aspecto simbólico, uma vez que a posse do dinheiro, sem o trabalho árduo, representa o "poder de contemplar" e a posse do seu próprio espaço representa a própria autonomia. Woolf cita Sir Arthur Quiller-Couch, catedrático de literatura, que se refere à poesia como arte feita por abastados, na qual o poeta pobre tinha e tem muito poucas chances de tornar-se reconhecido, ao que ela conclui, citando-o:

---

[96] Carolina Maria de Jesus teve quatro filhos – João, José Carlos, Carolina e Vera Eunice, sendo que sua primeira filha, Carolina, nasceu morta –, gerados a partir de relacionamentos com homens brancos e estrangeiros, fato que nos remete à violência simbólica inerente a um "sistema racial repressivo", que fomenta o auto-ódio entre os negros, como afirmam os autores de *Cinderela Negra*, mas que também pode decorrer de uma escolha racional para manter independência da tutela masculina, evitando estabelecer relações com homens com os quais pudesse ter contato prolongado.

> Ninguém conseguiria expor a questão de maneira mais direta. "O poeta pobre não tem hoje em dia, nem teve nos últimos duzentos anos, a mínima chance... Uma criança pobre na Inglaterra tem pouco mais esperança do que tinha o filho de um escravo ateniense de emancipar-se até a liberdade intelectual de que nascem os grandes textos". É isso aí. A liberdade intelectual depende de coisas materiais. A poesia depende da liberdade intelectual. E as mulheres sempre foram pobres, não apenas nos últimos duzentos anos, mas desde o começo dos tempos. As mulheres têm tido menos liberdade intelectual do que os filhos dos escravos atenienses. As mulheres, portanto, não têm tido a menor oportunidade de escrever poesia. Foi por isso que coloquei tanta ênfase no dinheiro e num quarto próprio (WOOLF, 1994, p. 131-132).

Percebemos aqui, que a ideia de gênio, de uma capacidade inata ou mágica do escritor não permite compreender a atividade cultural enquanto tal, ou seja, enquanto trabalho de um autor inserido num dado contexto histórico e social, já que os fatores sociais, sejam eles materiais ou não, limitam ou mesmo impedem que o talento de um dado escritor ou escritora possa ser desenvolvido, conhecido e reconhecido enquanto tal.

Quando Carolina Maria de Jesus decide escrever como forma de expressão, de expor ao mundo o que ela sentia e percebia sobre a realidade que a cercava, como ela afirma em entrevista dada após a publicação de *Quarto de despejo*, "Quando eu não tinha nada o que comer, em vez de xingar eu escrevia" (JESUS, 2000, p.170), ela o fez como tantas outras mulheres ao longo da história, circunscritas ao ambiente doméstico, cuja escrita se resumia ao diário, ao autobiográfico. No entanto, Carolina não se restringia ao ambiente doméstico. Obrigada pela miséria material a lutar diariamente pela própria sobrevivência, posto que, se não fosse às ruas, nem ela nem os filhos teriam o que comer, sua escrita autobiográfica adquire contornos próprios e, não fosse essa intensa dificuldade material, que explica, inclusive, sua formação escolar incompleta, tal escrita teria se desenvolvido mais plenamente e de simples "expressão pessoal" passaria a usar a literatura como arte.

A barreira imposta à mulher, a que Virginia Woolf se refere, no caso de Carolina, é duplamente marcante por sua posição de dominada tanto no espaço social mais amplo, quanto no espaço de produção cultural. Primeiro, por ser mulher negra e pobre; segundo, por imposição do próprio campo literário, já que sua escrita ficou restrita ao puro relato biográfico, não porque tenha escrito apenas esse tipo de texto, mas porque, dentre os gêneros literários, a autobiografia é considerada menor, gênero geralmente relegado às mulheres. Além disso, como afirma Pierre Bourdieu (2002) em relação ao romance popular, que é majoritariamente produzido por escritores oriundos de classes dominadas ou por mulheres, a correlação entre marginalização social e posição dentro do campo, que se opera pela adequação ao posto e pela necessidade de se habituar ao posto, como se fosse um "lugar natural", mostra que não é algo que se realiza de maneira neutra, decorrente de ordenamentos estritamente artísticos:

> Em suma, a concordância surpreendente nesse mundo, que se pretende isento de toda determinação e de toda sujeição, é inteiramente estrita entre as inclinações dos agentes e as exigências inscritas nas posições que ocupam. Sendo essa harmonia socialmente estabelecida bem apropriada para favorecer a ilusão da ausência de toda determinação social (BOURDIEU, 2002, p. 303).

Carolina Maria de Jesus, fruto do processo de urbanização acelerado, da migração forçada pela concentração da posse da terra, lança um olhar crítico de quem vivenciou esse processo na própria pele. Entretanto, as determinações sociais e culturais impõem obstáculos outros que impedem que seu discurso seja respeitado ou mesmo reconhecido, posto ser o discurso de um subalterno. Gayatri Spivak (2010) discute a questão do discurso do subalterno de uma perspectiva filosófica e se pergunta: pode o subalterno falar? Pensando no caso da mulher negra, a situação fica ainda mais complicada, pois o foco da autora está no modo como o intelectual pós-colonial deve procurar o falar do "sujeito historicamente emudecido da mulher subalterna" e não o falar em seu nome.

No caso de Carolina Maria de Jesus, havia uma postura, mais ou menos generalizada – por parte da crítica, mas principalmente por parte da imprensa – de ridicularizá-la:

> Alguns contavam casos exagerados ou pitorescos que contribuíam

> para a caricatura de uma ex-favelada pretensiosa e que apesar de "rica" não se adaptava aos padrões exigidos pela ética social. A multiplicação destes pressupostos foi munição constante na guerra brasileira de aceitação da escritora (MEIHY; LEVINE, 1994, p. 28).

Assim, a sua história é silenciada e, ao tratá-la como objeto, ocorre o que Gayatri Spivak (2010) observa em relação à situação da mulher negra e pobre: a manutenção da sua posição subalterna, pois se dá voz à mulher, mas como subalterna, já que se faz através do discurso de uma elite branca e masculina.

Entre Maria e Eva, Carolina

Ao longo da história, a mulher, socialmente construída como o outro, é definida ora por um discurso misógino, ora filógeno. A misoginia dos discursos se apresenta através das qualificações que associam a mulher à maldade e à perversidade inatas, indo da mulher pecadora à bruxa diabólica, cujas figuras representativas são Eva e Lucrécia. O discurso filógeno, por sua vez, descreve a mulher como a santa, a mãe virtuosa, cujas figuras associadas são Maria e Tais. Esses discursos criaram e ajudaram a manter alguns dos principais estereótipos atribuídos à mulher, mas, embora sejam diametralmente opostos no valor qualitativo atribuído a ela, esses discursos têm em comum o controle da mulher, que seja má ou virtuosa, é sempre definida de fora para dentro, e a heteronomia, fundamental para esse controle, acaba por incorporar os modelos e reproduzi-los.

Carolina Maria de Jesus transita entre esses dois discursos, ora descrevendo as mulheres da favela como más, perversas e, muitas vezes, generalizando essas definições para o coletivo –"as mulheres são assim" –; ora descrevendo o ideal de boa mãe, boa esposa, admoestando aquelas que não se adequassem a esse modelo de mulher. Assim, a autora escreve: "Nas favelas, os homens são mais tolerantes, mais delicados. As bagunceiras são as mulheres. As intrigas delas é igual à de Carlos Lacerda que irrita os nervos" (JESUS, 1960, p. 22). Nesse trecho, Carolina apresenta uma imagem das mulheres da favela como piores que os homens, até porque ela passa o dia fora, de maneira que o convívio com essas mulheres se restringe ao momento de pegar água, às relações conflituosas entre os filhos e às esporádicas conversas. Porém, acima de tudo, o que se percebe dessa relação é a antipatia que ela, como mãe solteira, mas autossuficiente e alfabetizada, gera, sendo definida como arrogante. Esses fatores explicariam o julgamento mais condescendente para com os homens e mais rigoroso em relação às mulheres. Entretanto, esses homens que ela define como tolerantes e delicados são os mesmos que espancam suas esposas, abusam do álcool e brigam entre si, o que torna sua posição, no mínimo, contraditória, não fosse a influência marcante do estereótipo atribuído às mulheres que, para se fazerem valer, tem no homem o elemento neutro, aquele que está acima do bem de do mal, apesar de fatos concretos provarem o contrário.

Por outro lado, a imagem da mulher essencialmente mãe também percorre seu texto:

> Esta noite a D. Amelia e o seu companheiro brigaram. Ela disse-lhe que êle está com ela por causa do dinheiro que ela lhe dá. Só se ouvia a voz de Dona Amelia que demonstrava prazer na polemica. Ela teve varios filhos. Distribuio todos. Tem dois filhos moços que ela não os quer em casa. Pretere os filhos e prefere os homens.
> O homem entra pela porta. O filho é raiz do coração (JESUS, 1960, p. 49-50).[97]

Nesse trecho ela julga sutilmente a atitude de Dona Amélia, seja porque ela briga com seu companheiro, fazendo-se ouvir, mas, principalmente, por não agir como o padrão de mãe dedicada, que abdica de seus interesses pessoais em nome dos filhos. Porém, a mulher virtuosa, que não cede aos desejos físicos, também é referida e incentivada:

> Fiquei horrorizada porque a mulher que estava com o Lalau é casada. Pensei: que mulher suja e ordinaria! Homem por homem, mil vezes o espôso.

---

[97] Todos os erros do texto serão mantidos, mesmo em dúvida se são próprios da escritora ou da edição, pois uma das maiores críticas à obra de Carolina Maria de Jesus é sua incorreção gramatical, o que é ainda mais significativo para a análise, pois o fato de ter estudado formalmente até a 2ª série apenas, ou seja, ter sido excluída do mundo letrado formalmente instituído, faz sua escrita trazer em si as contradições dessa sociedade e que aparecem na grafia de seu texto tanto quanto no seu conteúdo.

> Creio que um homem só chega para uma mulher. Uma mulher que casou-se precisa ser Normal (JESUS, 1960, p. 124).

Ou, em outro trecho: "A mulher do Zé Baiano primo do Ramiro contou-me e pediu-me para eu não dizer nada a ninguém que o José lhe expulsou de casa. Que já faz 20 dias que eles não falam. Eu disse para ela fazer as pazes, que o José é muito bom" (JESUS, 1960, p.124). Entretanto, essa mesma virtuosidade é relativizada caso a mulher seja "livre": "Esta historia das mulheres trocar-se de homens como se estivesse trocando de roupa, é muito feio. Agora uma mulher livre que não tem compromissos pode imitar o baralho, passar de mão em mão" (JESUS, 1960, p. 122). Tais representações evidenciam que não basta que a obra seja escrita por uma mulher para que haja uma ruptura com os estereótipos sobre as mulheres, o que nos remete às dificuldades encontradas para o fortalecimento de uma produção efetiva de mulheres, pois, além das condições materiais, as mulheres não têm em quem se espelhar, fato que coloca a dificuldade de superação da desigualdade. Assim, o conceito de colonização interna de que nos fala Kate Millet (1974) mostra como a dominação acaba por ser internalizada pela própria mulher, não necessariamente através da força, mas apreendida e naturalizada pela socialização e é essa colonização interna que Carolina parece demonstrar em determinados trechos de seus registros. Entretanto, ao mesmo tempo em que isso se opera no próprio texto, não se deve negligenciar ou minimizar a importância do texto, pois a arte como representação da realidade social, filtrada e estilizada pela escritora, é muito mais complexa, o que impede sua redução à transmissão de estereótipos. Dessa forma, é atendo-se aos demais elementos do texto que podemos romper com tal reducionismo e buscar uma compreensão mais significativa da obra.

Virginia Woolf trata da questão da autonomia como central para que a mulher possa escrever. Essa autonomia financeira e material é tão significativa quanto a autonomia do pensamento, de opinião, pois esta só pode ser exercida com a garantia de que a escritora possua seu próprio espaço e uma renda que não a submeta ao poder de ninguém. No caso de Carolina essa autonomia decorria, por mais paradoxal que possa parecer, de uma vida marcada pela busca exasperada pela sua própria manutenção e a de seus filhos, mas, ao mesmo tempo, sua escrita ficava constrangida pelo sucesso ou insucesso dessa busca por subsistência. Essa liberdade que Carolina tinha e percebe que as outras mulheres não têm é determinante para seu desenvolvimento enquanto escritora. Carolina é aquela mulher que caminha entre a multidão e subverte a ordem patriarcal. Como mãe solteira e independente, ela não é o anjo do lar, embora o valorize, mas a mulher subversiva. E, quanto mais distante desse contexto doméstico, mais autônoma torna-se sua escrita.

> Eu e a Vera fomos catar papel. Passei no Frigorifico para pegar linguiça. Contei 9 mulheres na fila. Eu tenho a mania de observar tudo, contar tudo, marcar os fatos.
> Encontrei muito papel nas ruas. Ganhei 20 cruzeiros. Fui no bar tomar uma media. Uma para mim e outra para a Vera. Gastei 11 cruzeiros. Fiquei catando papel até as 11 e meia. Ganhei 50 cruzeiros.
> ... quando eu era menina o meu sonho era ser homem para defender o Brasil porque eu lia a Historia do Brasil e ficava sabendo que existia guerra. Só lia nome masculino como defensor da pátria. Então eu dizia para a minha mãe:
> – Porque a senhora não faz eu virar homem?
> Ela dizia:
> – Se você passar por debaixo do arco-iris você vira homem.
> Quando o arco-iris surgia eu ia correndo na sua direção. Mas o arco-iris estava sempre distanciando. Igual os políticos distante do povo. Eu cançava e sentava. Depois começava a chorar. Mas o povo não deve cançar. Não deve chorar. Deve lutar para melhorar o Brasil para os nossos filhos não sofrer o que estamos sofrendo. Eu voltava e dizia para a mamãe.
> – O arco-iris foge de mim (JESUS, 1960, p. 54-55).

O trecho é longo, mas representativo do que buscamos analisar. A passagem começa com uma descrição objetiva, mero registro de fatos do dia. Ela relata números, valores, mas o que está nas entrelinhas é bastante significativo para ser minimizado. A personagem afirma: "Contei 9 mulheres na fila. Eu tenho a mania de observar tudo, contar tudo, marcar os fatos". O frigorífico é um local onde se costumava pegar restos de alimentos, e o fato de ela contabilizar apenas o número de mulheres não é aleatório, até porque sua capacidade de observação tem um objetivo que não se restringe ao momento, mas atrela-se às reflexões que apresenta a seguir, quando relembra um fato da infância intimamente ligado à percepção da menina sobre os papéis de gênero e a sua insatisfação com a posição que é atribuída às mulheres e aos homens em sua sociedade. Quando ela afirma: "Só lia os nomes masculino como defensor da pátria. Então eu dizia para a minha mãe: – Porque a senhora não faz eu virar homem?" o que se percebe é a subversão que Carolina Maria de Jesus opera através de sua escrita. Embora o agente da transformação seja o homem, ela quer se tornar um no sentido de ter a mesma importância histórica e social que ele. Portanto, a escritora preconiza: "Mas o povo não deve cançar", assim como as mulheres que subvertem a ordem.

Dessa forma, sua complexidade se faz presente nas posições extremamente conservadoras em relação às mulheres da favela, mas que não devem anular o fato de ela ter sido uma mulher consciente de si e das situações de violência simbólica inerentes àquela sociedade, a qual reproduz e ao mesmo tempo questiona em seus escritos:

> De manhã eu estou sempre nervosa. Com medo de não arranjar dinheiro para comprar o que comer. Mas hoje é segunda-feira e tem muito papel na rua. (...) O senhor Manuel apareceu dizendo que quer casar-se comigo. Mas eu não quero porque já estou na maturidade. E depois, um homem não há de gostar de uma mulher que não pode passar sem ler. E que levanta para escrever. E que deita com lápis e papel debaixo do travesseiro (JESUS, 1960, p. 50).

Esta é a autonomia da qual a personagem não abre mão. Embora ela afirme: "um homem não há de gostar", colocando-se a si mesma em uma posição passiva, é ela que ao longo do diário reafirma sua autonomia:

> Ele disse-me que quer casar-se comigo. Olho e penso: este homem não serve para mim. Parece um ator que vai entrar em cena. Eu gosto dos homens que pregam pregos, concertam algo em casa.
> Mas quando eu estou deitada com ele, acho que ele me serve (JESUS, 1960, p. 131).

Aqui o critério principal não é o aval dele, mas a sua própria avaliação de o quanto ele lhe serve. Em *Casa de alvenaria* (1961) é justamente essa possibilidade que ela percebe que lhe está sendo tirada. Embora resida numa casa melhor, tenha saído da odiada favela, ela se vê na posição de objeto, seja da mídia que a usa, seja dos vizinhos que a hostilizam ou dos estranhos que a procuram pedindo favores. A paz interior que ela sempre ressalta em seus escritos e conseguiu mesmo estando na favela ela reclama tê-la perdido na casa de alvenaria. Mas o que ela não percebe é que tal "perda" refere-se à negação de sua pessoa autônoma que pouco tem a ver com as contingências, mas com o modo como a sociedade concebe uma escritora negra e pobre, ou seja, como algo exótico, não reconhecida em sua especificidade. Portanto, a identidade requerida e reconhecida é a de mulher negra que ascendeu, mas que, como tal, deve se submeter aos usos de sua imagem e ao desempenho de um papel dócil e humilde ante às novas relações estabelecidas no mundo dos brancos, e abnegada tanto quanto caridosa ante os desvalidos que não tiveram a mesma sorte.

Outro aspecto importante a ressaltar é que a escrita de Carolina Maria de Jesus inaugura um tipo de literatura que hoje se define como literatura marginal, tanto por sua produção ser feita por aqueles que historicamente não tiveram voz, os marginalizados da periferia, das prisões etc., cujos exemplos já conhecidos da grande mídia são Paulo Lins, com seu *Cidade de Deus*, e Ferréz, com *Capão Pecado*, quanto por sua produção ser feita fora do campo literário propriamente dito. Essa literatura cria um novo espaço de produção cultural, mas capaz de tecer suas redes que proliferam nos diversos saraus e encontros literários que ocorrem em diferentes pontos da periferia – pensando especificamente na cidade de São Paulo – e que, na medida do possível, permite fazer e circular essa produção cultural.

Segundo João Cézar de Castro Rocha (2013, p. 36), a produção cultural contemporânea apresenta uma transição daquilo que Antonio Candido identificou na formação social brasileira como representativo de uma "dialética da malandragem", que preconiza a conciliação, através da articulação feita pelo malandro ao transitar entre ordem e desordem a fim de ocupar um determinado espaço social, para uma "dialética da marginalidade", que propõe uma superação da desigualdade social não mais pela conciliação, mas pelo confronto, expondo a violência de maneira direta através de sua produção cultural. Sendo assim, Carolina Maria de Jesus seria uma das precursoras desse movimento, uma vez que apresenta um modo de escrita singular que, aliado ao contexto em que produziu sua obra, representa a violência da sociedade brasileira, confrontando-a.

Portanto, em termos literários, o que define essa escrita é não apenas a forma direta de falar da miséria e pobreza vividas pelos marginalizados, mas também o uso da exposição da violência na escrita do texto. Essa escrita afronta tanto por expor explicitamente a violência social cotidiana vivida pelos mais pobres quanto pelo uso não normatizado da língua, que se refere à falta de escolaridade, bem como de capital cultural, em termos eurocêntricos, afligindo os mais ciosos de uma escrita perfeita, na qual o uso de neologismos, erros gramaticais, impropriedades etc. são aceitos apenas se comprovada a intenção do autor, o que não é o caso. Esse último aspecto ressalta ainda a centralidade da voz do dito marginal, que não só fala por si mesmo, como fala de problemas que o afligem diretamente. Desse modo, ao consideramos a "dialética da marginalidade" que Carolina Maria de Jesus inaugura, tal forma de escrita – cada vez mais difundida, sobretudo por homens jovens da periferia – põe em xeque a ideia de uma escrita feminina, definida por sua maneira singular de escrever, carregada de introspecção, evasão e que foi reconhecida pelo cânone branco e masculino como espaço da escrita feita por mulheres, que alça ao posto de modelos de escrita feminina os textos de Virginia Woolf, ou, no caso do Brasil, de Clarice Lispector.

Portanto, podemos concluir, a partir da análise proposta, que as contradições que Carolina Maria de Jesus apresenta ao longo de seu texto são significativas das relações que vivencia e representa. Ademais, ao contrário do que prega o modelo de escrita feminina, Carolina escreve de maneira direta, sem rodeios, e a beleza de sua escrita surge justamente dessa posição, que alia poesia e subjetividade para lidar com a realidade dura que vivencia, sem tentar escamoteá-la.

> Sai e fui catar papel. Não conversei com ninguém. (...) Penetrou um espinho no meu pé e eu parei para retirá-lo. Depois amarrei um pano

> no pé. Catei uns tomates e vim para casa. Agora eu estou disposta. Parece que trocaram as peças do meu corpo. Só a minha alma está triste (JESUS, 1960, p. 112).

Referências

BOURDIEU, Pierre. **A dominação masculina**. Tradução de Maria Helena Kühner. Rio de Janeiro: Bertrand Brasil, 1999.

________. **As regras da arte**: gênese e estrutura do campo literário. Tradução de Maria Lúcia Machado. São Paulo: Companhia das Letras, 2002.

________. Esboço de uma Teoria da Prática. In: ORTIZ, Renato (Org.). **Pierre Bourdieu:** sociologia. São Paulo: Editora Ática, 1994. p. 46-81.

DUARTE, Constância Lima. Feminismo e literatura no Brasil. **Revista Estudos Avançados**, São Paulo, v. 17, n. 49, p. 151-172, set./dez. 2003.

JESUS, Carolina Maria de. **Casa de Alvenaria.** Rio de Janeiro: Editora Paulo de Azevedo, 1961.

________. **Quarto de despejo**: diário de uma favelada. São Paulo: São Paulo: Ática, 2000.

LOBO, Luiza. **A literatura de autoria feminina na América Latina**. Disponível em: <http://www.members.tripod.com/~lfilipe/LLobo.html>. Acesso: 20 nov. 2010.

MEIHY, José Carlos Sebe Bom; LEVINE, Roberto M. **Cinderela Negra**: a saga de Carolina Maria de Jesus. Rio de Janeiro: UFRJ, 1994.

MILLET, Kate. **Política sexual**. Tradução de Alice Sampaio, Gisela da Conceição e Manuela Torres. Lisboa: Dom Quixote, 1974. p. 9-35.

MOI, Toril. **Teoría literaria feminista**. Madrid: Cátedra, 2006. p. 86-97.

ROCHA, João Cezar de Castro. A guerra de relatos no Brasil Contemporâneo. Ou: "A dialética da marginalidade". **Letras**, [S. l.], n. 32, p. 23–70, 2006. Disponível em: <http://w3.ufsm.br/revistaletras/artigos_r32/revista32_2.pdf>. Acesso em: 22 ago. 2013.

SANTOS, Joel Rufino dos. **Carolina Maria de Jesus**: uma escritora improvável. Rio de Janeiro: Garamond, 2009.

SHOWALTER, Elaine. A crítica feminista no território selvagem. Tradução de Deise Amaral. In:

HOLLANDA, Heloisa Buarque de. **Tendências e impasses**: o feminismo como crítica da cultura. Rio de Janeiro: Rocco, 1994. p. 23-57.

SPIVAK, Gayatri. **Pode o subalterno falar?** Tradução de Sandra Regina Goulart Almeida, Marcos Pereira Feitosa e André Pereira. Belo Horizonte: Editora da UFMG, 2010.

WOOLF, Virginia. **Um teto todo seu**. Tradução de Vera Ribeiro. São Paulo: Círculo do Livro, 1994.

5. CAROLINA MARIA DE JESUS: UMA EDUCADORA

Carolina Maria de Jesus vai à EJA: experiências em um curso de formação de professores da UFOP

Luana Tolentino[98]

Às/aos discentes que fizeram essa travessia comigo, com carinho e esperança...

Formação de professores para a Educação de Jovens e Adultos: (des)caminhos

A Educação de Jovens e Adultos (EJA) configura-se como um espaço de resistência e de reivindicação do exercício da cidadania. Enquanto segmento da Educação Básica, o ensino destinado aos sujeitos que, por inúmeras razões, não tiveram condições de completar os estudos na idade certa vem sendo marcado por recursos insuficientes, pela ausência de cursos de formação continuada de professores, além de oferta precária e inconstante.

Historicamente, os bancos escolares das salas de aula da EJA têm sido ocupados pelas camadas mais empobrecidas da sociedade. Nesse sentido, torna-se fácil constatar os motivos da ineficiência das políticas públicas voltadas para essa modalidade de ensino. Uma breve retomada em programas como a Campanha Nacional de Adolescentes e Adultos (1947-1963), o Movimento Brasileiro de Alfabetização (MOBRAL – 1969-1985) e, mais recentemente, o Programa Alfabetização Solidária (PAS – 1997-2002), evidencia que essas

---

[98] SANTOS, L. D. Mestra em Educação pela UFOP. Professora Substituta do Departamento de Educação da UFOP. E-mail: luanatolentino@yahoo.com.br

iniciativas foram incapazes de pôr fim ao analfabetismo, injustiça que nega a milhões de brasileiros o direito de "pronunciar o mundo" (FREIRE, 1981, p. 13).

De acordo com pesquisa divulgada em 2018 pelo IBGE[99], atualmente o país possui mais de 11 milhões de pessoas que não sabem ler e escrever. Desse total, a maioria é composta por indivíduos negros. Sueli Carneiro (2005, p. 113) nos lembra que a educação é o caminho que melhor garante a ascensão social dos indivíduos em situação de subalternidade. Nesse aspecto, o cerceamento do acesso ao ensino básico torna-se um instrumento eficaz de manutenção das desigualdades sociorraciais existentes no país.

Ao cerceamento no acesso, soma-se a precarização dos espaços escolares destinados à educação de jovens e adultos. Muitas vezes, os prédios não contam com instalação elétrica adequada e material específico para a modalidade. Os educandos são privados de interação com as demais turmas do ensino regular. Em muitos casos, a EJA acaba funcionando como um "anexo" que nada tem a ver com o restante da escola.

As falhas e a indiferença em relação à educação de jovens e adultos mostram-se presentes também nos cursos de formação de professores. É crescente o número de pesquisas imbuídas em apontar os (des)caminhos na preparação dos docentes para atuar na EJA. De acordo com Soares e Pedroso (2016, p. 257), "a maioria dos educadores trabalha sem uma preparação específica" para ministrar aulas nesse segmento educacional.

Analise de Jesus Silva (2009) é taxativa ao afirmar que as lacunas existentes nos cursos de licenciatura em relação à EJA são intencionais, reflexo do pouco interesse das universidades pelas camadas populares. A autora, com atuação durante três décadas em classes de jovens e adultos, pontua que ao longo da graduação há poucas discussões a respeito das juventudes, da cultura escolar e dos processos que levam os adolescentes a abandonarem os estabelecimentos de ensino precocemente. Outra questão a ser considerada é o fato de os profissionais

---

[99] NETO, João. Analfabetismo cai em 2017, mas segue acima da meta para 2015. *Agência IBGE Notícias*, 18 mai. 2018. Disponível em: <https://agenciadenoticias.ibge.gov.br/agencia-noticias/2012-agencia-de-noticias/noticias/21255-analfabetismo-cai-em-2017-mas-segue-acima-da-meta-para-2015>.

que formam educadores, em grande medida, não possuírem qualquer vivência no ensino básico. Silva (2009, p. 54) aponta que:

> Os sujeitos que se propõem a atuar como professores universitários, formadores de professores, habilitadores de licenciandos precisam se deslocar do lugar do transmitir competência técnica em direção ao lugar do refletir, do construir, do aprender, do educar. E, para tal, é fundamental que os formadores se reconheçam sujeitos.

Pensando nessas questões, no segundo semestre de 2019, na condição de professora substituta do Departamento de Educação da Universidade Federal de Ouro Preto (UFOP), propus aos discentes dos cursos de licenciatura em Pedagogia, Letras e Química a leitura do livro *Quarto de despejo: diário de uma favelada,* da escritora afro-mineira Carolina Maria de Jesus (2014), que, assim como milhões de brasileiros, não encontrou condições para dar continuidade aos estudos, tendo frequentado a escola por apenas dois anos.

Desse modo, o presente artigo objetiva apresentar a proposta de ensino que buscou, a partir dos relatos presentes no diário de Carolina, perceber a Educação de Jovens e Adultos como espaço formado por sujeitos munidos de conhecimentos e trajetórias de vida diversos, portadores do direito de frequentar e permanecer nos espaços escolares. A proposta buscou ainda apontar que a negação desse direito alimenta o fosso que separa ricos e pobres no Brasil

Torna-se importante ressaltar que essa escolha teórico-pedagógica não se deu por acaso. Orientada pelo pensamento da intelectual afro-americana Patricia Hill Collins (2019), imprimo neste artigo a minha trajetória pessoal enquanto filha de uma mulher negra semialfabetizada. Imprimo o meu compromisso tanto com a afirmação do pensamento das mulheres afrodescendentes, como também com a formulação de metodologias alinhadas com a educação antirracista.

Quem conhece Carolina Maria de Jesus?

Com essa pergunta, abri a aula que deu início à proposta de ensino que, conforme mencionado anteriormente, teve como objetivo pensar a EJA a partir do livro mais conhecido de Carolina Maria de Jesus. Na turma composta por 36 discentes, apenas seis afirmaram conhecer a escritora nascida em 1914, no munícipio de Sacramento, Minas Gerais.

Lançado em 1960, após o encontro de Carolina com o jornalista Audálio Dantas[100], *Quarto de despejo* encantou multidões. Na primeira semana, atingiu a surpreendente marca de 10 mil exemplares vendidos, o que fez com que a escritora considerada "exótica" pelos críticos não apenas estampasse as capas das principais revistas da época, como também concedesse entrevistas aos jornais mais prestigiados do país. Até o momento, o livro da ex-catadora de papel e recicláveis já foi traduzido para 16 idiomas.

Nas páginas escritas nos anos finais da década de 1950, Carolina Maria de Jesus, mãe de três filhos, narrou a dureza do cotidiano na extinta favela do Canindé[101], localizada na cidade de São Paulo. Com riqueza de detalhes, a escritora, que faleceu em 1977, nos leva a um mergulho no que ela nomeou "quarto de despejo", trazendo à baila a fome, a miséria, o alcoolismo, a violência experimentada pelos "demitidos da vida", conforme pontuou o educador Paulo Freire (1987, p. 10). Nas palavras da pesquisadora Maria Nazareth Soares Fonseca (2016, p. 83):

> Carolina expõe sua vivência diária com desamparo, com o enfrentamento da miséria e da fome, que ela considera a "escravatura atual", conforme ela registra no dia 13 de maio em seu diário. Escrevendo sobre o seu dia a dia, Carolina nos dá um testemunho do cotidiano da favela e da violência provocada pelo álcool e pela dominação do mais forte, ainda que esse também seja favelado, refugado como a maioria.

Em um movimento bastante recente, resultante, sobretudo, dos apelos do Movimento Social Negro pelo reconhecimento da vida e da obra de Carolina Maria de Jesus, pesquisadores do Brasil e do exterior têm se dedicado ao estudo

---

[100] Em 1958, Audálio Dantas (1929-2018), à época repórter do jornal *Folha da Manhã*, fazia uma reportagem na favela do Canindé, quando conheceu Carolina Maria de Jesus e teve acesso aos cadernos em que ela registrava suas desventuras. Audálio foi responsável pela seleção dos textos que deram vida ao livro *Quarto de despejo*.

[101] As moradias da favela do Canindé foram demolidas em 1961, em mais um processo de gentrificação promovido pela Prefeitura de São Paulo (FONSECA, 2016, p. 82).

da escrita testemunhal da autora afro-brasileira e de seus romances e poemas[102]. No ano em que se completam 60 anos do lançamento de *Quarto de despejo*, a Feira Literária das Periferias terá Carolina como grande homenageada[103]. Sendo assim, o que explica o fato de 83% dos discentes da minha turma desconhecerem a escritora cujo livro de estreia permanece na lista dos mais vendidos do país?

Encontramos respostas para essa questão nos apontamentos de Sueli Carneiro (2005, p. 95). Carolina foi vitimada pelo epistemicídio, mecanismo de dominação racial alicerçado na permanente desqualificação dos sujeitos negros, na inferiorização intelectual, no rebaixamento da autoestima e na negação do acesso à educação, sobretudo de qualidade. Segundo a filósofa afro-brasileira, o epistemicídio tem como uma das principais premissas deslegitimar e invisibilizar os conhecimentos produzidos por esse contingente populacional. Tal fato permite compreender não apenas a ausência de Carolina Maria de Jesus no cânone acadêmico e literário, como também a resistência por parte de alguns críticos em reconhecê-la como escritora.

O epistemicídio, somado ao racismo, ao machismo e aos preconceitos de classe, faz com que Carolina permaneça desconhecida por muitos, conforme ilustra a experiência com a minha turma. A escritora não aparece nos livros de Literatura da Educação Básica e segue silenciada nos planos de ensino dos cursos de Ciências Humanas. Assim tem sido com as mulheres negras que, a exemplo de Carolina, não se enquadram no que a universidade convencionou chamar de "elite intelectual". Barreiras são criadas para que essas vozes, cujos pensamentos emergem das "periferias do saber" (SANTOS, 2009), permaneçam no lugar do silêncio e do esquecimento.

Patrícia Hill Collins amplia nosso entendimento a respeito dessa questão. Segundo a teórica estadunidense, enquanto as afrodescendentes lideram as estatísticas relacionadas à pobreza e ao analfabetismo, o corpo docente das

---

[102] Além de *Quarto de despejo*, Carolina é autora de *Casa de alvenaria*: diário de uma ex-favelada (1961), *Pedaços da fome* (1963) e *Provérbios* (1963). Postumamente, foram publicados *Diário de Bitita* (1977), *Um Brasil para os brasileiros* (1982), *Meu estranho diário* (1996) e *Ondes estaes felicidade* (2014). Carolina ainda deixou o romance inédito *Doutor Silvio*, objeto de estudo da tese da pesquisadora Aline Alves Arruda (2015).

[103] Em 2014, ano do seu centenário, Carolina Maria de Jesus foi homenageada no VI Colóquio Mulheres em Letras, realizado nas dependências da Faculdade de Letras da UFMG, pelo Grupo de Pesquisa Letras de Minas.

universidades é composto majoritariamente por indivíduos brancos do sexo masculino. Estes ocupam a chefia dos departamentos, os colegiados, integram a direção de publicações e entidades científicas. Nos dizeres da autora:

> Os homens brancos de elite controlam as estruturas de validação do conhecimento, os temas, os paradigmas, e epistemologias da pesquisa acadêmica tradicional são permeadas por seus interesses. Consequentemente, as experiências das mulheres negras [...], e de todas as afrodescendentes, foram sistematicamente distorcidas ou excluídas do que conta como conhecimento (COLLINS, 2019, p. 401).

De modo a confrontar esse processo sistemático de distorção e exclusão do pensamento feminino negro, iniciamos a nossa proposta de trabalho com a exposição dos dados bio-bibliográficos de Carolina Maria de Jesus, com o intuito de fazer com que a escritora deixasse de ser desconhecida pela turma. Para tanto, consultamos artigos, vídeos, entrevistas e o Literafro – Portal da Literatura Afro-Brasileira[104], hospedado no site da Faculdade de Letras da Universidade Federal de Minas Gerais (UFMG).

Em seguida, guiados pela dialogicidade (FREIRE, 1981, p. 21), demos início à leitura e à discussão de alguns trechos do diário e, assim, tecemos as primeiras reflexões em relação à importância do pensamento de Carolina Maria de Jesus para os estudos sobre a Educação de Jovens e Adultos. Logo nas primeiras páginas de *Quarto de despejo*, a ex-catadora de recicláveis evidenciou sua condição de sujeito, a sua busca pelo conhecimento, ainda que tenha sido negado a ela o direito de permanecer na escola e tantos outros mais: "Todos têm um ideal. O meu é gostar de ler" (JESUS, 2014, p. 26).

"E se eu tivesse uma aluna como Carolina?"

Por longos anos, as políticas públicas de combate ao analfabetismo foram pautadas pelo salvacionismo, como se fossem um gesto de caridade dos governos.

---

[104] No ar desde 2004, além de dados biográficos, o Literafro mantém trechos da obra, ensaios, teses, dissertações e artigos sobre a trajetória pessoal e também sobre a produção literária de Carolina Maria de Jesus. O site abriga ainda informações a respeito de 143 escritores afro-brasileiros, sendo 43 mulheres e 99 homens.

Desse modo, a população que não dominava a leitura e a escrita deveria ser "salva" por campanhas aligeiradas, empenhadas na "erradicação" do analfabetismo, visto como um mal, uma "erva daninha" responsável pelo atraso do país (FREIRE, 1981, p. 36). Prova disso foi o slogan do Programa Alfabetização Solidária (PAS) – "adote um analfabeto!" – desenvolvido entre 1997 e 2002, durante as duas gestões do governo do ex-presidente Fernando Henrique Cardoso.

O ideário salvacionista também se manteve presente na seleção de profissionais para ministrar aulas e cursos supletivos de curta duração. Sem exigir formação adequada, qualquer pessoa munida de "boa vontade" poderia alfabetizar os educandos, que não eram vistos como sujeitos cognoscentes, ou nas palavras de Paulo Freire (1981, p. 39):

> Os educadores serão vistos como conselheiros humanitários, infatigáveis nas suas andanças pelos arredores das cidades, convencendo os pertinazes analfabetos de que devem voltar ao seio da felicidade abandonada, de posse das palavras que os educadores lhes presenteiam.

Contaminados pelo preconceito embutido em campanhas anteriores, muitos professores ainda esperam dos jovens e adultos que ingressam nos cursos de alfabetização a passividade e a gratidão pelos conhecimentos "depositados" em suas cabeças. Esse imaginário em torno dos não-alfabetizados explica a pergunta feita por uma discente do curso de Pedagogia: "E se eu tivesse uma aluna como Carolina Maria de Jesus?". O fato de uma mulher negra e pobre, que acessou "apenas dois anos de grupo escolar" (JESUS, 2014, p. 16), ter sido capaz de registrar em diários as injustiças cotidianas, como também tecer análises políticas, históricas, sociais e filosóficas a respeito da sociedade na qual estava inserida, causou espanto na maior parte da turma.

A partir da leitura de *Quarto de despejo*, percebemos que Carolina subverteu as expectativas que os educadores criaram em torno dos educandos que frequentam as classes da EJA. Nas primeiras páginas do diário, a escritora destaca o número do seu registro geral – 845.936 (JESUS, 2014, p. 18), documento que oficializa sua existência e lhe permitiu acessar os aparelhos públicos de proteção social, que Carolina denominou "sucursal do purgatório" (JESUS, 2014, p. 45).

Portadora de consciência racial – "eu adoro a minha pele negra" (JESUS, 2014, p. 58) –, em seu diário, Carolina denunciou a violência que segue permeando a vida dos afro-brasileiros. Em diversos trechos, a escritora, que também foi empregada doméstica, questionava o tratamento indigno dado aos seus irmão de cor. Diante dos abusos policiais, no dia 11 de agosto de 1958, ela escreveu: "quem sabe a guarda civil ignora que foi extinta a escravidão" (JESUS, 2014, p. 108).

Ainda que o país não a tenha dado condições de exercer a cidadania plena, a leitura, a escrita, a consciência de sua condição de mulher negra e favelada capacitaram Carolina para fazer uma análise apurada do Brasil pré-ditadura militar. Carolina sonhava em deixar o barracão minúsculo, a lama, a falta d'água, as brigas, as confusões, o odor fétido do lugar. Enquanto isso não acontecia, ela sonhava:

> Enquanto escrevo vou pensando que resido num castelo de cor de ouro que reluz na luz do sol. Que as janelas são de prata e as luzes de brilhantes. Que a minha vista circula no jardim e eu contemplo as flores de todas as qualidades. (...) É preciso criar este ambiente de fantasia, esquecer que estou na favela (JESUS, 2014, p. 58).

O ato de escrever dava sentido à vida de Carolina. Por meio do registro do dia-a-dia na favela, a mãe de Vera Eunice, José Carlos e João José mantinha-se distante das brigas da vizinhança, dava vazão às suas angústias e preocupações, comprometia-se com o "seu povo oprimido" (JESUS, 2014, p. 39). Na concepção de Carolina, o domínio das letras a distinguia de maneira positiva dos demais moradores da favela, sobretudo das mulheres. Ler, escrever e refletir a protegiam, inclusive, da violência de gênero experimentada pelas vizinhas da favela. Ler, escrever e refletir lhe conferiam autonomia e a não dependência de uma figura masculina em sua casa. Carolina vivia na ânsia de publicar seus diários e, com o dinheiro da venda dos livros, "comprar um terreno para sair da favela" (JESUS, 2014, p. 27).

O apreço pelas letras foi transferido aos filhos. Apesar da falta de dinheiro para comprar sapatos e agasalhos, Carolina não abriu mão de manter as crianças na escola. Vê-los acessando o mundo das palavras a deixava orgulhosa e feliz. Para ela, a frequência escolar era garantia de um futuro melhor: "Eu estou contente com os meus filhos alfabetizados. (...) O José Carlos disse-me que vai ser um homem distinto e que eu vou trata-lo de Seu José" (JESUS, 2014, p. 140).

A escrita do diário era interrompida pela ausência de comida no estômago. Na data da abolição da escravatura, ela registrou sua principal desventura: "E assim no dia 13 de maio de 1958, eu lutava contra a escravatura atual: a fome!" (JESUS, 2014, p. 32). A escravidão da fome a perseguiu sem cessar. Diuturnamente, Carolina percorria as ruas de São Paulo, enfrentava filas de distribuição de alimentos, recolhia ferros e papéis que, depois de vendidos, garantiam minimamente o sustento da família.

Segundo a escritora, "a tontura da fome é pior do que a do álcool. A tontura do álcool nos impele a cantar. Mas a da fome nos faz tremer" (JESUS, 2014, p. 44). Na falta do que comer, Carolina recorreu, por inúmeras vezes, ao lixo:

> Achei um cará no lixo, uma batata-doce e uma batata solsa. Cheguei na favela os meus meninos estavam roendo um pedaço de pão duro. Pensei: para comer estes pães era preciso que eles tivessem dentes elétricos. Não tinha gordura. Puis a carne com uns tomates que eu catei lá na Fábrica Peixe. Puis o cará e a batata. E água. Assim que ferveu eu puis o macarrão que os meninos cataram no lixo. Os favelados aos poucos estão convencendo-se que para viver precisam imitar os corvos (JESUS, 2014, p. 41).

As condições sub-humanas não roubaram de Carolina Maria de Jesus a capacidade de questionar os motivos que faziam com que milhões de brasileiros tivessem a fome como companheira. Ela sabia que o estado de miséria na qual vivia, juntamente com os filhos, era resultante de uma ordem social injusta. Carolina queixava-se: "Isso não pode ser real num país fértil igual ao meu" (JESUS, 2014, p. 44). Para a escritora, a fome imposta aos moradores do "quarto de despejo" era filha também da perversidade do sistema capitalista:

> Hoje eu fiz arroz e feijão e fritei ovos. Que alegria! Ao escrever isto vão pensar que no Brasil não há o que comer. Nós temos. Só que os preços nos impossibilita de adquirir. Temos bacalhau nas vendas

> que ficam anos e anos a espera de compradores. As moscas sujam o bacalhau. Então o bacalhau apodrece e os atacadistas jogam no lixo, e jogam creolina para o pobre não catar e comer. Os meus filhos nunca comeu bacalhau (JESUS, 2014, p. 151).

Como uma verdadeira socióloga, Carolina Maria de Jesus percebia que a precariedade da vida fazia com que os operários perdessem o gosto pela democracia (JESUS, 2014, p. 112). Percebia também que, às vésperas das eleições, os políticos aproveitavam-se da fome para angariar a simpatia dos favelados e, consequentemente, votos. Se a ausência do que comer era algo permanente, o apreço dos candidatos pelos mais pobres era passageiro, conforme ela registrou em seu diário no dia 20 de maio de 1958:

> Quando um político diz nos seus discursos que está ao lado do povo, que visa incluir-se na política para melhorar as nossas condições de vida pedindo o nosso voto prometendo congelar os preços, já está ciente que abordando este grave problema ele vence nas urnas. Depois divorcia-se do povo. Olha o povo com os olhos semi-cerrados. Com um orgulho que fere a nossa sensibilidade (JESUS, 2014, p. 38).

Mesmo ferida em sua sensibilidade, a intelectual Carolina Maria de Jesus pensou caminhos para o país. No seu ponto de vista, o Brasil deveria ser "dirigido por uma pessoa que já passou fome. A fome também é professora" (JESUS, 2014, p. 29). Em seus planos, estava também a revolta, uma vez que, "se a maioria revoltar-se, o que pode fazer a minoria?" (JESUS, 2014, p. 39).

Para terminar: o que aprendemos sobre a Educação de Jovens e Adultos com Carolina Maria de Jesus?

A capacitação de professores para atuar na Educação de Jovens e Adultos é um campo em formação, assim definiu o educador Miguel Arroyo (2006, p. 18). Por meio de uma proposta de ensino protagonizada pela escritora Carolina Maria de Jesus, busquei me inserir nesse processo. Parti do pressuposto de que é necessário formar educadores conscientes de seu papel social, capazes de pensar a educação, suas finalidades e os sujeitos que estão envolvidos nela.

Com a referida proposta, buscamos suscitar reflexões a respeito do ensino de jovens e adultos como espaço de lutas, marcado pelo descaso, pela omissão e pela descontinuidade de políticas públicas. Mesmo com a universalização da educação básica, mecanismos excludentes e discriminatórios têm feito com que uma infinidade de brasileiros fique pelo caminho na busca pelo ingresso e permanência nos espaços formais de saber, conforme registrado nas Diretrizes Curriculares Nacionais para a EJA (2000, p. 4).

Carolina Maria de Jesus, mulher, negra, favelada, empregada doméstica, catadora de papel, escritora, poeta, cantora[105], intelectual e amante das valsas vienenses é filha desse mecanismo de perpetuação das desigualdades sociorraciais. As portas da escola foram fechadas para ela precocemente. Ciente dos impactos da ausência de um diploma em sua vida, ela escreveu: "se eu tivesse diploma superior seria mais respeitada. Mas só tenho dois anos de grupo" (JESUS, 1996, p. 143).

Os poucos anos de estudo, somados à miséria, ao machismo, ao epistemicídio e ao racismo, infligiram à Carolina e aos seus filhos uma existência penosa, registrada nas páginas do seu *Quarto de despejo*. Contudo, a situação de flagelo não lhe furtou a condição de sujeito, capaz de refletir sobre si e sobre a sociedade do seu tempo. Em contato com o cotidiano da favela do Canindé, entendemos que os educandos que adentram as salas de aula da EJA são portadores de conhecimentos e de experiências múltiplas. Desse modo, é preciso reconhecê-lo como cidadãos que sentem, anseiam e sonham.

A escrita testemunhal de Carolina Maria de Jesus nos mostrou que, para ser educador da EJA, não basta dominar os conteúdos; torna-se necessária uma mudança no olhar para enxergar o outro como igual, como semelhante. Ela nos levou a pensar em práticas pedagógicas antirracistas e inclusivas que ressaltem, reconheçam e valorizem o potencial dos estudantes com quem podemos aprender e ensinar. Ela mostrou que a formação continuada e a valorização dos

---

[105] Um ano após o lançamento de *Quarto de despejo*, Carolina Maria de Jesus lançou um LP com 12 composições próprias. O disco está sob a guarda do Instituto Moreira Salles (IMS).

professores de jovens e adultos são urgentes para colocar freios nos equívocos e nas omissões que marcam essa modalidade de ensino. Também nos mostrou que é preciso lutar pelo fortalecimento e pela manutenção da EJA como forma de ampliação e cumprimento do direito humano à educação.

"Muito bem, Carolina!" (JESUS, 2014, p. 74).

Referências:

ARROYO, Miguel. Formar educadoras e educadores de jovens e adultos. In: SOARES, Leôncio (Org.). **Formação de educadores de jovens e adultos**. Belo Horizonte: SECAD – MEC/UNESCO, 2006. p. 17-32.

ARRUDA, Aline Alves. **Carolina Maria de Jesus**: projeto literário e edição crítica de um romance inédito. Tese (Doutorado em Estudos Literários). Belo Horizonte, Faculdade de Letras da UFMG, 2015. Disponível em: <https://repositorio.ufmg.br/handle/1843/225/simple-search?query=&sort_by=score&order=desc&rpp=10&filter_field_1=advisor&filter_type_1=equals&filter_value_1=Constancia+Lima+Duarte&filter_field_2=type&filter_type_2=equals&filter_value_2=Tese+de+Doutorado&etal=0&filtername=author&filterquery=Aline+Alves+Arruda&filtertype=equals>. Acesso em: 15 mai. 2020.

BRASIL. Parecer CNE/CEB 11/2000, de 9 de junho de 2000. Institui as Diretrizes Curriculares Nacionais para a Educação de Jovens e Adultos. **Diário Oficial da União**, 19 de julho de 2000. Disponível em: <http://forumeja.org.br/sc/node/390>. Acesso em: 16 abr. 2020.

CARNEIRO, Aparecida Sueli. **A construção do outro como não-ser como fundamento do ser.** Tese (Doutorado em Educação). São Paulo, Faculdade de Educação da USP, 2005.

COLLINS, Patrícia Hill. **Pensamento feminista negro**. São Paulo: Boitempo, 2019.

FONSECA, Maria Nazareth Soares. Catar papel se limita com escrever: rompendo os muro da miséria. In: ARRUDA, Aline Alves; BARROCA, Iara Christina Silva; TOLENTINO, Luana; MARRECO, Maria Inês (Org.). **Memorialismo e resistência**: estudos sobre Carolina Maria de Jesus. Jundiaí: Paco Editorial, 2016. p. 81-93.

FREIRE, Paulo. **Ação cultural e outros escritos**. 5ª. ed. Rio de Janeiro: Paz e Terra, 1981. Disponível em: <http://www.gestaoescolar.diaadia.pr.gov.br/arquivos/File/otp/livros/acao_cultural_liberdade.pdf>. Acesso em: 15 abr. 2020.

FREIRE, Paulo. **Pedagogia do oprimido**. 17ª. ed. Rio de Janeiro: Paz e Terra, 1987. Disponível em: <http://www.letras.ufmg.br/espanhol/pdf/pedagogia_do_oprimido.pdf>. Acesso em: 15 abr. 2020.

JESUS, Carolina Maria de. **Meu estranho diário**. MEYHY, José Carlos Sebe e LEVINE, Robert M. (Org.). São Paulo: Xamã, 1996.

JESUS, Carolina Maria. **Quarto de despejo**: diário de uma favelada. 10 ed. São Paulo: Ática, 2014.

SANTOS, Boaventura de Sousa. Para além do pensamento abissal: das linhas globais a uma ecologia dos saberes. In: SANTOS, Boaventura de Sousa; MENESES, Maria Paula. (Org.). **Epistemologias do Sul**. São Paulo: Editora Cortez, 2009. p. 23-73.

SILVA, Analise de Jesus. Os adolescentes existem na EJA? **Paidéia**: Revista do Curso de Pedagogia da FUMEC, ano VI, n. 7, p. 39-50, 2009. Disponível em: <http://www.fumec.br/revistas/paideia/article/view/950/721>. Acesso em: 06 ago. 2019

SOARES, Leôncio José Gomes; PEDROSO, Ana Paula Ferreira. Formação de educadores na Educação de Jovens e Adultos (EJA): alinhavando contexto e tecendo possibilidades. **Educação em Revista**, v. 32, n. 4, out-dez de 2016, p. 251-268. Disponível em: <https://www.scielo.br/scielo.php?pid=S0102-46982016000400251&script=sci_abstract&tlng=pt>. Acesso em: 26 abr. 2020.

O direito à literatura: leitura e escrita em *Quarto de despejo*, de Carolina Maria de Jesus

Elisangela Aparecida Lopes Fialho[106]
Claraelisa Martins Mariano[107]

1. Introdução:

A obra de Carolina Maria de Jesus tem sido, nesse início de século, objeto de estudo de muitos trabalhos, nas mais distintas áreas do saber, especialmente *Quarto de despejo: diário de uma favelada*, publicado em 1960, que não só tem provocado discussões em torno da construção da identidade feminina e negra, do poder da voz advinda das margens, do testemunho da exclusão social, como também tem sido tomado como fonte para outras manifestações artísticas. Sem dúvida, o diário é a obra mais popular da autora mineira.

O diário de Carolina está recheado de conteúdos metalinguísticos. Muitas são as passagens em que a leitura é retratada pela autora como uma necessidade premente, um desejo a garantir sua existência. Em outros momentos, Carolina também atribui ao ato de escrever o diário as mesmas características, além de assegurá-lo como elemento constitutivo de si mesma como mulher e escritora, condição defendida por ela em vários registros.

Levando essas duas temáticas em consideração, desejamos analisar alguns

[106] Doutora em Literaturas de Língua Portuguesa, pela PUC-Minas; professora do IFSULDEMINAS – Campus Pouso Alegre. E-mail: elisalopesletras@gmail.com

[107] Graduanda em História pelo IFSULDEMINAS – Campus Inconfidentes. E-mail: clarelisamartins@alunos.ifsuldeminas.edu.br

dos trechos metalinguísticos do diário, em que a leitura e a escrita encontram-se tematizadas, como exemplificação do pensamento de Antonio Candido em "O direito à literatura".

Assim, visamos analisar as referências ao ato de ler, contidas no livro, como concretização de um desejo, de um direito que Carolina requisita para si. Ainda, serão apresentados excertos nos quais o ato da escrita é retratado como uma necessidade existencial, como um direito a todo momento defensável, independentemente dos contextos. Além disso, discutiremos o acesso ao livro de 1960, por parte do leitor contemporâneo, como fator de humanização, princípio fundamental da concepção do teórico brasileiro, a justificar a compreensão do direito à leitura literária.

2. O diário como gênero textual e literário

O livro de 1960 apresenta um traço peculiar também quanto à questão do gênero textual, por não exercer somente a sua funcionalidade mais comum. Ao apresentar definições dos gêneros textuais, Costa (2009) mapeia distintas formatações e funcionalidades para as possibilidades de registro. Quanto ao diário, o dicionarista realiza um percurso histórico e salienta suas várias configurações e funções, ressaltando que, quando esses registros permanecem restritos a seus autores, "mantém o caráter de gênero discursivo não literário, considerados apenas como diários e não como literatura" (COSTA, 2009, p. 91), o que se justifica, no nosso entender, pela não publicação e consequente inexistência do leitor.

No caso de Carolina, a intenção de fazer de seus escritos um livro a ser publicado, mesmo que isso parecesse improvável, devido à sua condição social, fica marcada no seu cotidiano. Em várias passagens ela deixa isso claro: "Vou escrever um livro referente a favela. Hei de citar tudo que aqui se passa. E tudo o que vocês me fazem. Eu quero escrever o livro, e vocês com estas cenas desagradaveis me fornece os argumentos" (JESUS, 2011, p. 20)[108]. Desse trecho também podemos inferir as muitas funcionalidades do diário, as quais ultrapassam

[108] A fim de facilitar a localização dos trechos do diário em virtude de suas múltiplas edições, em língua

aquilo que notadamente se atribui ao gênero, conforme Sérgio Roberto Costa ressalta: "trata-se de uma prática discursivo-escrita muito comum, principalmente, entre as mulheres, a partir do romantismo, que é o registro do seu cotidiano, quase a cada dia" (COSTA, 2009, p. 91). A passagem citada, além de ilustrar o registro do dia-a-dia, também sinaliza para outras funções que Carolina atribuía à própria escrita, como a configuração de um livro de denúncia da condição social dos moradores da favela e, intimamente, da sua exclusão nesse ambiente.

Diante dessas possibilidades de compreensão do gênero textual, *Quarto de despejo* provoca outras relativizações. A escrita do diário propriamente dita concretiza-se de maneira peculiar, pois Carolina o fazia em cadernos e folhas soltas retirados do lixo. O jornalista Audálio Dantas, editor do livro, responsável por trazer essa obra ao conhecimento do público, deixa implícito seu espanto como jornalista que visava retratar a expansão da favela do Canindé no final da década de 1950, ao descobrir que tal percurso se daria em outra ordem: "a história da favela que eu buscava estava escrita em uns vinte cadernos encardidos que Carolina guardava em seu barraco" (DANTAS, 2007, p.2). Vale ressaltar que é do lixo que advém a matéria-prima a garantir a sobrevivência de Carolina: a garantia da aquisição dos alimentos para o corpo, a nutrição para a alma: as folhas para registro.

Os diários, quando tornados públicos, configuram-se, então, como textos literários de vasto interesse do leitor quanto ao cotidiano de autores conhecidos. Costa ressalta que, nesse caso, esse texto encontra-se marcado por "uma grande diversidade discursiva: de relato, narrativa, expositiva, argumentativa..." (COSTA, 2009, p. 271). Certamente esse aspecto híbrido não é uma peculiaridade desse gênero. *Quarto de despejo* é um ótimo exemplo dessa diversidade e, nesse sentido, também se difere do que em geral se registra em páginas desse tipo. No livro, o cotidiano é registrado à exaustão, mas um dia-a-dia em tudo muito distinto daqueles que costumam ser objeto de anotações, marcado pela miséria, fome, violência e marginalização, que se fazem presentes na vida da escritora. A voz de Carolina configura-se como marginal e é desse lugar que ela "lê" a cidade onde mora: "[...] eu

materna ou em versões traduzidas, indicaremos a data dos trechos em notas. Neste caso: 19 de julho de 1955.

classifico São Paulo assim: o Palácio, é a sala de visita. A Prefeitura é a sala de jantar e a cidade é o jardim. E a favela é o quintal onde jogam os lixos" (JESUS, 2007, p. 32).[109]

Maria José Motta Viana, em seu livro *Do sótão à vitrine: memórias de Mulheres*, aponta alguns motivos que fazem da escrita do diário uma prática recorrente entre as escritoras brasileiras. Um deles é a possibilidade de, através dessa escrita, a figura feminina poder reaver-se enquanto sujeito. É através da escrita que Carolina torna-se sujeito de si mesma, uma vez que põe no papel seus dramas e angústias, seus medos e frustrações, e torna-se sujeito social ao retratar a pobreza e a miséria presentes no "quarto de despejo".

Segundo Vianna (1995), outra característica do diário é a prisão ao cotidiano e daí a constante repetição. Em se tratando dos escritos de Carolina, a repetição é uma marca. A descrição dos acontecimentos dos seus dias se inicia sempre da mesma forma, ou seja, é marcada pela rotina: levantar, pegar água, voltar para casa, cuidar dos filhos, catar papel. Em determinando momento do livro, o registro da própria rotina é alvo de considerações: "[...] vocês já sabem que eu vou carregar agua todos os dias. Agora vou mudar o inicio da narrativa diurna, isto é, o que ocorre comigo durante o dia" (JESUS, 2000, p. 110)[110]. A partir de então, a descrição minuciosa cede lugar a uma frase enxuta "fiz meus deveres"[111]. Vianna aponta também para o caráter fragmentário do diário: o relato do dia-a-dia se torna uma unidade a partir do momento em que é escrito, que se constrói também através do trabalho de tessitura dos significados feito pelo leitor artesão. Nessa unidade, uma personagem chama atenção, conforme salienta Dantas (2007, p. 02): "A fome aparece no texto com uma frequência irritante. Personagem trágica, inarredável".

A constante presença da fome, bem como os questionamentos político-sociais presentes no diário de Carolina e os registros da discriminação social sofrida, marca a marginalização dentro da marginalização: Carolina era discriminada por ser pobre, negra, mulher, catadora de papel, mãe solteira e escritora. Diante da configuração desse lugar de fala, Maria Madalena Magnabosco afirma:

---

[109] 15 de maio de 1958.

[110] 16 de outubro de 1958.

[111] Tal construção se torna visível a partir das anotações de 17 de outubro de 1958. É possível que tal alteração tenha sido feita pelo jornalista Audálio Dantas, como parte da edição do livro, já que afirma: "A repetição da rotina da favelada, por mais fiel que fosse, seria exaustiva. Por isso foram feitos cortes, selecionados os trechos mais significativos" (DANTAS, 2007, p.6)

> Os diários de Carolina Maria de Jesus podem ser, assim, considerados testemunhos que borram as fronteiras da literariedade ao denunciarem uma outra experiência do sujeito, do feminino, a partir das vivências e posições de enunciações da autora, a qual buscou – pelo conteúdo da narrativa e não por sua forma – simbolizar o que escapou e continua escapando aos olhares progressistas da modernização, ou seja, as fraturas expostas pela miséria ecológica, econômica, emocional e relacional, cruamente expostas na favela de Canindé (MAGNABOSCO, 2002, p. 147).

Quarto de despejo atua, então, também como instrumento de denúncias diárias de uma condição social muito aquém da que deveria gozar um sujeito, e Carolina faz questão de demarcar isso em vários momentos. O livro também se apresenta como instrumento necessário à sobrevivência da autora, da sua constituição como sujeito (da/na escrita), da projeção de outra vida almejada. Carolina, em seu cotidiano, não abre mão de se construir como um sujeito construído pela/na literatura – ao ler, escrever, refletir e provocar reflexões –, requisitando para si o direito a tais formas de existência.

3. Carolina e o direito à leitura

O título deste artigo já sinaliza um diálogo entre as concepções de Antonio Candido e o diário de Carolina. Em "O direito à literatura", o teórico, para discorrer sobre a interface literatura e direitos humanos, atribui à instituição literária a concepção do direito em seu largo sentido: "o que deve ser possível a cada um na vida em sociedade, e de acordo com suas leis, sua ética etc."[112] Na introdução ao ensaio, o autor afirma que os direitos humanos possibilitam, na sociedade atual, a reconfiguração do *ethos* como prática discursiva e, nesse sentido, não caberiam nela mais algumas concepções, tais como: a atribuição da pobreza à vontade divina, a miserabilidade como consequência da vadiagem, a exploração desumana dos trabalhadores, a aceitação com normalidade das falas depreciativas tendo como centro a figura do negro. Nas palavras de Candido (2011, p. 170):

---

[112] Dicionário Caldas Aulete, disponível em http://www.aulete.com.br/direito. Acesso 24/04/2020

"quem acredita nos direitos humanos procura transformar a possibilidade teórica em realidade, empenhando-se em fazer coincidir uma com a outra".

Partindo dos pressupostos de Louis-Joseph Lebret[113], segundo os quais haveria "bens incompreensíveis" e "bens compreensíveis", Candido (2011, p. 174) afirma: "são bens incompreensíveis não apenas os que asseguram a sobrevivência física em níveis decentes, mas os que garantem a integridade espiritual". E, desse modo, a literatura deve ser entendida como direito inalienável, principalmente porque o acesso a ela é um fator de humanização. É possível reconhecer nas páginas do livro de Carolina muitas funções atribuídas tanto à leitura quanto à escrita, algumas das quais serão abordadas neste texto, em diálogo com os pressupostos de Candido.

No diário de Carolina Maria de Jesus, além do registro do cotidiano e da denúncia social, é possível encontrar, ainda, uma faceta metalinguística. No livro, as práticas da leitura e da escrita assumem funções peculiares: fuga, autoconhecimento, diferenciação entre a autora e os moradores locais e, por fim, possibilidade de mudança.[114] Para tratar de modo mais didático esse tema, é preciso recuperar algumas das funções ocupadas pela leitura, especialmente no gênero diário.

Em vários momentos do livro, a prática da leitura – exercício sempre presente no cotidiano da autora – preenche os espaços vazios do tempo. Quando chove, ela se vê impossibilitada de sair para catar papel e debruça-se sobre o livro. Diante da necessidade premente do trabalho diário para garantir o alimento, Carolina expressa sua alegria ao receber a doação de alimentos. Na tarde de 16 de julho de 1955, o direito à alimentação havia sido garantido por uma instituição de caridade, alterando, assim, o seu estado de espírito: "o nervoso interior que eu sentia ausentou-se. Aproveitei a minha calma interior para eu ler" (JESUS, 2007,

---

[113] Economista e religioso dominicano, nascido na França, em 1897. No Brasil, onde esteve em idos de 1947, ficou mais conhecido como Padre Lebret. De volta a sua terra natal, passou a se dedicar aos estudos em torno das condições dos países subdesenvolvidos, convencido de que tais condições eram um problema do século. Fundou para tanto o Instituto Internacional de Pesquisa para a Formação e o Desenvolvimento (Irfed).

[114] Cf. LOPES, Elisangela Aparecida. A importância da leitura e da escrita para Carolina Maria de Jesus: uma leitura do seu *Quarto de despejo*. *Literafro*, s.d. Disponível em: <http://www.letras.ufmg.br/literafro/29-critica-de-autores-feminios/1024-a-importancia-daleitura-e-da-escrita-para-carolina-maria-de-jesus-uma-analise-do-seu-quarto-de-despejo-elisangela-aparecida-lopes>. Acesso em: 26 abr. 2020.

p. 12). Pode-se perceber, nesse trecho, que a garantia do alimento traz como consequências a "calma interior" a qual, por sua vez, garante a ela a condição da leitura. Em outras anotações, os termos se invertem, pois, por vezes, a leitura é um instrumento de fuga, fazendo a autora esquecer a fome.

A prática da leitura está incorporada ao cotidiano da autora, apresentando-se, inclusive, como hábito a diferi-la dos demais moradores da favela. O caráter vicioso da leitura fica claro em: "tem muitas pessoas aqui na favela que diz que eu quero ser muita coisa porque não bebo pinga [...] Eu não bebo porque não gosto, e acabou-se. Eu prefiro empregar o meu dinheiro em livros do que no álcool" (JESUS, 2007, p. 74).[115] Nessa anotação, há elementos a serem ressaltados: o livro e a possibilidade de leitura distinguem Carolina dos demais moradores da favela, conferindo a ela um certo status dentro da margem em que vive. Ela, uma mulher semianalfabeta que estudou por dois anos no Colégio Allan Kardec – primeira escola espírita do Brasil – mantida pela senhora para quem sua mãe lavava roupas, torna-se, naquele universo marcado pelo analfabetismo e pela falta de oportunidades, os olhos que fazem o movimento de saída e retorno ao quarto de despejo. Nesse sentido, ela lê para as mulheres da favela uma notícia de jornal que informava sobre o assassinato envolvendo um deputado recifense. As mulheres, diante da brutalidade do fato e, talvez, por serem informadas de que crimes acontecem também na "sala de visitas", revoltam-se e rogam uma praga ao assassino. Todavia, além de hábito, a prática da leitura também é objeto de rechaçamento: "– Nunca via uma preta gostar tanto de livros como você" (JESUS, 2007, p.27)[116].

Outra passagem ilustra não somente a leitura como hábito, mas também o enaltecimento do objeto literário: "Quando cheguei em casa era 22,30. Liguei o rádio. Tomei banho. Esquentei a comida. Li um pouco. Não sei dormir sem ler. Gosto de manusear um livro. O livro é a melhor invenção do homem" (JESUS, 2007, p.24)[117]. A leitura como prática cotidiana está presente em muitos registros do diário, mas também fica clara no modo de construção. No trecho acima, a

---

[115] 27 de junho de 1958.
[116] 23 de julho de 1955.
[117] 21 de julho de 1955.

sintaxe marcada predominantemente por orações coordenadas, organizadas em períodos simples, mostram um estilo de registro do cotidiano que engloba tanto as ações necessárias aos cuidados com o corpo, quanto àquelas imprescindíveis ao cuidado com a alma: ler um pouco.

Em *Quarto de despejo*, o acesso à leitura para Carolina é garantia de existência e do seu exercício de alteridade. Candido (2011) pontua que, tal como outras instituições sociais, a literatura é um instrumento poderoso de educação e instrução e, por isso, deve ser entendida como um direito. Carolina – para quem livro é a melhor invenção da humanidade –, devido a sua condição de mulher, negra, moradora da favela, talvez tenha concebido a literatura como o mais poderoso instrumento de educação e instrução ao ler e escrever o diário, os romances, os poemas, tornando, assim, a literatura comparável às instituições sociais que também exercem esse papel, como a família e a escola, conforme afirma Candido.

4. Carolina e o direito à escrita

Em *Quarto de despejo*, ao ato da leitura outro se associa: o da escrita. Ambas são ações indissociáveis no cotidiano autoral e se configuram como um direito que Carolina requisita para si e para seus leitores.

Como já dito em relação à leitura, o exercício da escrita é, também, ponto de estranhamento entre Carolina e aqueles que a rodeiam. Isso possivelmente se dá em virtude de uma concepção do que seja um escritor, que em tudo é muito distinta da condição de Carolina. É sabido que a literatura nacional, até meados do século passado, encontrava-se assentada em um paradigma: masculina, branca, construída por aqueles que gozavam de boas condições socioeconômicas. [118]

[118] Cf. DALCASTAGNÈ, 2012. Além de apresentar um mapeamento da literatura nacional ao longo do livro quanto aos autores, narradores, personagens e espaços, promovendo comparações entre diversas obras, a autora problematiza na introdução esse panorama a respeito da tensão entre o cânone e as margens. Em relação à obra de Carolina Maria de Jesus, por exemplo, faz a seguinte observação: "Tomar a obra de Carolina Maria de Jesus, por exemplo, a mostrar como ela pode ser altamente avaliada, com base nos critérios de julgamento estético mais tradicionais, será eficaz para forçar algumas margens do campo. Mas incorre numa armadilha. Acabamos por referendar estes critérios, aceitá-los em sua pretensa universalidade – e ficamos em posição pior para dar o passo seguinte, que é questionar esses mesmos parâmetros de julgamento estético, que são, eles próprios, reflexo de exclusões históricas" (DALCASTAGNÈ, 2012, p.11).

Carolina, ciente do quanto está à margem desse clã, reflete sobre a matéria-prima de seu diário: "segui pensando: quem escreve gosta de coisas bonitas. Eu só encontro tristezas e lamentos" (JESUS, 2007, p. 161)[119]. De lamentos, tristezas, denúncias e reflexões sobre os papéis que a literatura exerce em sua vida, a autora constrói sua narrativa peculiar.

Os moradores locais questionavam Carolina a respeito da sua atuação como escritora – "O José Carlos ouviu a Florenciana dizer que eu pareço louca. Que escrevo e não ganho nada" (JESUS, 2007, p. 93)[120] – possivelmente por intuírem a antítese entre o paradigma mencionado e a moradora da favela. Escrever o diário é uma forma de a escritora tentar lidar com a estranheza que causa no ambiente em que vive. Em vários momentos do livro, Carolina ressalta o quanto se sente incomodada pela presença dos moradores. Tal incômodo é frequente, causado inclusive por crianças que vão ao seu barraco para insultá-la: "Mesmo elas me aborrecendo-me, eu escrevo. Sei dominar meus impulsos. Tenho apenas dois anos de grupo escolar, mas procurei formar o meu carater" (JESUS, 2007, p.16)[121]. A estranheza quanto à existência de uma mulher, moradora da favela, que se intitula escritora, concretiza o preconceito imbuído no panorama da literatura nacional. A fim de buscar um caminho para a concretização de seu ideal, a autora requisitava leitores: "Eu escrevia peças e apresentava aos diretores de circo. Eles respondiam-me: '- É pena ser preta'" (JESUS, 2007, p.58)[122]. Mesmo quando a publicação do livro era apenas um desejo, Carolina tinha consciência de que seria ela mesma uma voz fora do lugar nas letras nacionais e, por isso, requisita para si um outro lugar, um outro olhar sobre si, marcando tal distinção. Vejamos:

> ...Mas eu já observei os nossos politicos. Para observá-los fui na Assembleia. A sucursal do Purgatorio, porque a matriz é a sede do Serviço Social, no palacio do Governo. Foi lá que eu vi ranger de dentes. Vi os pobres sair chorando. E as lagrimas dos pobres comove os poetas.

---

[119] 18 de julho de 1959.
[120] 14 de julho de 1958.
[121] 18 de julho de 1955.
[122] 16 de junho de 1958.

> Não comove os poetas de salão. Mas os poetas do lixo, os idealistas da favela, um expectador que assiste e observa as trajedias que os politicos representam em relação ao povo (JESUS, 2007, p. 54).

As metáforas criadas pela autora nesse trecho não somente têm como referência as Escrituras, como também ilustram o trabalho com a linguagem e o discurso ideológico da autora, para quem a literatura é também denúncia. Por sua vez, o cotidiano é requisitado como matéria-prima da escrita, esta entendida também como advinda da comoção do escritor que, por meio do registro, irá provocar estranhamento pela linguagem, conforme sinaliza Sartre (2004), ao definir parâmetros para a literatura. Diante deste trecho, torna-se inevitável a comparação com "O bicho", de Manuel Bandeira. Nesse poema, as ações animalizadas de um homem – "Quando achava alguma coisa, / Não examinava nem cheirava: / Engolia com voracidade" –, ou ainda, a observação de um cotidiano alheio ao observador, provocam nele o espanto, a comoção: "O bicho, meu Deus, era um homem" (BANDEIRA, 1993). Manuel Bandeira, inclusive, quando do lançamento do livro de Carolina, escreveu um artigo sobre a obra e a autora. Por meio desse texto, na visão de Audálio Dantas, o poeta modernista teria "colocado as coisas no devido no lugar", ao afirmar a impossibilidade de *Quarto de despejo* ter sido escrito por outro autor. Nas palavras de Dantas, ao referenciar o artigo de Bandeira: "ninguém poderia inventar aquela linguagem, aquele dizer as coisas com *extraordinária força criativa,* mas típico de quem ficou a meio caminho da instrução primária" (DANTAS, 2007, p.8, grifo do autor).

No trecho citado, Carolina afirma a distinção entre "os poetas do salão" e "os poetas do lixo". Em outra anotação, lemos: "E eu pensei em Casemiro de Abreu, que disse: 'Ri criança. A vida é bela'. Só se a vida era boa naquele tempo. Porque agora a época está apropriada para dizer: 'Chora criança. A vida é amarga'" (JESUS, 2007, p.36-7)[123]. Nesse excerto, o olhar sobre a vida e o consequente ponto de vista demarcado na escrita literária são elementos a diferenciar a autora dos escritores do seu tempo, os quais se configurariam como "poetas do salão". Já os "poetas do lixo" se portam como observadores de uma realidade à margem da

[123] 19 de maio de 1958.

sociedade, que veem no registro desta pela literatura uma forma não apenas de denúncia, mas também de transformação. Como ela, esses poetas não somente assistiam às tragédias provocadas pelos políticos que, na maioria das vezes, ao defenderem os interesses das classes dominantes, acirram a desigualdade social. No contexto de exclusão, marcado pela ausência de garantia dos direitos fundamentais, atuam os "poetas do lixo" não meramente como espectadores, mas também como atores desses dramas. Viver e registrar o cotidiano de exclusão se configura, no livro de 1960, como elemento capaz de ilustrar a humanização pela literatura, de que nos fala Candido. A comoção da poeta do lixo comprova isso, e o impacto daqueles registros nos leitores também.

Diante disso, é possível vislumbrar que também a escrita é, para Carolina, uma forma de instrução, pois por meio dela controla seus instintos, reflete sobre sua condição e fecunda seus sonhos, escreve o seu mundo, enfim. A escrita é também um direito que procura assegurar para si, que promove um lugar social que ela almeja, sem, contudo, disso excluir seus interlocutores, por isso busca quem leia seus escritos. Carolina Maria de Jesus, sabedora de que a efetivação do lugar de escritora mudaria sua vida, talvez estivesse também consciente da possibilidade de que também ela e seu livro mudassem o panorama literário nacional, a visão de mundo de seus leitores.

Ao alargar o entendimento do que seja literatura – "todas as manifestações de toque poético, ficcional ou dramático em todos os níveis de uma sociedade, em todos os tipos de cultura" (CANDIDO, 2011, p.175) –, Candido a configura como "manifestação universal", visto que a fabulação é intrínseca ao homem. Carolina deixa claro o registro oriundo dessa faculdade humana, pois escrever permite a ela a construção imaginária de uma vida em tudo distinta da que leva: "enquanto escrevo vou pesando que resido num castelo cor de ouro que reluz na luz do sol" (JESUS, 2007, p.60)[124]. A escritora ilustra, assim, "uma necessidade universal, que precisa ser satisfeita e cuja satisfação constitui um direito" (CANDIDO, 2001, p.175), conforme salienta o teórico. Além disso, destaca o pensador brasileiro, a literatura também deve ser um direito porque se constitui

[124] 12 de junho de 1958

como um reflexo das crenças da sociedade e, nesse sentido, constrói um olhar crítico e reflexivo sobre esta. No diário de 1960, o reflexo da desigualdade, do preconceito contra a mulher, contra a mulher negra, bem como a consciência da ausência do Estado nos espaços marginais da sociedade, fazem da escrita de Carolina um registro do contexto brasileiro da primeira metade do século XX que, infelizmente, se mostra vigente, como bem mostrou a historiadora, professora e escritora Luana Tolentino, ao deslocar a voz de Carolina para o contexto brasileiro do ano 2020.[125]

Por se configurar, segundo Candido, como instrumento de educação, como representação cultural e social, como registro das crenças de uma sociedade, a literatura tem papel fundamental na construção de um indivíduo, de uma sociedade: "Por isso é indispensável tanto a literatura sancionada quanto a literatura proscrita; a que os poderes sugerem e a que nasce dos movimentos de negação do estado de coisas predominante" (CANDIDO, 2011, p.175). É como negação que *Quarto de despejo* nasce e permanece entre as letras brasileiras: negação de um determinado perfil de escritores, de um gênero textual/literário, do objeto de representação literária predominante nas letras nacionais, do registro formal da língua portuguesa, das motivações para a escrita.

5. Os leitores e o direito ao *Quarto de despejo*

Ao desdobrar a concepção do direito à literatura, Candido, ainda, fundamenta as possíveis consequências da leitura na construção do indivíduo leitor. Para ele, a literatura deve ocupar o lugar de um direito incompreensível e, portanto, indiscutível, principalmente por ser um instrumento de humanização. A capacidade de tornar o leitor mais humano está fundamentada no aspecto dialético dos textos literários. Nas palavras do teórico: "os valores que a sociedade preconiza, ou os que considera prejudiciais, estão presentes nas diversas manifestações da ficção, da poesia e da ação dramática. A literatura confirma

[125] Referimo-nos ao texto "Carolina Maria de Jesus: Quem governa o Brasil não sabe o que é aflição do pobre", no qual a historiadora cria uma entrevista com a escritora mineira, fundamentada em trechos de Quarto de despejo. Carta Capital. 28 de abr. 2020. Disponível em https://www.cartacapital.com.br/opiniao/carolina-maria-de-jesus-quem-governa-o-brasil-nao-sabe-o-que-e-a-aflicao-do-pobre/. Acesso 028/05/2020

e nega, propõe e denúncia, apoia e combate, fornecendo a possibilidade de vivermos dialeticamente os problemas" (CANDIDO, 2011, p.175).

Alguns dos valores que fundavam – e ainda fundamentam – o modo de pensar e de agir predominante na sociedade brasileira estão registrados na voz de Carolina: a discriminação social, o preconceito racial, a exploração da mão-de-obra do trabalhador, o machismo e sua consequente visão restrita do papel da mulher na sociedade. Como leitores de *Quarto de despejo*, vivenciamos dialeticamente essas e outras questões, principalmente porque, por vezes, mesmo gozando de outras condições de vida, vislumbramos a sociedade atual pelos olhos de Carolina. Esse exercício de alteridade torna a nós, seus leitores, mais humanos.[126]

Candido enfatiza, portanto, o aspecto humanizador e contraditório da instituição literária, desdobrando-o em três facetas. Como "objeto autônomo", dotado de estrutura e significado próprios, "a produção literária tira as coisas do nada e as dispõe como todo articulado" (CANDIDO, 2011, p.177). Diário de uma favelada não só ordena a suposta desordem da favela, tornando-a pública pela linguagem literária, como também é um todo organizado de sentido, já que está imbricado de funções distintas: denúncia social, reflexão sobre a escrita, registro do dia-a-dia. Essa "coisa articulada", nos dizeres de Candido, pode ser exemplificada pela metáfora que intitula o livro – "quarto de despejo" – e que guarda o seu oposto – "sala de visitas" –, em um exercício dialético que nos localiza enquanto leitores.

O segundo desdobramento conceitual diz respeito à literatura como "forma de expressão", cuja capacidade de humanizar está ligada à "coerência mental que pressupõe e que sugere" (CANDIDO, 2011, p.177). Essa coerência é apreciada por vieses múltiplos por parte dos leitores do livro de 1960, o que fica claro pelos estudos em torno do diário, por meio dos quais *Quarto de despejo* assume funções

126 Em 2019, os alunos ingressantes no Ensino Médio Integrado ao Técnico leram a anotação do dia 13 de maio de 1958 do diário de Carolina, da qual suprimi a referência bibliográfica, a fim de que avaliassem, a partir das ideias de Sartre (1998), se tal trecho poderia ser considerado literatura. Nas respostas justificaram o pertencimento do excerto à literatura por este apresentar um modo de dizer peculiar, um determinado trabalho com a linguagem, interdiscursividade e, além disso, porque apresentava uma visão de mundo particular, visava a denúncia (construção ideológica) e, ao falar de seu lugar, Carolina falava de todos nós como sociedade.

diversas: testemunhar a exclusão, denunciar a desigualdade, assegurar a potência da voz feminina e negra, até mesmo como direito fundamental tanto por parte de quem o escreveu quanto por parte dos leitores.

O último desdobramento diz respeito à literatura como forma de conhecimento, possível pela concretização de uma visão de mundo (segundo desdobramento) que atua pela forma (primeiro desdobramento), possibilitando a mobilidade do conhecimento. O diário de Carolina Maria de Jesus é uma forma de conhecimento de uma realidade marginalizada, mas não somente: é um grande ensaio sobre o papel, o poder e as múltiplas funções da literatura como salvaguarda da vida, da existência. Um direito que a autora defende para si, na importância dada à leitura e à escrita, e para nós, no incansável desejo de tornar público o seu diário.

Candido salienta, ainda, o aspecto dialógico da literatura – possibilitar a nós "vivermos dialeticamente os problemas" (CANDIDO, 2011, p.175) – para considerar seu efeito sobre o leitor. O teórico afirma que nas mãos do leitor o livro pode ser um fator de perturbação, de risco, principalmente em virtude dessa dialética que a constitui:

> A respeito destes dois lados da literatura, convém lembrar que ela não é uma experiência inofensiva, mas uma aventura que pode causar problemas psíquicos e morais, como acontece com a própria vida, da qual é imagem e transfiguração. Isto significa que ela tem papel formador da personalidade, nas não segundo as convenções; seria antes segundo a força indiscriminada e poderosa da própria realidade. Por isso, nas mãos do leitor o livro pode ser fator de perturbação e mesmo de risco. Daí a ambivalência da sociedade em face dele, suscitando por vezes condenações violentas quando ele veicula noções ou oferece sugestões que a visão convencional gostaria de Proscrever (CANDIDO, 2011, p. 175-176).

A leitura de *Quarto de despejo: diário de uma favelada* é uma experiência marcante não somente para o leitor especializado, mas também para os leitores em formação e até mesmo para aqueles que pouco leem literatura. Cremos ser impossível passar incólume aos registros de Carolina devido aos sentimentos que podem ser despertados pelo contato com o livro: tristeza, inconformidade, revolta, mas também esperança. Um dos valores rechaçados pela sociedade, em que o livro toca, o suicídio, encontra-se aventado pela autora: "Hoje eu não tenho nada para comer. Queria convidar os meus filhos para suicidar-nos." (JESUS, 2007, p.176)[127], sinalizado como saída diante da fome que marca seus dias e as páginas do seu diário. Tal excerto, dentre muitos outros, ilustra as ideias apresentadas por Candido quanto ao impacto que a leitura do diário poderia provocar no leitor pelo fato de a autora tocar em um tabu social. Além disso, a hipótese levantada por Carolina para por fim ao seu sofrimento e ao da sua família pode ser lido como "força indiscriminada e poderosa da própria realidade", conforme pontua Candido (CANDIDO, 2011, p. 175-176).

6. Considerações finais

Reconhecer *Quarto de despejo* como objetivo de garantia do direito à literatura, apresenta desdobramentos para a própria autora e para os leitores do livro. Para Carolina, a necessidade de registrar o cotidiano é força impulsionadora da vida; garantia de sua existência como mulher negra e favelada e como escritora; concretização de sua voz marginal. Escrever o diário não é só espelhamento da sua realidade: é, também, forma de fuga dela pelo exercício da fabulação, bem como é o primeiro requisito por ela estabelecido para alcançar a sua casa de alvenaria. A autora também defende seu direito de acesso à literatura, como leitora, ao incluí-la em sua rotina, ao assegurá-la frente às interrupções e aos insultos da vizinhança. Ao afirmar o desejo de publicação do livro – a concretização da sua condição de escritora – Carolina defende o direito de que sua literatura – como negação de um paradigma literário – possa chegar até nós, seus leitores.

A expansão da obra de Carolina no cenário nacional é um fato, o que possibilita maior acesso aos livros da autora não somente pelos especialistas em literatura, mas também por parte dos leitores de um modo geral. Os livros da autora não só têm sido objeto de inúmeros estudos críticos, quanto também parâmetro e fonte na construção de outras obras, em um jogo de intertextualidade

[127] 16 de junho de 1959.

a alimentar o sistema literário, como concebe Candido. Para citar apenas um exemplo nesse sentido, destacamos a HQ *Carolina*, criada pela historiadora Sirlene Barbosa e pelo quadrinista João Pinheiro, premiada em importante festival na França, em 2019. Fora do circuito literário, temos assistido a menções à autora e sua obra pelos veículos de comunicação e informação. [128]

O caminho trilhado por Carolina, em *Quarto de despejo*, como leitora e autora, exemplifica tais práticas como um direito que ela defende para si. Ao publicar o livro, ela o assegura a nós. Além disso, na atualidade, a existência de múltiplas referências à obra de Carolina Maria de Jesus é fator essencial ao exercício do direito à literatura por ela produzida. Assim, os leitores são impactados, de formas distintas, tanto pela obra em si, quanto às obras artísticas para as quais serviu de fonte e inspiração. Nesse contexto, as possibilidades de humanização – princípio fundamental do direito à literatura – se concretizam não apenas na forma do diário como acesso ao cotidiano de marginalização, mas também em seu conteúdo, pelos temas ali presentes. Destes, destaca-se a importância que a leitura e a escrita têm para a autora, expressas como confissão nas páginas escritas. Para os leitores, a possibilidade humanização se materializa na leitura da obra e nos estudos sobre esta, alargando o acesso às muitas formas de releitura de *Quarto de despejo*. O legado de Carolina Maria de Jesus é, assim, amplo diverso, múltiplo, vivo e atual.

Referências

BANDEIRA, Manuel. **Estrela da Vida Inteira**. 20ª ed. Rio de Janeiro: Nova Fronteira, 1993.

CANDIDO, Antonio. O direito à literatura. In: ________. **Vários Escritos**. Rio de. Janeiro: Ouro sobre Azul/ São Paulo: Duas Cidades, 2011. P.169-194.

CANDIDO, Antonio. O sistema literário. In: ________. **Formação da literatura brasileira:** momentos decisivos. Belo Horizonte: Itatiaia, 2000. p.23-25.

[128] Carolina foi uma das mulheres homenageadas pela escola de samba Salgueiro, em 2018, com o enredo "Senhoras do Ventre do Mundo". A referência fica por conta de um carro alegórico que adentra a avenida trazendo uma mulher negra, vestida por um manto – sagrado – composto de trechos do *Quarto de despejo*: uma Pietá negra. Quanto aos veículos de massa, a série televisiva Segunda Chamada, cujo ambiente é uma instituição educacional, presta homenagem à autora ao nomear o espaço como Escola Carolina Maria de Jesus. No ano em que Carolina completaria 105 anos, sua imagem estampou a página inicial do Google.

COSTA, Sérgio Roberto. **Dicionário de gêneros textuais**. 2 ed. Belo Horizonte: Autêntica, 2009. p.88-89.

DANTAS, Audálio. A atualidade do mundo de Carolina. In JESUS, Carolina Maria de. **Quarto de despejo**: diário de uma favelada. 9 ed. São Paulo: Ática, 2007. p. 06-08.

DALCASTAGNÈ, Regina. **Literatura brasileira contemporânea**: um território contestado. Vinhedo: Editora Horizonte; Rio de Janeiro: Editora da Uerj, 2012.

JESUS, Carolina Maria de. **Quarto de despejo**: diário de uma favelada. 9 ed. São Paulo: Ática, 2007.

LOPES, Elisangela Aparecida. A importância da leitura e da escrita para Carolina Maria de Jesus: uma leitura do seu *Quarto de despejo*. **Literafro**, s.d. Disponível em: <http://www.letras.ufmg.br/literafro/29-critica-de-autores-feminios/1024-a-importancia-daleitura-e-da-escrita-para-carolina-maria-de-jesus-uma-analise-do-seu-quarto-de-despejo-elisangela-aparecida-lopes>. Acesso em 26 abr. 2020.

MAGNABOSCO, Maria Madalena. **Reconstruindo imaginários femininos através dos testemunhos de Carolina Maria de Jesus**: um estudo sobre gênero. Tese (Doutorado em Letras) – Faculdade de Letras da Universidade Federal de Minas Gerais, Belo Horizonte, 2002.

SARTRE, Jean-Paul. **O que é a literatura?** 3 ed. São Paulo: Ática, 2004.

VIANA, Maria José Motta. **Do sótão à vitrine**: memórias de mulheres. Belo Horizonte: Editora da UFMG, 1995.

Projeto Carolinas ao Vento, centenária e atemporal: difundindo nossas negras memórias[129]

Geny Ferreira Guimarães[130]
Hildalia Fernandes Cunha Cordeiro[131]
Danielle Cristina Anatólio dos Santos[132]

Carolina Maria de Jesus: reflexões sobre sua escrevivência, cotidiano e poder

Todos tem um ideal.
O meu é gostar de ler.
(CMJ)

Ao pensar Carolina Maria de Jesus neste ano de seu centenário[133] é possível partir de inúmeros pontos, lugares, espaços e desenvolver verdadeiros mapeamentos cartográficos e geográficos de sua vida e obra. Mas, no caso desta comunicação, nos deteremos a limitar a discussão na escrevivência, cotidiano

---

[129] Este artigo foi escrito por ocasião da Comemoração do Centenário de Carolina Maria de Jesus (2014) que, inclusive, se estendeu em âmbito nacional. Tanto o Projeto quanto o Coletivo Carolinas ao Vento, Centenária e Atemporal foram realizados ao longo dos anos de 2013 e 2014, mas desfeito em 2015. O Coletivo uniu em Salvador: Camila de Moraes (Jornalista/Graduanda em Cinema), Danielle Anatólio (Atriz/Historiadora), Denize Ribeiro (Área de Saúde/Educadora), Geny F. Guimarães (Geógrafa/Educadora), Hildalia Fernandes (Pedagoga/Educadora), Isabel Freitas (Atriz/Coringa do Teatro do Oprimido), Lindinalva Barbosa (Lingüista/Educadora), Vera Lopes (Atriz/Bacharel em Direito) e Vilma Reis (Socióloga/Educadora). Mas, como algumas moravam fora de Salvador, no ano de 2015, ao retornarem para suas respectivas cidades e estados, o Coletivo foi desfeito. Ver: Guimarães (2014).

[130] Docente EBTT CTUR/UFRRJ. Doutora em Geografia pela UFBA/PPGEO. genybr@yahoo.com.br

[131] Doutoranda em Literatura e Cultura pela UFBA. E-mail: hildaliafernandes@hotmail.com.

[132] Atriz e Pesquisadora. Mestra em Artes Cênicas pela UNIRIO.E-mail: da dannisaude@hotmail.com.

[133] Este texto foi apresentado no VI Colóquio Mulheres em Letras em 2014, ano do centenário de Carolina Maria de Jesus.

e poder inerentes aos seus escritos[134], entendendo a escrevivência como uma característica encontrada na escrita negra feminina, uma escrita de vivências cotidianas e de autorrepresentação:

> [...] se há uma literatura que aprisiona os sujeitos negros no espaço da estereotipia ou os apaga como seres inexistentes na sociedade, há outro discurso literário em que, vigorosamente, seus criadores, homens e mulheres, afirmam uma ancestralidade africana. Esses discursos incorporam saberes, visões de mundo vivenciados em outros espaços sociais e culturais, assim como muitas vezes além de revelar o pertencimento étnico, revelam também o de gênero (EVARISTO, 2011, p. 51).

A escrevivência surge justamente dessa necessidade de libertação dos sujeitos negros da estereotipia e da invisibilidade, além da autorrepresentação a partir de uma perspectiva de afirmação de negritude e de ancestralidade negra. Em muitas das obras de escritoras negras as questões sociais podem ser percebidas porque essas mulheres fazem parte de uma sociedade borbulhante de acontecimentos sociais, políticos, econômicos, culturais e raciais. E elas não estão de olhos e ouvidos vendados, pois observam, participam e transformam essa sociedade. Suas mentes inquietas transformam e dão novos sentidos ao que veem, escutam e vivenciam e algumas reconstroem o que apreendem por meio das letras, palavras e escritas.

As escritoras negras são agentes de transformação de seu tempo e utilizam seus textos como instrumentos de reflexões e de mudanças sociais. Particularmente, a força que emana das palavras de Carolina pode ser convertida em poder, algo muito disputado em toda e qualquer sociedade.

Muito importante lembrar que, apesar de ser literatura, como esta não é neutra, as escritas de Carolina podem ser analisadas por várias áreas do conhecimento, pois transitam "[...] entre as fronteiras conceituais da antropologia, historiografia, psicanálise e teoria literária, e acolhendo, ainda

---

[134] No decorrer de todo o artigo, as citações de Carolina Maria de Jesus serão mantidas com as grafias apresentadas conforme a publicação: *Quarto de Despejo*: diário de uma favelada, 7. ed. Rio de Janeiro: Francisco Alves, 1960.

debates dos domínios dos Estudos Culturais e Pós-coloniais" (SILVA; EVARISTO, 2011, p. 07).

As autoras Silva e Evaristo (2011) organizaram um livro para discussão do contexto afro-brasileiro, africano e da diáspora que envolve a literatura, a história, a etnicidade e a educação. O livro não representa uma publicação para discutir, exclusivamente, a obra de Carolina Maria de Jesus, mas seus escritos se encaixam, perfeitamente, nesse tipo de análise e nas reflexões feitas. Uma ressalva para essa edição é feita no que tange à Geografia, pois essa ciência não foi posta como uma das fronteiras conceituais nesse livro, mas a apresentação das organizadoras é geográfica e citam espacialidades que perpassam o que Dorren Massey discute sobre "contemporaneidades e margens das hegemonias dominantes", assim como Milton Santos sobre "racismo, preconceito e discriminação" (SILVA; EVARISTO, 2011, p. 07).

Massey (2008) apresenta uma releitura do conceito de espaço a partir das inter-relações, da esfera da multiplicidade de pluralidades contemporâneas, da coexistência de distintas trajetórias e heterogeneidades e da impossibilidade de um espaço acabado, sendo, assim, em permanente construção. Santos (2000), no contexto dos 500 anos do Brasil, apresenta o questionamento sobre o engessado e enviesado discurso brasileiro que foge à ética e à moral quando o assunto é negros e propõe discussões a partir de três elementos: corporeidade, individualidade e cidadania.

Diante disso, acredita-se que é apropriado seguir essa comunicação dentro de duas perspectivas: a da Geografia e a da Literatura Negra, começando a partir do que Carolina Maria de Jesus escreve no seu diário no dia 28 de maio de 1959:

> A vida é igual um livro. Só depois de ter lido é que sabemos o que encerra. E nós quando estamos no fim da vida é que sabemos como a nossa vida decorreu. A minha, até aqui, tem sido preta. Preta é a minha pele. Preto é o lugar onde moro (JESUS, 1960, p. 160).

A memória referida no título desta comunicação deve-se ao fato de que, para os que leem qualquer que seja a obra de Carolina nos dias de hoje, o que ela escreve acerca das suas experiências e lembranças serve-nos como memória e faz parte do patrimônio da história negra brasileira, até porque no Brasil a maior parte do legado patrimonial foi selecionado diante de critérios de apropriação que "[...] pressupõe poder, interesses de elites hegemônicas e imposição de valores de uma minoria que determina o que é patrimônio, muitas vezes em detrimento do ideário de uma maioria" (ESCOBAR, 2011, p. 55). Logo, essas memórias, mesmo que construídas e descritas individualmente, fazem parte de um coletivo, representam um legado e um patrimônio, pois o que viveu Carolina, muitas outras negras e negros viveram e ainda vivem. Carolina descrevia o seu cotidiano e muito do que a envolvia diretamente ou não se converteu no livro *Quarto de despejo* (1960) e em todos os outros[135] de sua autoria. Mas nem tudo que acontecia em sua vida era anotado no seu diário, assim como nem tudo que foi anotado foi publicado. Seleções foram feitas e, em primeiro lugar, as da própria Carolina, ao decidir o que iria ou não constar no seu diário, e depois as de quem editou seus livros, restando manuscritos ainda inéditos.

Carolina Maria de Jesus morou por muitos anos de sua vida na favela do Canindé, em São Paulo, lugar que consta nos seus escritos, em seu cotidiano e nas criações reflexivas da autora. O cotidiano pode ser entendido como um lugar, pois:

> [n]o lugar – um cotidiano compartido entre as mais diversas pessoas, firmas e instituições – cooperação e conflito são a base da vida em comum. Porque cada qual exerce uma ação própria, a vida social se individualiza; e porque a contiguidade é criadora de comunhão, a política se territorializa, com o confronto entre organização e espontaneidade. O lugar é o quadro de uma referência pragmática ao mundo, do qual lhe vêm solicitações e ordens precisas de ações condicionadas, mas é também o teatro insubstituível das paixões humanas, responsáveis, através da ação comunicativa, pelas mais diversas manifestações da espontaneidade e da criatividade (SANTOS, 2006, p. 218).

---

[135] *Casa de Alvenaria* (1960), *Provérbios* (1963), *Pedaços da fome* (1963), *Diário de Bitita* (1982), *Antologia Pessoal* (1996) e *Meu estranho diário* (1996).

Mas um lugar também é pensado dentro da lógica capitalista com suas funções, elementos e estruturas:

> Parece-nos que, hoje, a geografia tende a ser cada vez mais a ciência dos lugares criados ou reformados para atender a determinadas funções, ainda que a forma como os homens se inserem nessa configuração territorial seja ligada, inseparavelmente, à história do presente. Se os lugares podem, esquematicamente, permanecer os mesmos, as situações mudam. A história atribui funções diferentes ao mesmo lugar. O lugar é um conjunto de objetos que têm autonomia de existência pelas coisas que o formam – ruas, edifícios, canalizações, indústrias, empresas, restaurantes, eletrificação, calçamentos, mas que não têm autonomia de significação, pois todos os dias novas funções substituem as antigas, novas funções se impõem e se exercem (SANTOS, 1988, p. 18-19).

Pelo descrito acima, a favela do Canindé seria mesmo um lugar? Quais os seus elementos? Quais as suas funções e relações? Onde estava a sua autonomia? Que lugar é esse que não possui os elementos como os referidos objetos da citação acima? Assim, o cotidiano da favela do Canindé, assim como o dia-a-dia de Carolina, pessoalidades e individualidades, dificuldades, encontros, vizinhos, filhos, afetividades etc., são elementos e/ou objetos desse lugar.

Carolina mudou a função estabelecida socialmente para a favela e cria reflexões sobre isso em um momento histórico – década de 1960 –, de desenfreado desenvolvimento social e crescimento econômico brasileiro, quando lugares e pessoas indesejáveis deveriam ser esquecidos ou invisibilizados, ou mesmo a aparente disfunção da favela passou a ser pauta nas discussões literárias e governamentais. Carolina muda, portanto, as funções e cria novas. A favela passa a ser um lugar de leitores, de escritores, de atrizes, de dramaturgas, de romancistas, de contistas, entre outros, da mesma forma que os lugares de elite foram naturalmente predestinados para isso e pessoas pertencentes ao grupo hegemônico indicadas para tais funções sociais.

Além das funções e elementos, as relações humanas não podem ser excluídas, afinal, um lugar possui uma espacialidade e esta, por ser geográfica, não exclui as pessoas e suas múltiplas relações e vivências:

> [...] o papel do lugar avulta porque a sua história não se dá apenas como um espaço vivido, mas como espaço de vida. O espaço de vida é o da experiência sempre renovada, essa experiência existencial que deveria ser o fundamento da nossa teorização em vez de estarmos, como continuamos fazendo, copiando de fotos sugestões para encontrar a interpretação do que somos (SANTOS, 1999).

Nos escritos de Carolina Maria de Jesus, a favela do Canindé é efetivamente um lugar, seu espaço vivido e de vida, pois diariamente essa escritora descrevia do seu jeito seus elementos e funções e, mais do que isso, pertencimentos e estranhamentos, as relações de afetividade e conflitos, margens e fronteiras. Dessa forma, ela criava questionamentos sobre a estrutura da favela, imaginava de que forma seria sua inserção na totalidade que era a cidade de São Paulo, assim como apontava a ausência de políticas públicas nacionais e não faltavam reflexões sobre uma dimensão cultural.

Sobre o parágrafo anterior, em apenas alguns poucos exemplos temos o que Jesus (1960) apresenta da dimensão cultural: "Todos os dias há uma novidade. Quando inaugurou a Purtuguesa de Desportos os purtugueses que reside aqui por perto foram" (p. 59); ou "[...] ouvia as vozes das crianças anunciando que estavam passando cinema na rua" (p. 59); ainda "[...] cheguei na favela estavam organizando uma corrida só para mulheres. Na rua 'A' tem um baile" (p. 75). Ou, sobre relações de afetividade dela com outros moradores: "[...] encontrei D. Mariana. Uma mulher agradável e decente. Tem 9 filhos e um lar modelo. Ela e o esposo tratam-se com iducação" (p. 23).

Quando percebe que sua palavra falhou diante de uma promessa que fez aos filhos de que não iria mais comer coisas do lixo, mas inevitavelmente o fez, daí menciona que não tem mais fé em Juscelino Kubitschek e diz: "A democracia está perdendo os seus adeptos. No nosso paiz tudo está enfraquecendo. O dinheiro é fraco. A democracia é fraca e os políticos fraquissimos. E tudo que esta fraco, morre um dia" (JESUS, 1960, p. 39).

Seus questionamentos e conclusões políticas podem ser percebidos em alguns trechos como:

> Quando um político diz nos seus discursos que está ao lado do povo, que visa incluir-se na política para melhorar as nossas condições de vida pedindo o nosso voto prometendo congelar os preços, já está ciente que abordando este grave problema êle vence nas urnas. Depois divorcia-se do povo. Olha o povo com os olhos semi-cerrados. Com um orgulho que fera a nossa sensibilidade (JESUS, 1960, p. 39).

> O Brasil precisa ser dirigido por uma pessoa que já passou fome. A fome também é professora. Quem passa fome aprende a pensar no próximo e nas crianças (JESUS, 1960, p. 31).

Com a espacialidade descrita utilizando acontecimentos, por exemplo, ao mencionar os "rumores" de brigas entre moradores baianos e pernambucanos nas ruas A e B, Carolina leva o leitor a desenvolver um verdadeiro mapa mental do local (JESUS, 1960, p. 76-77), assim como as idas diárias até a torneira para buscar água, ou as vezes que lavava roupa à beira do rio, com muitos detalhes descritos em fatos tão corriqueiros, sem contar a relação de diferentes escalas em sua escrita. Esta ora se detém ao que localmente acontece no cotidiano com tamanha singularidade, ora relaciona o local com acontecimentos nacionais, normalmente envolvendo a política e os políticos de São Paulo e do país. Em outros momentos, ela relaciona o lugar a fatos internacionais que podemos encontrar nas passagens quando compara a importância das brigas na favela com as "touradas de Madri para os espanhóis" (p. 83), ou mais uma vez, nas conversas com vizinhos, que incluíam desde as brigas locais, ao "*foot-bol* na Suissa", ou "do homem ir a lua" (p. 77, grifo do autor), por assim dizer que "[o] conteúdo geográfico do cotidiano também se inclui entre esses conceitos constitutivos e operacionais, próprios à realidade do espaço geográfico, junto à questão de uma ordem mundial e de uma ordem local" (SANTOS, 1997, p. 13).

Carolina tecia comparações entre a paisagem de outros lugares da cidade de São Paulo e a favela do Canindé, desenvolvendo suas próprias conclusões. Consequentemente, diante desse quadro de análise que pode ser dita geográfica

– de lugar, espaço, território, escala e de paisagem –, essa escritora também desenvolvia reflexões baseadas em uma dimensão racial do espaço, por exemplo: "O branco é que diz que é superior. Mas que superioridade apresenta o branco? Se o negro bebe pinga, o branco bebe. A enfermidade que atinge o preto, atinge o branco. Se o branco sente fome, o negro também. A natureza não seleciona ninguem" (JESUS, 1960, p. 65), ou de negritude e afirmação: "[...] eu adoro a minha pele negra, e o meu cabelo rústico [...] se existe reincarnações, eu quero voltar sempre preta" (p. 65).

Diante do tanto que pode ser analisado na obra de Carolina, há de se pensar que a Literatura Brasileira jamais foi a mesma por não absorver de imediato a sua obra, assim como o olhar sobre a favela mudou após o lançamento do seu livro.

Quanto à Literatura, esta cometeu um equívoco não absorver a obra da escritora que mais vendeu livros no país, pois foram dez mil cópias vendidas em poucas semanas na primeira tiragem de impressão e cerca ou mais de um milhão de cópias vendidas durante todos esses anos. *Quarto de despejo* foi uma obra traduzida para 13 idiomas e distribuído por quarenta países (IPHAN, s.d.), e Carolina ainda conta com um acervo de manuscritos desconhecidos pelo grande público, constando "[...] diários, peças de teatro, provérbios, contos, romances, cartas e bilhetes" (SANTOS, 2009, p. 24).

Referente à favela, coincidência ou não, depois da frase de Carolina escrita em 19 de julho de 1955, que saiu em seu livro publicado em 1960 "[e]spero que os políticos estingue as favelas" (JESUS, 1960, p. 21), a favela do Canindé foi a primeira na cidade de São Paulo a passar por uma intervenção e remoção em 1961, conhecido como "desfavelamento" (KATZ, 2008, p. 35) e, durante "[...] um ano, uma equipe extremamente reduzida empreendeu a remoção de 168 barracos, onde habitavam 230 famílias e aproximadamente 900 pessoas" (SILVA; GROSTEIN, 2008, p. 12), assim como se iniciaram em todo o país várias inovações nas políticas habitacionais. Com lucrativos empreendimentos partindo de grandes investidores, foi dada a largada para uma especulação imobiliária popular por parte de financiamentos bancários.

O que não se deseja, ou não é considerado agradável, se esquece, anula, ou é destruído sem o devido questionamento de suas origens. Os problemas ditos "da" favela, não são originados "na" favela. Assim aconteceu com a do Canindé: no lugar de mudanças estruturais significativas na sociedade brasileira, a remoção foi uma medida escolhida para tirar o problema do plano de visão e, assim, não se enxergar mais o que se tornou evidente por meio do *Quarto de Despejo*. Mas outras continuaram existindo porque outras favelas surgiram e as existentes cresceram, ou seja, as consideradas pela sociedade "aldeias do mal" (MATTOS, 2007), ou como Carolina mencionava, "[f]avela, sucursal do inferno, ou o próprio inferno" (JESUS, 1960, p. 158) devido às condições subumanas nas quais seus moradores estavam mergulhados, com total desamparo social e ausência de políticas públicas.

Quanto à Carolina...

A Literatura Brasileira canônica não deu conta de incorporar tamanha genialidade e criatividade e iniciou um processo de anulação, silenciamento e invisibilidade da obra de Carolina ao questionar o inquestionável, isto é, a qualidade literária de seus escritos, inculcando isso nos demais pesquisadores literários e críticos.

Um exemplo disso está nas palavras de Santos (2009), que admite uma postura soberba, uma recusa de ler *Quarto de despejo* na ocasião do seu lançamento. Esse autor estava imbuído de critérios elitistas e da norma culta, o que lhe trazia certa confusão de sentimentos e visões, um estrabismo por não considerar critérios raciais para uma aproximação com Carolina. O lugar estabelecido para Carolina por esse autor, naquele momento, era, exclusivamente, o da favela e o do lixo, por uma classificação de classe apenas. Sem perceber, isso o afastaria de uma possibilidade de suposta pertença racial, a mesma de Carolina, se pensarmos em termos de ancestralidade africana. Ele admite que "[n]essa recusa havia preconceito – uma catadora de lixo não podia escrever um bom livro, mesmo um testemunho" e, mais adiante em seu livro, menciona que "[...] a admirava e, ao mesmo tempo, a menosprezava" (SANTOS, 2009, p. 18-19).

Assim, esse autor se encontrava numa encruzilhada do socialmente estipulado dentro de uma normativa de imposições, de funções estabelecidas para lugares e pessoas ao afirmar que Carolina seria uma escritora improvável em função da cristalização de que uma favelada e semialfabetizada não poderia escrever. Ao mesmo tempo, ele assume que: "[...] sua insistência em escrever, sua obsessão por cadernos e livros prova que a residência do ser humano é a palavra" (SANTOS, 2009, p. 20). Ora, se a residência do ser humano é a palavra, não podemos partir de uma improbabilidade de quem quer que seja de se tornar leitor(a) e/ou escritor(a).

Para Santos (2009, p. 22), por meio da obra de Carolina Maria de Jesus "[...] podemos avistar melhor acontecimentos, ou séries de acontecimentos, tão distantes entre si como a qualidade literária, o populismo, a origem das favelas, o golpe de 64, o êxodo rural etc.", o que talvez não sejam tão distantes entre si, pois, conforme já mencionado, a literatura não é neutra. Esta reflete ideologias, vivências, posicionamentos políticos e sociais, construções culturais, e se forma histórica e geograficamente no tempo e no espaço.

Porém, esse lugar também pode ser construído de formas pejorativas por quem é de fora da favela e sobre o que se pensa dela, introjetando tal pensamento nos moradores. Um exemplo disso é a função da favela, que é entendida por Carolina como o "quarto de despejo de São Paulo" (JESUS, 1960, p. 141):

> Quando estou na cidade tenho a impressão que estou na sala de visita com seus lustres de cristais, seus tapetes de viludos, almofadas de sitim. E quando estou na favela tenho a impressão que sou um objeto fora de uso, digno de estar num quarto de despejo (JESUS, 1960, p. 37).

Desse modo, o lugar pode ser entendido como construído não apenas a partir de representações, mas também de forma sociorracial, onde os negros vão ocupar os lugares menos estruturados e/ou privilegiados, sendo mantidos nessa condição. O lugar, entendido como parte do espaço social, segundo Santos (1991, p. 21-22), "une e separa" e o que "[...] une um espaço, é a sua função de mercadoria ou de dado fundamental na produção de mercadorias", aparecendo "[...] como fragmentos de realidade e não permite reconstruir o funcionamento unitário do espaço". Entende-se também que a fragmentação ocorre pelo fato de não ser considerado relevante, necessário e conveniente uma unidade com o lugar considerado socialmente, o "quarto de despejo". Ainda refletindo sobre a citação acima, assim como os lugares, as pessoas que habitam determinados lugares são rejeitadas, e tudo que se produz advindo destes também são. Carolina sabia descrever como se sentia na favela, mas não se descrevia ou se reconhecia fora dela, apesar de estar fora da favela ser o seu maior sonho. Dessa forma, é desenvolvido um processo de autorrejeição e de rejeição social nessas pessoas que não são aceitas e são afetadas diretamente pelas doenças sociais reconhecidas como racismo, sexismo, machismo, etc., que adoecem seu físico, psicológico e mental, em consequência de uma "[c]ultura que, como paradigma único, rejeita os saberes nascidos dos diversos grupos sociais que compõem a nação brasileira" (EVARISTO, 2011, p. 45).

Por um lado, Carolina venceu tudo isso. "Muito bem Carolina!" (JESUS, 1960, p. 73).

Por outro lado, existe uma relação um tanto quanto contraditória de não aceitação e de apropriação. O grupo hegemônico não aceita a cultura negra brasileira desde o momento em que o próprio negro se apresenta como protagonista; ao mesmo tempo, a apropriação dessa mesma cultura e produção é aceita, afastando quem as originou e gerando falsos protagonistas.

Mas onde está o problema pelo simples fato de um grupo não aceitar outro grupo ou os seus indivíduos?

> A ideia de pertencer a um lugar ou a um grupo é tão antiga e necessária para o sujeito quanto respirar. É na interação com o outro que o "eu" realiza sua existência. O princípio da alteridade só tem razão de existir em relação ao outro. Então o que fazer quando o "eu" ocupa um território inexistente aos olhos do outro? (GONÇALVES; NASCIMENTO, 2011, p. 51).

O problema é que o fato não é simples e não se trata de qualquer grupo, mas do hegemônico historicamente, que utiliza das "metamorfoses do racismo" (MOORE, 2012), de diferentes práticas e instrumentos, ou seja, esses "olhos do outro" são olhos opressores, impositores e controladores. Evaristo (2011), ao se ater ao ensino de literatura, enumera alguns indícios desse problema, por exemplo:

– no processo linguístico brasileiro – "[...] meio pelo qual indivíduos e grupos controlam outros grupos; é um meio de afirmar ou suprimir identidades culturais" (EVARISTO, 2011, p. 47). Desse modo, a língua portuguesa suprimiu línguas indígenas e africanas e invisibilizou a existência desses grupos e suas origens, apagando a marca do país enquanto uma nação multilíngue, uma das consideradas marcas da diversidade cultural brasileira;

- processo e violência simbólica por meio da educação formal exercida nos educandos negros – "[...] desde a educação infantil ao nível superior. E no caso específico da literatura" por ser "[...] um campo por excelência do imaginário, a educação literária brasileira, se efetiva, na maioria das vezes, como uma agressão simbólica ao corpo físico e cultural negros" (EVARISTO, 2011, p. 48). E, de forma inquestionável, tal processo mantinha uma parcela da população alfabetizada e escolarizada e outra, não;

- processo de invisibilização e estereotipação do negro – "[...] a invisibilidade que paira sobre os negros, enquanto personagens na literatura [...] e na sociedade brasileira (EVARISTO, 2011, p. 49) –, além de um não reconhecimento deles enquanto sujeitos de sua escrita.

Contudo, o que acontece com uma possível virada desses processos é a diluição do poder do grupo hegemônico? A visibilização de negros na literatura é capaz de promover essa virada e também de alterar o cotidiano dos lugares e transformar os espaços sociais, comerciais e culturais.

> E da invisibilidade à visibilidade dos afro-brasileiros como personagens e como sujeitos da escrita, o que não se pode esquecer é que a literatura e todas as redes que ela comporta como as editoras, os meios de divulgação, a política de distribuição, a crítica, etc., sempre foram instâncias representativas das classes que detém o poder político e financeiro. Nesse sentido, a literatura, enquanto forma de poder de articulação e de imposição de um determinado discurso, criado no seio dessas classes, revela não só as representações literárias para e dos grupos dominantes, como também exerce o poder de representar o Outro. Assim as classes dominantes exercem uma autoridade em que se tornam autores de si e do "outro". E no jogo de autoridade/autoria, a letra da cultura hegemônica apreende e dilacera o corpo individual e coletivo daqueles a quem ela pretendeu e pretende dominar (EVARISTO, 2011, p. 50).

Carolina lia e escrevia todos os dias e se tornou referência na favela. Às vezes provocava reações positivas por causa de seu posicionamento diante da polícia, dos vizinhos, dos políticos; às vezes, não tão positivas por conta dos preconceitos de outras mulheres, de homens e das crianças, que não entendiam o que Carolina fazia e estranhavam a sua forma de ser. Inclusive, em alguns momentos ela era temida, pois muitos tinham medo quando ela ameaçava colocá-los em seu livro.

Carolina quebrou muitas barreiras, as da favela e as referentes à hierarquia sociorracial brasileira ao publicar seu livro *Quarto de Despejo*, em 1960, entrando para a História. Ela dominava o poder da palavra escrita, da Literatura que era destinada para poucos, para os pertencentes do grupo hegemônico dominante e, ao arrancar o lápis das mãos do "outro" e escrever sobre "si", arrancava-lhe junto o poder.

Projeto Carolinas ao Vento, Centenária e Atemporal

Em março de 1914, nascia, em Sacramento, a escritora Carolina Maria de Jesus que, com sua forte escrita, inspirou o Coletivo Carolinas de Mulheres Negras a desenvolver o *Projeto Carolinas ao Vento, Centenária e Atemporal* na cidade de Salvador, Bahia, a princípio com o objetivo de homenageá-la pelo seu centenário, mas após um mergulho em suas obras e diante de seu poder transformador, outros objetivos foram criados e o projeto se fortalece hoje com inúmeras atividades.

Lançado em janeiro de 2014, esse projeto surgiu do desejo e da vontade política de um grupo de mulheres negras que, apesar de pertencerem a diferentes áreas de atividades, dividem uma permanente militância negra e feminista em uma mesma direção e acreditam no poder transformador dos escritos de Carolina.

Em 2013, essas mulheres se juntaram para elaborar uma atividade em comemoração do centenário da escritora mineira Carolina Maria de Jesus e formaram o Coletivo. Vindas de várias partes do país, com diferentes maneiras de ser e de viver, sotaques, sonhos, ideias, construções sociais, formação acadêmica, culturas, gostos, cheiros, desejos, etc., elas mantêm uma unidade, um conjunto de mentes e corpos negros femininos objetivando que o legado escrito de

Carolina esteja acessível e chegue às mãos de outras mulheres negras. Sob a convicção de que "Somos Carolinas" e consideramos essa escritora, filha, mãe, mulher negra, uma referência por meio de sua trajetória, pensamentos, dores, alegrias, escritas, desejos se convergiram com o de nossas bisavós, avós, mães, tias, primas, irmãs e de nós mesmas, que somos Camila de Moraes (Jornalista/Graduanda em Cinema), Danielle Anatólio (Atriz/Historiadora), Denize Ribeiro (Área de Saúde/Educadora), Geny Guimarães (Geógrafa/Educadora), Hildalia Fernandes (Aprendiz de Contista/Educadora), Isabel Freitas (Atriz/Coringa do Teatro do Oprimido), Lindinalva Barbosa (Linguista/Educadora), Vera Lopes (Atriz/Bacharel em Direito), Vilma Reis (Socióloga/Educadora), Conceição Evaristo (escritora) e Fernanda Júlia (Diretora de Teatro), sendo as duas últimas convidadas do "Coletivo" (GUIMARÃES, 2014).

Não são poucas as palavras que podemos dedicar à Carolina, afinal, o seu legado escrito é imenso e as leituras e releituras de sua obra são intermináveis. Por meio das várias atividades, o "Coletivo" prioriza ações no intuito de reerguer dos escombros esse poder-escrita de Carolina Maria de Jesus e incentivar a formação de novos grupos de leitoras, quiçá novas escritoras, por acreditar na força e no poder de sua escrita como um instrumento de transformação sociorracial, sem questionar o inquestionável, que é a qualidade literária de sua escrita.

Sendo assim, o objetivo do *Coletivo de Mulheres Negras* segue em uma luta pelo direito coletivo à memória, aos legados negros. Reposicionar a obra de Carolina Maria de Jesus por nós, mulheres negras na sociedade brasileira, é parte dessa tarefa histórica, pois há uma simbiose entre ela e nós. Entre o que somos do ponto de vista da representação e tudo que esse país, há 50 anos, rejeitou dessa escritora.

A agenda política de atividades proposta pelo *Coletivo Carolinas de Mulheres Negras*, no centenário do seu nascimento, evidencia o poder de Carolina Maria de Jesus e, posteriormente a este, envolve a realização de: pesquisas sobre a vida e obra de Carolina Maria de Jesus; cafés literários; oficinas de criação literária; oficinas de formação de plateia teatral; rodas de diálogos; formação de acervo com obras da escritora para acesso público e montagem do espetáculo teatral "Carolinas ao Vento, Centenária e Atemporal".

A seguir, o objetivo é apresentar algumas ideias que permearam a elaboração e execução de oficinas de criação literária, que podem variar de acordo com a comunidade onde será realizada.

Oficinas de criação literárias

As oficinas desenvolvidas nesse projeto apresentam um duplo caráter. Elas são pedagógicas e socioculturais e servem como meios de construção de conhecimentos, com várias áreas envolvidas em um único propósito de empoderamento cultural, político e socioeconômico de mulheres negras de bairros periféricos de Salvador.

A princípio, os lugares escolhidos são dois bairros de Salvador: Águas Claras e Alto das Pombas e a Comunidade Quilombola Rio dos Macacos.

Metodologia aplicada nas oficinas

A metodologia escolhida pelo "Coletivo" se pauta no princípio da troca de saberes, ou seja, nossa abordagem com as mulheres negras participantes parte, primeiramente, da escuta. Buscamos conhecer quem são essas mulheres e o que trazem em sua bagagem sociocultural, pois sabemos que, como mulheres negras, muitas vezes elas tiveram suas histórias violentadas. Respeitamos e evidenciamos suas histórias, valores, conceitos, sentimentos, medos, desejos, reservas, enfim, tudo que trazem consigo em sua trajetória de vida.

Acreditamos na necessidade de horizontalizar as relações com essas mulheres a partir de um processo aprender-ensinar-aprender e, dessa forma, as oficinas podem também ser realizadas a partir de suas sugestões e de seus protagonismos. Por isso, optamos por uma metodologia de participação efetiva, favorecendo e estimulando espaços e momentos essencialmente vivenciais, enfatizando o formato "oficina", em que se aprende fazendo, ou seja, experiências repletas de partilhar, procurando levar sempre em conta as experiências prévias das mulheres negras das comunidades escolhidas, estimulando o aflorar da sensibilidade e a criatividade existente em cada uma das participantes, sendo as integrantes do Coletivo as mediadoras desse processo.

No que se refere à operacionalização das atividades pensadas e elaboradas, faremos usos de exposições dialógicas, debates, análise, discussão e produção de textos – quando a comunidade for alfabetizada –, dinâmicas de grupo, estudos de casos, objetivando a reflexão e a experimentação, de forma direta, do acervo deixado por Carolina Maria de Jesus.

Serão exibidos vídeos, documentário e músicas que tratem da vida e obra da escritora. Haverá roda de conversa (discussões em grupo), "troca de segredos" (depoimentos) e estímulo às linguagens orais e corporais (teatro, dança), possibilitando um trabalho contextualizado, com questões que se vinculem com o viver em sociedade das colaboradoras.

Enfim, optou-se então por uma metodologia de participação, de valorização do saber acumulado, do desenvolvimento da criatividade e da ludicidade, nas quais a troca entre as mulheres do "Coletivo" e as mulheres das comunidades selecionadas se efetive e na qual todas saiamos maiores e melhores com a experiência compartilhada.

Com relação às atividades práticas serão utilizados: vídeos, trechos de livros, poemas, músicas, fotos – associadas a atividades corporais e lúdicas –, tendo sempre Carolina Maria de Jesus como motivação maior e centro de todo o desenrolar das atividades. Serão atividades desenvolvidas com o objetivo de trazer para a discussão e reflexão temas como: cidadania, democracia, desigualdades sociais, gênero, sexualidade, racismo, antirracismo, desigualdades raciais, estética, empreendedorismo, trabalho e renda – e outros que forem sugeridos pelo grupo de trabalho durante a realização das oficinas. Assim, as oficinas estão divididas em duas fases:

Primeira Fase: Composta de um primeiro encontro para sensibilização; atividades de promoção da autoestima e reflexões sobre identidade a partir de uma leitura de si/pertencimento; exemplos das relações de mulheres com a leitura e a escrita e apresentação da vida e obra de Carolina de Maria de Jesus.

No segundo encontro pretende-se apresentar conceitos da Literatura Negra e exemplos de outros escritores(as). O terceiro encontro será para leituras de trechos das obras de Carolina e possibilidade de desenvolvimento de produção textual de outras Carolinas, as participantes.

Por volta do quarto encontro serão apresentados os textos da produção das escritas individuais das participantes.

Segunda Fase: Entende-se que nessa fase seja possível uma organização das escritas produzidas na primeira fase e uma possível produção editorial ou teatral destas pelo *Carolinas de Mulheres Negras*.

Almeja-se, assim, com essas oficinas iniciais e com a continuidade do projeto, que um número cada vez maior de mulheres possa ter acesso às obras de Carolina Maria de Jesus e espelhar-se em sua persistência, força, ideia motriz e pensamentos e, com isso, transformar suas vidas, acreditando que são possíveis mudanças significativa a partir da leitura de um posicionamento político.

Referências

ESCOBAR, Giane Vargas. Clubes negros e a educação patrimonial assente no legado afrobrasileiro. In: EVARISTO, C.; SILVA, D. (orgs.). **Literatura, história, etnicidade e educação**: estudos nos contextos afro-brasileiros, africano e da diáspora africana. Frederico Westphalen: URI, 2011. p. 55-68.

EVARISTO, Conceição. Literatura e educação segundo uma perspectiva afro-brasileira. In: SILVA, Denise Almeida; EVARISTO, Conceição (Orgs.). **Literatura, história, etnicidade e educação:** estudos nos contextos afro-brasileiros, africano e da diáspora africana. Frederico Westphalen: URI, 2011, p. 45-54.

GUIMARÃES, Geny Ferreira. Até onde Carolina nos leva com seu pensamento? Ao poder. In: JESUS, Carolina Maria de. **Onde estaes felicidade?** São Paulo: Me Parió Revolução, 2014, p. 77-86.

GONÇALVES, Ana Beatriz Rodrigues; NASCIMENTO, Denise Aparecida do. Favela, espaço e sujeito: uma relação conflituosa. **Ipotesi**, Juiz de Fora, v. 15, n. 2, p. 51-62, jul./dez. 2011.

IPHAN. Carolina Maria de Jesus. **Patrimônio**: Revista Eletrônica do IPHAN. s/d. Disponível em: <http://www.labjor.unicamp.br/patrimonio/materia.php?id=110>. Acesso em: 11 jan. 2014.

JESUS, Carolina Maria de. **Quarto de Despejo**: diário de uma favelada. 7. ed. São Paulo: Livraria Francisco Alves/Editora Paulo de Azevedo Ltda., 1960.

KATZ, Dalia. **Configurações espaciais da interface entre os habitantes e a natureza da cidade o caso da favela de Paraisópolis**. Dissertação (Mestrado em Arquitetura e Urbanismo) – Faculdade de Arquitetura e Urbanismo, Universidade São Judas Tadeu. São Paulo, 2003. 156p.

MASSEY, Dorren. **For Space**. London: Sage, 2008.

MATTOS, Romulo Costa. Aldeias do mal. Governantes sempre associaram favelas ao crime e à falta de higiene. **Revista História**. Disponível em: <http://www.revistadehistoria.com.br/secao/capa/aldeias-do-mal>. Acesso em 23 abr. 2014.

MOORE, Carlos. **Racismo e Sociedade**: novas bases epistemológicas para entender o racismo. Belo Horizonte: Nandyala, 2012.

SANTOS, Joel Rufino dos. **Carolina Maria de Jesus**: uma escritora improvável. Rio de Janeiro: Garamond, 2009.

SANTOS, Milton. **Metamorfoses do espaço habitado**: fundamentos teórico e metodológico da geografia. São Paulo: Hucitec, 1988.

_______. **Pensando o espaço do homem**. 3. ed. São Paulo: Hucitec, 1991.

_______. Ser negro no Brasil hoje: ética enviesada da sociedade branca desvia enfrentamento do problema negro. **Folha de São Paulo**, Mais, São Paulo, 7 maio 2000. Disponível em: <http://www1.folha.uol.com.br/fsp/mais/fs0705200007.htm>. Acesso em: 25 abr. 2014.

_______. **A Natureza do Espaço**: Técnica e Tempo, Razão e Emoção. 4. ed. 2. reimpr., São Paulo: EDUSP, 2006.

SILVA, Denise Almeida; EVARISTO, Conceição (Orgs). **Literatura, história, etnicidade e educação**: estudos nos contextos afro-brasileiros, africano e da diáspora africana. Frederico Wesphalen: URI, 2011.

SILVA, Maria da Graça; GROSTEIN, Marta Dora. Economia e humanismo: os antecedentes dos programas habitacionais alternativos no município de São Paulo. **Anais...** SHCU. v. 10, n. 2, 2008. Disponível em: <http://www.anpur.org.br/revista/rbeur/index.php/shcu/issue/view/61>. Acesso em: 26 abr. 2014.

6. ARQUIVOS DELINEADOS: HISTÓRICOS SOBRE O PERCURSO E A RECEPÇÃO DA OBRA DE CAROLINA MARIA DE JESUS NA IMPRENSA

Uma vida em letras de forma – A Carolina das páginas de jornais

Sergio da Silva Barcellos[136]

Pitoresca, exótica, inquiridora... A poetisa negra

A edição do jornal paulista *Folha da Manhã*, de 25 de fevereiro de 1940, um domingo, traz uma curiosa "reportagem" do jornalista, escritor e sertanista Willy Aureli. É curiosa por ter como personagem central a então aspirante a escritora Carolina Maria de Jesus, e curiosa, duplamente, pela sua dicção: talvez natural naquela década, hoje tal "reportagem" seria alvo de diversas críticas por conter declarações sexistas, racistas, elitistas e, acima de tudo, sarcásticas! Willy Aureli precedeu os irmãos Villas Boas no desbravamento do sertão e no contato com aldeias indígenas. A partir de 1937, atuando como chefe da expedição Bandeira Piratininga, fez um total de oito incursões em áreas até então inexploradas. Inspirado nessas experiências, escreveu diversos livros, vários sobre suas expedições[137]. Por isso, Aureli era tido na redação como especialista em coisas exóticas. O exótico em visita à redação do jornal, no sábado, dia 24 de janeiro, era Carolina:

> A senhora foi introduzida. Dois olhos rutilando nas órbitas brancas, duas genuínas jabuticabas irrequietas a nadar no leite dos bulbos. Mais abaixo, dentro de um negror profundo, um sorriso alvar, um

[136] Doutor em Letras pela Puc-Rio. Leciona em um módulo do Curso de Especialização da UERJ. E-mail: barcellossergio@aol.com

[137] Alguns de seus títulos são: Sertões Bravios; Terra sem Sombras; Biu-Marrandu; Bandeirantes D'Oeste; Esplendor Selvagem; O Rio da Solidão; Léguas sem Fim; Roncador; Bugres no Rio das Mortes; Sumaúma; Evadido de Cayenna; Farrapos Humanos; Ópio, Cocaína e Morfina; Retirada de Mecega; Poranduba.

traço claro numa noite escura: os dentes níveos numa boca jovem. Em suma, um belo espécime de mulher negra. Boa estatura, elegante mesmo, porte rainha de Sabá... (AURELI, 1940, p.5).

Embora cortês, pelo que se pode depreender de seu texto, o jornalista denuncia de imediato a posição de seus pares em relação a mulheres literatas: "os jornalistas têm verdadeiro pavor às mulheres metidas a literatas, poetizas, declamadoras!"(AURELI, 1940, p.5). Demonstrando condescendência, o jornalista "atende" a visitante, que se apresentava como "poetiza", fazedora de "versos", incompreendida por todos. Suas queixas não eram frívolas. Carolina denunciou que muitos profissionais da imprensa, tão logo tomavam conhecimento de que ela era "preta", se recusavam a recebê-la. Apesar do pouco tempo em sua agenda e do "pavor a mulheres metidas a literatas", o jornalista decidiu ouvi-la declamar alguns de seus poemas: "Lê e declama. Com naturalidade e graça, ótima dicção, tudo de mistura com o sorriso que é um raio de luz em tamanhas trevas..." (AURELI, 1940, p.5), encanta-se Willy Aureli.

Por se tratar de uma desconhecida, oferece sua trajetória biográfica de forma sucinta: seu nome, Carolina Maria, sua idade, 26 anos, nascida em Sacramento, Minas Gerais. Acrescenta, ainda, que só estudou por dois anos e que largou sua cidade natal para trabalhar na capital paulista. Estrategicamente, confessou não mais poder ler. Questionada pelo jornalista, Carolina explicou que sabia demais e que "tudo quanto leio me estorva" (AURELI, 1940, p.5). Willy Aureli não vê nessa declaração traços de fanfarronice ou gabolice, mas de franqueza e ingenuidade. Sobre sua poesia, o jornalista disse serem simples, porém puras e sinceras: "fala direta ao coração dos humildes" (AURELI, 1940, p.5). Ao término de seu encontro com o jornalista, Carolina sorriu satisfeita para a fotografia e partiu, segundo ela, para o trabalho em uma fábrica. Willy Aureli descreveu que sua partida deixara "uma esteira de simpatia" (AURELI, 1940, p.5) e encerrou seu artigo vaticinando o futuro de Carolina: "É possível que se torne célebre..." (AURELI, 1940, p.5).[138]

Dois anos depois, pouco antes de completar vinte e oito anos, Carolina Maria de Jesus apareceu pela segunda vez nas páginas de um jornal. Dessa

---

[138] Sua profecia se realiza e seu artigo é reproduzido na edição de 17 de setembro de 1960, do jornal *A Gazeta*, em São Paulo.

vez, o *Jornal A Noite*, do Rio de Janeiro. No artigo intitulado "Poesia, fogões e panelas...", a escritora reclamava mais uma vez sobre a "tortura dos versos que [lhe] enchem a cabeça" e declarava-se infeliz por ter o vício da poesia. Sua biografia foi apresentada de forma ainda mais parcimoniosa: "Sou de condição humilde. Nasci em Sacramento, Minas Gerais. Não conheci meu pai e fiquei órfã aos 14 anos e hoje tenho 27 primaveras. Cursei uma escola primária, apenas, e não conclui meus estudos." (JORNAL A NOITE, 1942, p. 05). Ao contrário do que havia dito na reportagem anterior, a profusão de versos que lhe povoam a mente já não representava apenas uma espécie tortura. Carolina os descrevia, agora, poeticamente como sendo "lindas borboletas a esvoaçar e a pedir que [eu] as libertasse desse cárcere" (JORNAL A NOITE, 1942, p. 05). Sobre sua ida para São Paulo, em 1937, disse ter arrumado um baú de roupas e desembarcado em Franca, interior do estado, apenas com o baú e as "borboletas na cabeça".

Dividida entre as panelas e as letras, Carolina reconheceu ter fracassado miseravelmente como cozinheira por conta dos pensamentos poéticos, dos versos que lhe brotavam na mente[139]. Nesse período, contou estar residindo e trabalhando na cidade do Rio de Janeiro e que nessa cidade teria trabalhado como cozinheira em pelo menos duas outras casas. Pouco se sabe sobre sua passagem na cidade maravilhosa. Ela não faz referência alguma a esse período nas páginas de seu diário ou em suas narrativas memorialísticas. No artigo, quando questionada sobre a razão de sua vinda ao Rio, Carolina revelou que o que a atraiu foi o fato de a Cidade Maravilhosa ser o "centro de maior cultura e campo amplo" para aspirantes a escritor, como ela. O resultado, porém, foi uma grande desilusão. Uma vez mais, Carolina fez questão de denunciar o racismo existente nos meios intelectuais. Somado a isso, ressaltou também o preconceito quanto a sua falta de educação formal:

---

139 Sua opinião sobre seus dotes culinários muda radicalmente em uma aparição na coluna de Helena Sangirardi para a *Revista Manchete*, na edição 594, de 1963. Nesse artigo, Carolina é convidada a dar sua opinião sobre temas domésticos, tais como o uso de aparelhos eletrodomésticos e sobre seu prato predileto. Afirma ter sido uma ótima cozinheira e que é capaz de "cozinhar durante os 366 dias do ano sem repetir um prato" (SANGIRARDI, 1963). Ela relembra sua dedicação como empregada doméstica e o reconhecimento dos patrões: "Sempre gostei de patrões bem vestidos, bem arrumados e eles todos iam à cozinha, pela manhã, para eu aprovar ou não." Ao responder sobre seu prato favorito, Carolina contorna a superficialidade da pergunta e dispara: "Já passei muita fome. Meu prato predileto é aquele que enche o estômago, que mata a fome." Fechando a matéria, a colunista publica uma receita de bom-bocado de Carolina!

> Minha cor, certamente, concordaria para que eu não pudesse realizar as minhas aspirações. Revoltava-me. Bem sei que não tenho ilustração, que não sei muito, muito, o português, mas duvido que haja por aí pessoa mais bem inspirada do que eu. (JORNAL A NOITE, 1942, p. 05).

Ao longo da matéria, a imagem poética das "borboletas na cabeça" vai sendo substituída pelo já aludido tormento da poesia e dos pensamentos poéticos. Carolina admitiu ao jornalista que "a poesia é [sua] desgraça" e que, por causa dela, andava ao léu, pensando e rimando versos. E as rimas e versos em profusão reuniam o suficiente para formar um livro de poemas, cujo título, *Clíris*, seria uma contribuição de Carolina "à riqueza do nosso vocabulário", uma vez que tal palavra não existiria. Escolhera, apenas, por achá-la uma palavra bonita!

Ao contrário de Willy Aureli, o jornalista responsável por essa matéria não se impressiona com sua produção poética: "E desembrulhando do papel um álbum barato exibiu o manuscrito. Letra firme, máscula, e os versos, alguns, a nosso parecer de leigo, afiguraram-se nos sofríveis" (JORNAL A NOITE, 1942, p. 05). O texto descreve Carolina como uma figura agitada e inquiridora. Teria afirmado conhecer o jornal e ser amiga de jornalistas, o que, de certo modo, a fazia sentir-se colega de profissão. E, como no primeiro caso, declama alguns poemas de sua lavra: "Negros", que o jornalista considera como uma "vasão para o seu recalque racial", "Súplica da poetisa" e "Getúlio Vargas". O fecho do artigo guarda uma forte semelhança com o primeiro. Embora pareça expressar incredulidade ante à inusitada visita da negra "alta, esguia, cor de pixe" que, ao sorrir, mostrava "uma fila de dentes sólidos e alvos", ao fechar o seu artigo com a expressão "será o Benedito", ao deixar de fora o ponto de interrogação, o jornalista pode estar sugerindo um prognóstico quanto ao futuro êxito da carreira literária de Carolina.

Sobre os anos seguintes a essas duas aparições de Carolina em jornais não há, ainda, muita documentação acerca das tentativas da escritora em promover seu nome e seus versos. Por ocasião da campanha eleitoral de Getúlio Vargas, em 1950, Carolina retorna às páginas de um jornal. Dessa vez, além de publicar um poema, é Carolina quem redige o artigo de jornal. Publicado em 17 de junho de 1950, em um jornal chamado *O Defensor* – provavelmente uma publicação pequena, de apoio à candidatura de Vargas –, o artigo "Getúlio será Presidente" também descreve a visita de Carolina à redação do jornal:

> Pela redação adentro, num gesto sincero e espontâneo, chegou até nós a senhora Carolina Maria, inspirada poetisa negra, sem os retoques e ilustrações exigidos pela cultura, que veio trazer seu testemunho, até nós, de gratidão e veneração pelo insigne estadista Getúlio Vargas. Em poucos momentos, escreveu o artigo abaixo e alguns versos que transcrevemos (JORNAL O DEFENSOR, 1950).

Embora o recorte da edição desse jornal, que se encontra microfilmado, na Biblioteca Nacional não esteja legível o bastante, o conteúdo desse texto escrito por Carolina foi transcrito por ela, em um artigo intitulado "Favela", que compõe o caderno de número 1, parte da Coleção Carolina de Jesus (47, GAV1, 01), também na Biblioteca Nacional. O texto foi também reeditado no livro *Onde estaes felicidade?* (JESUS, 2014). O texto escrito por Carolina em apoio à candidatura de Getúlio introduz a sua verve crítica que ficará famosa nas páginas de *Quarto de despejo*. Denuncia o alto custo de vida, o trabalho infantil, a alta taxa de evasão escolar, os preços altos de livros e de instituições de ensino que, como afirma, representa um grave problema, pois o governo deveria se "interessar pelo jovem pobre que estuda, auxiliando-o pois precisamos que garantam um futuro melhor para a nossa terra" (JESUS, 2014, p. 53). Ao final do artigo, transcreve também estrofes de seu poema "Getúlio Vargas". O mesmo, com pequenas variações, a que havia se referido na matéria do *Jornal A Noite*, em 1942.

No texto "Favela", Carolina ainda menciona uma outra aparição nesse mesmo periódico, em 23 de junho de 1950, com a publicação de um poema, então sem título, mas que aparecerá em sua *Antologia Pessoal* (1996) com o título de "Noivas de Maio". Carolina revela ter interrompido sua colaboração ao jornal por conta de sua gravidez avançada. Uma outra razão poderia ter sido o desaparecimento da publicação após a campanha vitoriosa de Vargas. Há, ainda, uma referência a uma outra aparição em uma revista, *Época*[140], de 27 de maio de 1950. Segundo Carolina, seus vizinhos ficaram abismados ao verem sua foto no jornal: "- A Dona Carolina está no jornal. O que ela fez? Roubou? – Não! É poetisa. Está dizendo que um dia há de ser escritora!" (JESUS, 2014, p. 51).

[140] Até o momento da redação deste texto, não havia localizado referências concretas a essa publicação que confirmem sua existência.

Elementos coincidentes nessas primeiras aparições de Carolina na imprensa podem ser um bom indicativo de seus esforços conscientes em vender uma imagem palatável para os jornais, ainda que tivesse que explorar algum tipo de estigma, como no caso do seu atribuído exotismo, ou da sua cor e classe social, que significariam um recrudescimento dos obstáculos para alcançar seu ideal de escritora, ou, por fim, sua origem pobre e sua formação escolar incompleta. O que se depreende dessas primeiras aparições é que Carolina soube gerenciar esses elementos de forma produtiva e exitosa. Seu epíteto, "poetisa negra" (ou "preta") é recorrente e tem o potencial de atrair a atenção dos profissionais da imprensa e dos leitores. Outro elemento de destaque é a forma como compreende a inspiração para o fazer poético através de expressões como "tormenta", "tortura", "infelicidade", "vício", "tragédia", "desdita" e "obsessão"! Ao ser perguntada sobre a origem de sua inspiração, diz não saber e que apenas obedece a uma "força estranha". Essa perspectiva do fazer poético como algo transcendente e pertencente ao domínio dos sentidos faz com que, segundo ela, atribuam seu talento poético a algum fenômeno espírita.

Não há, ainda, nessas palavras da jovem Carolina, o peso e as amarguras resultantes de suas vivências mais dramáticas e exasperantes, como a fome e a impotência diante da precariedade da vida na favela. O perfil da escritora jovem que Carolina apresenta nesses artigos está mais sintonizado com uma visão da literatura ou do fazer poético como um ato de resistência e denúncia e como uma força transformadora da vida cultural e social. Esse aspecto de engajamento da produção literária da escritora permanecerá até o fim, mas o impacto de suas experiências mais pungentes se fará presente na voz da escritora e da mulher, mais madura depois da maternidade e da mudança para a favela.

Estratégias de comunicação e autopromoção

As normas para a elaboração de um press-release eficiente são claras e simples. O primeiro objetivo do texto é despertar o interesse de um jornalista ou de um canal de comunicação. O que, exatamente, teria poder suficiente para despertar o interesse de um jornalista? Uma notícia, ou um fato que tenha potencial de notícia ou, como bem exemplifica a onipresente frase de Charles A. Dana, "Se um cachorro morde um homem, não é notícia. Mas se um homem morde um cachorro, isso é notícia". Para se fazer notada, Carolina precisaria explorar, além das suas qualidades literárias, ou mesmo a ausência delas, os aspectos adversos e as condições de impossibilidade de se apresentar como escritora e merecer um espaço nas páginas de jornal. Ela, astutamente, consegue vender a notícia, o fato esdrúxulo e, por isso, interessante... A sua é uma história de um homem mordendo um cachorro.

Em termos gerais, um *press-release* precisa ser estruturado a partir de respostas a questões específicas: "quem?", "o quê?", "onde?", "quando?", "como?" e "por quê?". Há consenso nas redações de jornais sobre o elemento mais importante de um press-release: o título. Além disso, sua conclusão. Muitas vezes, são lidas essas partes antes da leitura do corpo do texto comunicativo. Com base nessa "poética dos press-releases", pode-se destacar das primeiras aparições de Carolina Maria de Jesus na imprensa uma estrutura contendo os seguintes elementos:

a) Operando como um "quem?": um nome e ou epíteto com potencial de chamar a atenção, "Poetisa negra" ou "preta";

b) Operando como um "o quê": um fato ou característica que justifique sua história como notícia. Nesse caso, uma pessoa acometida pelo vício ou pela tortura da poesia – que, aqui especificamente, é tratado com uma dose de humor;

c) Operando como um "onde?": a referência espacial, a favela, que terá tanto peso para o sucesso de Carolina, é, nesse contexto, mais uma referência ao espaço social, racial e de gênero: uma mulher, negra, pobre, doméstica ou operária, com pouca instrução formal;

d) Operando como um "quando?": pelo comentário de Willy Aureli de que os jornalistas não toleram mulheres literatas, o tempo de Carolina é também desfavorável. Paradoxalmente, no início da década de 1940, há vários artigos de jornal anunciando a indicação para e, posteriormente, a premiação do Nobel de Literatura da poeta chilena Gabriela Mistral;

e) Operando como um "como?": as diversas e insistentes visitas de Carolina a redações de jornais renderam-lhe essas primeiras publicações de reportagens. Além disso, ela afirma ter amizade com jornalistas e já ter publicado antes em jornais. Carolina diz, ainda em 1940, que há discos com poesias de sua lavra. Em 1942, afirma ter tido horas de alegria ao "ver publicados nos jornais paulistas" versos de sua autoria. Assim, já pertencendo ao mundo das letras, teria direito a mais espaços em jornais e revistas;

e) Por fim, operando como um "por quê?": no caso das duas primeiras matérias, ela oferece uma denúncia: sente-se discriminada pela sua cor e pelo seu conhecimento insuficiente da língua portuguesa. Na terceira matéria, oferece seu apoio à candidatura de Vargas.

Palestra pitoresca, caso exótico, mentes aflitas...

O teor semelhante das duas matérias de jornal poderia ser atribuído, hoje, ao trabalho de um assessor de imprensa, cujo *press-release* é prontamente aceito pelo profissional de jornalismo e publicado posteriormente com poucas adaptações. A diferença, no entanto, é que Carolina Maria de Jesus não tinha seu assessor de imprensa, função que veio a ser ocupada, dentre outras, pelo jornalista Audálio Dantas, mas apenas a partir de 1958, quando os dois se conhecem. Qual talento ou expertise inata possuía Carolina para tão cedo chamar a atenção da mídia para o seu projeto literário? Quantas vezes mais Carolina teria utilizado esse seu talento, sozinha ou em parceria com Audálio Dantas, para atrair os olhares da mídia para si? A Carolina construída nas páginas de jornais e revistas, nas aparições em programas de televisão e rádio e no imaginário de leitores e pesquisadores acadêmicos – a partir dessa imagem fornecida pelas mídias – se impõe fortemente àquela que se constrói em alguns de seus escritos. Em seus poemas, na sua maioria, uma outra Carolina se revela. Nos seus contos e provérbios, o mesmo acontece. Em seus textos teatrais, em geral as figuras femininas não refletem a Carolina escritora ou mulher. Não que haja alguma expectativa de um reflexo autobiográfico nos personagens de ficção ou no eu-lírico dos poemas, mas o fosso existente entre esses e a imagem autoral de Carolina Maria de Jesus chega a ser abissal.

Uma biografia interpretativa da construção da imagem de Carolina Maria de Jesus através de suas aparições na mídia representa um esforço inédito de recuperar o protagonismo de Carolina na condução de sua carreira literária. Como demonstrado ao longo desse artigo, ela possuía uma nítida compreensão da importância da promoção de sua figura de escritora e poeta e da divulgação dos seus poemas e textos. Essa trajetória de uma política de marketing literário, que não causaria estranheza na biografia de escritores pertencentes às camadas hegemônicas, se sobressai na história de vida de Carolina exatamente por ela explorar os aspectos que, primeiramente, seriam contraproducentes para alcançar os seus objetivos. E ela obtém êxitos nessa seara, provados pelas suas conquistas na mídia. Sua capacidade de autopromoção e sua tenacidade são, sem dúvida, determinantes nesse seu início de carreira. No entanto, somente a partir de 1958, quando seu nome começa a aparecer na imprensa com frequência vertiginosa, é que consegue oferecer um trabalho a um leitorado mais amplo – ainda que, nesse caso, o que estava oferecendo aos leitores não era exatamente o que gostaria. Não foram seus poemas que a fizeram famosa, infelizmente.

A Carolina Maria de Jesus que se constrói nas páginas de jornais e revistas a partir de 1958, e no imaginário de leitores a partir de 1960, tem sido um desafio para a divulgação e conhecimento da riqueza da totalidade de sua obra. A jovem alta, esguia, sorrindo com dentes níveos, olhos com brilho singular, consciente de sua "cor de pixe", conhecia as regras do jogo e soube jogá-lo com êxito. A história dessa vida e dessa carreira literária, como impressa nos jornais ao longo de algumas décadas, pode revelar uma outra Carolina – e esse é o próximo e inevitável passo no sentido de estudá-la e conhecê-la melhor.

Referências

AURELI, Willy. Carolina Maria, Poetiza preta. In: **Jornal da Manhã**, São Paulo, 25 de janeiro de 1940, p. 5.

JESUS, Carolina Maria de. **Antologia Pessoal**. J.C. Sebe Bom Meihy (org). Rio de Janeiro: Editora UFRJ, 1996.

____. Favela. In: **Onde estaes felicidade?** Dinha & Raffaella Fernandes (orgs). São Paulo: Me Parió Revolução, 2014.

____. Getúlio será presidente. **Jornal O Defensor**, São Paulo, 17 de junho de 1950, s/p.

POESIAS, fogões e panelas... **Jornal A Noite**. Rio de Janeiro, 9 de janeiro de 1940, p. 5.

SANGIRARDI, Helena. Bom-bocados de Carolina. In: **Revista Manchete**, Rio de Janeiro, 1963, s/p.

Cicatrizes abertas: os cadernos de Carolina

Kelen Benfenatti Paiva[141]

... as misérias são reais
(Carolina Maria de Jesus)

Entrar no arquivo deixado por Carolina Maria de Jesus é, sem dúvida, entrar no labirinto de sua escrita. Não há caminhos certos, nem trajetórias fixas: o que se coloca para o leitor são possibilidades de trajeto que exigem riscos e coragem. O arquivo material da escritora, constituído por seus cadernos, papéis, rascunhos, fotografias, projetos inacabados e anotações, textos publicados ou não, está dividido espacialmente, mas participa da construção de um outro arquivo, o do imaginário sobre ela. Este vai sendo escrito à medida que seus textos se tornam públicos e que mais leitores e pesquisadores se debruçam sobre sua escrita, projetando luz sobre seu processo criativo. Nesse sentido, a ampliação da publicação desse arquivo é fundamental para que se amplie também as produções de sentido a partir de sua obra, bem como para que se tenha diante dos olhos esboços dos perfis da escritora.

Para além da fragmentação de todo e qualquer arquivo, o de Carolina ainda conta com o fato de estar dividido entre diferentes instituições. Parte de seu espólio encontra-se em Sacramento, Minas Gerais, sua terra natal, no Arquivo Público Municipal, o "Acervo Carolina Maria de Jesus", que reúne trinta e sete cadernos, contendo: diários, romances, contos, provérbios, poemas, quadros, textos curtos e narrativas autobiográficas, além dos livros publicados da autora e várias traduções de sua obra. Há ainda parte de seu espólio no Museu Afro

[141] Professora do IF Sudeste MG – Campus São João del-Rei, Doutora em Literatura Brasileira pela UFMG. benfenatti@bol.com.br

Brasil, em São Paulo, na Biblioteca Nacional e no Instituto Moreira Salles, no Rio de Janeiro, e no Acervo de Escritores Mineiros, em Belo Horizonte. Muitos dos documentos de seu arquivo encontram-se microfilmados.

Se já é bastante difundida a imagem da mulher que transita da favela do Canindé para o mundo por meio de sua escrita, de mãos dadas com o jornalista Audálio Dantas na publicação de seu *Quarto de despejo*, também é fato que se faz necessária a visita aos seus escritos em busca de outros traços residuais dessa autoria feminina. Apresentada ao mundo sob a ótica autobiográfica e memorialística, o principal foco de seu "leitor-primeiro", Dantas, e também da recepção crítica daquele momento, ficou conhecida por uma escrita elaborada a partir de sua vivência, capaz de descrever de forma tão realística as mazelas da vida na favela.

Para além do "produto midiático" que se tornou a "voz de uma favelada", do caráter do "exótico" que vendeu e vende ainda hoje também para o exterior como algo fascinante e curioso, a escrita de Carolina de Jesus tem sido revisitada ou visitada no intuito de se buscar outras chaves de leitura para sua obra. Contudo, é inegável a importância do registro de uma minoria que se encontra à margem da sociedade e de qualquer que seja a possibilidade de projeção de fatos, ideias e registros de vida e de realidade social que circundam essa escrita. É inegável ainda que a memória individual que constitui essa escrita é também uma memória coletiva que ultrapassa os limites do autobiográfico, configurando-se no biográfico da história e na memória de muitos.

Ao escrever sobre si, sobre suas condições de mulher, pobre e negra, catadora de papel e de ferro com seu desejo declarado de ser escritora, Carolina registra o cotidiano de muitas mulheres e homens que compartilham com ela as dificuldades e a exclusão que lhes doem na pele.

"Atividade de crise": a escrita dos diários

Gênero marcado pela escrita de si, o diário é também um "apelo a uma leitura posterior: transmissão a algum alter ego perdido no futuro" (LEJEUNE, 2008, p. 263), mesmo que seu autor alegue não saber se será lido ou se terá interesse para algum leitor um dia. Com Carolina Maria de Jesus, isso também não é diferente. Ao escrever sua rotina diária nos muitos cadernos encontrados em suas andanças de catadora nas ruas, ao registrar inquietações e narrativas diversas, ela manifestou seu desejo de resistência ao apagamento social por meio desses relatos escritos. Dirige-se, no diário, a seus possíveis leitores e preocupa-se com esse registro escrito: "16 de outubro: ... Vocês já sabem que eu vou carregar água todos os dias. Agora eu vou modificar o início da narrativa, diurna, isto é o que aconteceu comigo durante o dia" (JESUS, 1960, p. 110).

Interessante pensar que essa escrita autobiográfica presente, sobretudo, em *Quarto de despejo, Casa de Alvenaria* e *Diário de Bitita*, embora apresente tempos distintos em sua vida, carrega marcas do "arquivamento do eu". Escrever para não morrer é o que se propõe Carolina e, ao fazê-lo, resiste. Ela resiste, assim, à exclusão social, ao silenciamento, à subalternidade imposta por sua condição social e étnica.

Philippe Lejeune (2008) afirma que o diário estaria a serviço da conservação da memória: "arquivo e ação 'disco rígido' e memória viva" (LEJEUNE, 2008, p. 262). A materialização da memória fragmentada e lacunar por meio da escrita, de alguma forma, garante minimamente a preservação não do vivido, mas de uma possível representação desse passado. Isso é o que faz a escritora nos cadernos que arquivou: grafa suas memórias em "nervosa caligrafia", como destaca Audálio Dantas ao apresentar *Quarto de despejo*. Sua escrita diária é parte de sua rotina, compõe seu presente, é matéria de memória que, como tal, não está privada do caráter inventivo e também lacunar. Afinal, a memória é feita de lembranças e esquecimentos.

Mas o que dizer dos diários de Carolina, de sua relação com a escrita diarística, de seu desejo de se arquivar diante de uma sociedade para a qual parece ser invisível? Para pensarmos essas questões, vale retomar quatro aspectos na escrita do diário convencional apresentados por Lejeune: "datação", "destinação", "conteúdo" e "forma". Para o autor, a datação, embora seja marca do gênero, não o define, pois "[...] o diário é, muitas vezes, uma atividade de crise: a descontinuidade lhe é habitual e se inscreve, aliás, no âmago de seu ritmo (LEJEUNE, 2008, p. 274-275).

É como "atividade de crise" que a escrita nos cadernos em forma de diário vai se transformando em remédio para a escritora, remédio que a mantém viva, apesar da fome: "Quando sentia fome as ideias eram mais intensas [...]" (JESUS, 1994, p. 188), afirma ela em seus cadernos. Escrever era vital, como também o era catar para sobreviver.

A destinação do diário diz respeito a seu fim, em que a "construção" da memória de um indivíduo ou de um grupo determinado está intimamente ligada ao seu conteúdo. Carolina escreve para ter voz, ainda que para ser ouvida por si mesma nessa escrita privada. Ela escreve impelida pelo desejo de ser ouvida por outros. Seu lugar de fala é marcado por sua condição social e pela cor de sua pele, e ela evidencia isso ao se apropriar da escrita que também lhe fora negada pela sociedade. Semianalfabeta, tendo estudado apenas os anos iniciais do ensino primário, ela segue a contrapelo do que era esperado diante dessa condição. Nesse sentido, o ato da escrita, por si só, já se transforma em ato de resistência. Carolina escreve contra o apagamento e o silenciamento, escreve para não morrer. E esse conteúdo grafado na letra que não é reconhecida pela norma culta de sua língua materna vai rompendo os limites da impossibilidade para se inscrever no mundo. O estranhamento causado por uma escrita que não pode seguir as regras da normativa da língua apenas reproduz o estranhamento que causa a mulher, pobre, negra, catadora nas ruas.

Quanto à forma do gênero diário, não há regras fixas, talvez apenas modelos que carregam as marcas da fragmentação e da repetição, afirma Lejeune (2008, p. 261). Nos diários de Carolina, a fragmentação e a repetição são elementos constitutivos de sua escrita, reproduzindo a própria constituição identitária do sujeito da escrita, consciente da inevitável repetição da vida e por consequência da escrita.

É Lejeune ainda quem destaca que esse relato íntimo pode ser um "laboratório de introspecção" (LEJEUNE, 2008, p. 263). Entre as funções da escrita do diário poderíamos enumerar, segundo o autor, que se escreve para preservar a memória, para possibilitar a sobrevivência, o desabafo, o autoconhecimento, a resistência, o pensar, a reflexão e o resistir.

Nesse incessante labor, cada um inventa seus próprios trajetos. O sujeito da escrita em Carolina, em seu registro diário, vai desenhando diante dos próprios olhos sua imagem que ora projeta algo do qual não gosta, ora se transfigura em uma imagem ideal. As múltiplas facetas apresentadas a partir da escrita representam de alguma forma a multiplicidade constitutiva também de um sujeito histórico. Talvez se possa afirmar que a escrita de Carolina de Jesus foi para ela um longo processo de autoconhecimento doloroso, bem como o foi a tentativa insistente de legitimação de seu papel de escritora, a possibilidade de uma Carolina que desejava ser.

A tentativa de legitimação: a escrita dos poemas

Interessante destacar que embora a maior parte da escrita de Carolina Maria de Jesus tenha se dado em uma prosa memorialística de caráter claramente autobiográfico, há no discurso da escritora uma tentativa de legitimação por meio da poesia. Sua concepção de poeta se aproxima da visão romântica. Para ela, ser poeta significava entrar para o rol de seres especiais para os quais a tristeza era parte necessária e inerente da matéria de que era feita a poesia. Nesse quesito, ela estava apta, pois a tristeza era parte de seus dias, seja pela fome, pelo cansaço, pela incompreensão, pelo desejo de sair da favela. Talvez seja o desejo de ocupar esse lugar em que a sensibilidade a fizesse diferente de todos que a rodeavam que, em alguma medida, tenha lhe feito repetir para si e para os outros que era poeta. Em vários depoimentos e fragmentos de seus diários encontramos repetidas vezes essa autoafirmação: "E há pessôas que diz que o poeta é preguiçosos. Tenho que defender o poeta pórque sou do rol." (PERPÉTUA, 2000, p. 335)

A busca pela legitimação desse lugar de fala de poeta se dá como um projeto de criação de sua imagem diante de todos. Ser poeta era negar, de certa forma, tudo aquilo que a realidade da vida na favela lhe trazia. Talvez por isso crie ao longo de sua escrita o registro de sua "vocação" de poeta a partir de sua genealogia:

> Quando minha mãe ficou gestante, surgiram os disse-disse tão comuns nas cidades do interior. [...] Diziam que a criança que ia nascer era filha do poeta boêmio. Quando eu nasci, comprovaram-se os

> boatos, e as más línguas sentiram-se meio proféticas. A minha semelhança com o poeta serviu de pretexto para o esposo de minha mãe abandoná-la (JESUS, 1986, p. 69).

A filiação ao poeta boêmio – "um preto bonito" que "tocava violão e compunha versos de improviso" (JESUS, 1986, p. 69) – era indício ou, para ela, prova de sua índole de poeta, uma garantia, apesar de todas as circunstâncias, de uma espécie de legado que ninguém poderia lhe tirar.

Embora idealizasse a condição de poeta como algo sublime e longe da sua dura realidade social, sua escrita estava contaminada por essa realidade invisível a tantos, mas concreta para ela. Nesse sentido, a pobreza que constata em seus diários também invade seus poemas anotados nos cadernos.

Várias críticas foram feitas ao fato de Audálio Dantas ter negado a Carolina esse estatuto de poeta que ela reivindicava para si ao enfatizar sua escrita autobiográfica e ao aconselhá-la a guardar seus poemas, contos e romances que escreveu. Contudo, cabe ressaltar que o recorte feito por Dantas, seu leitor-primeiro, foi o que possibilitou a divulgação e o interesse dos leitores por Carolina. Se a escolha de Dantas fosse pelos poemas, certamente o fenômeno ocorrido nos anos de 1960 jamais tivesse existido e seu nome já teria sido apagado da história como o foi o de tantos escritores e escritoras que jamais foram publicados e tiveram seus textos descartados como papéis velhos por seus herdeiros. Além disso, Dantas, em certa medida, deixa indícios de sua produção poética na matéria que escreveu. Ele cita na *Folha da noite*, em 1958, um poema de Carolina que reafirma o caráter autobiográfico de sua escrita:

> Não digam que fui rebotalho
> Que vivia à margem da vida
> Digam que eu procurava trabalho
> Mas fui sempre preterida
> Digam ao meu povo brasileiro
> Que o meu sonho era ser escritora,
> Mas eu não tinha dinheiro
> Pra pagar uma editora (JESUS apud DANTAS, 1958).

Apesar de o recorte temático de Dantas ser o mesmo do diário, ele dá uma pequena mostra da poeta, atendendo de certa forma o desejo de Carolina de projeção enquanto poeta.

Fernanda Rodrigues de Miranda destaca que: "[...] o ideal de poeta da autora encerra uma racionalidade que, em suma, representa uma possibilidade de organização de si, de sua existência social num contexto cotidianamente atribulado (MIRANDA, 2013, p.104). Essa "organização de si", essa "existência social", contudo, não parece ter logrado grande sucesso, seja pelo apagamento da escritora nos anos que se seguiram à publicação de *Quarto de despejo*, seja pelos anos de silenciamento em torno de sua obra. Mas felizmente têm-se intensificado os esforços para que a luz incida novamente sobre sua escrita e que dessa vez não seja apenas em flash, perdurando o suficiente para que mais leitores conheçam essa escrita de superação, de superação das limitações sociais e inclusive da própria língua. Esse movimento tem sido evidente pelos trabalhos feitos sobre Carolina Maria de Jesus na academia e também nas redes sociais, principalmente a partir da comemoração de seu centenário de seu nascimento, em 2014.

Pode-se dizer que ainda hoje sua poesia não alcançou destaque no que se refere a uma valoração literária. A publicação de sua *Antologia pessoal*, organizada por José Carlos Sebe Bom Meihy e publicada postumamente pela editora da UFRJ, em 1996, reativou algumas questões importantes, como o conceito de cultura, a questão do cânone, da literatura produzida à margem, para lembrar apenas algumas discussões em torno de sua escrita. É pela chave de leitura do "valor estético" que muitos críticos se voltam a esses versos, destacando neles e nos outros textos de Carolina apenas o caráter testemunhal. Contudo, o próprio organizador do volume, Meihy, afirma que se sua poesia apresenta certa "pobreza estilística" se comparada aos cânones, faz-se necessário que o crítico seja capaz de usar outras ferramentas de análise:

> Inscrever a obra de Carolina Maria de Jesus no plantel discursivo de nossa crítica demandaria mudar parâmetros, relativizar critérios de seleção, admitir novidades que por seu turno interferem em debates temáticos de demandas multidisciplinares – racismo, feminismo, migração, composição familiar (MEIHY, 2014, p.1-2).

Pensando nisso, é preciso revisitar ou visitar a obra de Carolina sem pressa, despidos de todos os preconceitos, incluindo o linguístico, tendo em vista o olhar crítico do presente que experimentou a lenta, mas existente mudança no estatuto da literatura. Se ontem embates foram travados sobre a dúvida se seus textos são ou não literários, hoje valemo-nos das reflexões de Antonio Candido sobre a ampliação do conceito de Literatura, considerando a função humanizadora não só do caráter estético, mas também do subjetivo e do informativo:

> Chamarei de literatura, da maneira mais ampla possível, todas as criações de toque poético, ficcional ou dramático em todos os níveis de uma sociedade, em todos os tipos de cultura, desde o que chamamos folclore, lenda, chiste, até as formas mais complexas e difíceis da produção escrita das grandes civilizações (CANDIDO, 2002, p. 174-175).

A leitura atenta da obra de Carolina pode nos levar a elementos que participam desse processo humanizador promovido pela Literatura, como a nossa necessidade de criar, inventar, nos constituir enquanto sujeitos e compreender nosso papel no que chamamos de sociedade. Seus textos nos tornam mais humanos à medida que nos fazem ler "levantando a cabeça", como propõe Roland Barthes (2004, p. 26), principalmente porque em seus textos, diários, poemas, romances, peças teatrais, canções e provérbios ouvimos uma voz da alteridade.

Talvez isso já seja motivo suficiente para deixar de lado a discussão do que é ou não literatura para se empenhar em uma discussão maior de análise da obra da escritora, não desconsiderando seu caráter testemunhal, evidentemente, mas investigando o caráter inventivo presente nesses textos.

Assim como Carolina se empenha em grafar sua existência enquanto poeta, enquanto escritora, não se pode perder de vista seu processo de arquivamento de imagens, seu desejo consciente de inscrever sua existência diante de si própria e também do outro. É como poeta que quer ser lembrada, ser reconhecida, pois a catadora, moradora da favela, já constituía sua história. "O que sempre invejei nos livros foi o nome do autor" (JESUS, 1961, p. 33), afirma ela.

Reinventar-se é o que parece fazer Carolina à medida que luta para ser vista e reconhecida como poeta. Nesse sentido, vale lembrar sua consciência de que a escolha do gênero que talvez lhe permitisse existir como outra já estava fadada à incompreensão. Talvez se possa afirmar que a obstinação e a insistência de Carolina em se ver e ser vista como poeta se deva ao fato de que o registro nos diários reproduzia na escrita aquilo que vivia cotidianamente, uma realidade muito distante da que sonhava para si.

A concepção de si mesma como poeta alimenta a existência de Carolina. Pela poesia seria possível reinventar-se. Contudo, o que observamos ao ler sua *Antologia pessoal*, publicada postumamente, é que a realidade que vivenciava estava impregnada nesse corpo de mulher, negra, pobre e semianalfabeta. A realidade da favela a acompanha ainda quando se desloca geograficamente para a tão sonhada casa de alvenaria, a acompanha também quando se embrenha pelo território da poesia.

O fato é que sua poesia também está marcada por suas vivências. A enunciadora de *Quarto de despejo* se desloca para ocupar o lugar de eu-lírico, mas não há como se despir das cicatrizes que lhe marcam a pele. A poética da fome que atravessou sua vida também não se ausentou da escrita dos versos em que sonhava outra realidade. Em "Meus filhos", ela escreve:

> Vou internar os meus filhos
> Meus tesouros prediletos
> Ficam lá sem os meus carinhos
> Sem ósculos e afetos
> Será que vou resistir
> À dor da separação?
>
> Despertar e não ouvir
> Mamãe eu quero pão
> Como é agro o meu viver
>
> Só Deus sabe o meu estado
> Não sei como hei de fazer
> Sem os meus filhos ao meu lado
> Meu eu vou sucumbir
> Quando os meus filhos zarparem-se
> A saudade vai interferir-me

Mas hei de resignar-me
Sou uma mísera poetisa
Às vezes falta-me pão
Por isso fico indecisa
Sem saber se os interno ou não(JESUS, 1996, p. 196).

A imagem da mãe é frequente em seus versos, sempre descritas sob a ótica do sofrimento, seja pela perda do filho, seja pela impossibilidade de alimentá-lo. Há representação dessas mães em "Súplica de mãe", "Minha filha", "Prece de mãe", "A carta", "Pobre inocente" "Mãe é sempre mãe", "Saudades de mãe", "Mamãe", "Remorso". Em vários poemas se observa elementos biográficos que habitam sua escrita, como a imagem da mãe que sofre por não ter como alimentar seus filhos, a presença insistente da fome, o cansaço. Em "Remorso", por exemplo, é interessante como ela recria poeticamente o sentimento do que nos diários registrava como incômodo, o fato de muitas pessoas a procurarem pedindo dinheiro:

Na minha porta veio um dia
Uma senhora a implorar.
Unida ao peito trazia
Uma criança a chorar

Ajoelhou-se, as vestes desfeitas,
Tenha dó desta infeliz, compadece
Manda aviar esta receita
Que Deus no céu lhe agradece

Senhor! salve esta inocente.
Veja, é grave o seu estado
Se o teu filho está doente...
Creio não ser o culpado.

A criança os olhos ergueu.
Ficou-me e deu-me um sorriso
Depois para mim respondeu:
Somente de Deus eu preciso!

A criança não tinha idade
Para falar e falou!
Por eu negar-lhe a caridade,
Deus me castigou.

Vi a mulher entristecer
E aos pouco perder a cor,
Seu único filho fenecer;
Debatendo-se no estertor.

Na minha mente gravou
Aquele sorriso ingênuo sorriso.
Quando a criança falou:
Somente de Deus eu preciso.

De tanto pesar chorei
E nada mais me consola
Desgosto porque neguei
Uma esmola! (JESUS, 1996, p. 142-143).

Se nos diários o registro sobre o tema se dá sem meios termos, em que a autora se queixa do excesso de pedidos de esmola e se sente incomodada e importunada, no poema o remorso de negar a esmola redime a figura da poeta.

A realidade social de pobreza aparece em tom de denúncia também quando a voz do eu-lírico assume a "Súplica do mendigo":

[...]
Sofro tanto! Oh! Que tristeza!
Necessito o auxílio vosso
Os que vivem na pobreza
Lutam em prol do pão nosso (JESUS, 1996, p, 137).

Nesse caso a voz de um é a voz de muitos que em comum carregam a carga pesada da exclusão e da miséria. Pelos breves exemplos citados é possível afirmarmos que a escritora presente nos diários coincide em vários momentos com a poeta inscrita nos versos, mas vale ressaltar que, para além das cicatrizes abertas inscritas em sua letra, há rastros que ainda precisam ser seguidos.

A escrita como "phármakon"

Parece acertado dizer que a escrita para Carolina funciona como "phármakon"[142]: é, ao mesmo tempo, remédio capaz de aliviar psicologicamente a fome e a miséria a que está submetida e veneno que consome seus sinais vitais diante da impossibilidade de permanência na persona escritora reconhecida socialmente. Sua compulsão pela escrita se mostra na escrita diária nos muitos cadernos que encontrava no lixo e aproveitava como suporte para escrever.

Escrever para ela passa a ser uma necessidade diária, única libertação possível diante das circunstâncias:

> 5 de novembro de 1959: Levantei as 5 horas. A água esta tão pouca eu fiquei desanimada. Puis o balde para encher e fui escrever um pouquinho. É tão bom escrever de manhã. O silêncio é um bom cóajuvante para quem escreve. Abri a janela para ver se o balde estava chêio. E perpassei o olhar pelo espaço. As êstrelas ja estavam recluindo-se. O céu estava azul claro. Acho maravilhosa a estrela d'alva. Ela tem aureola e surge na nascente./ Com certêza ela é a rainha das êstrelas. _Assim que o balde enchia eu ia ritira-lo. E assim enchi o barril. Fiz café e fui comprar pão (JESUS apud PERPÉRTUA, 2014, p. 327).

A escrita preenche o tempo à espera da água, a desvia dos afazeres e obrigações. Se a intenção inicial era encher um balde, escrevendo, há tempo para encher um barril, para reservar a água que era pouca. O relato carrega consigo nas entrelinhas fragmentos de uma gênesis também fragmentada de seu processo criativo. Entre as atividades diversas na rotina da dona de casa e da mulher que precisava colocar o pão na mesa dos filhos, a escrita, como um desabafo, alivia as dificuldades dessa realidade tão pouco atrativa. A fome de escrita é descrita nos

---

[142] Sobre o tema, ver: DERRIDA, J. *A farmácia de Platão.* Trad. Rogério da Costa. 2. ed. São Paulo: Iluminuras, 1997. O autor analisa a relação entre a arte e a morte, recuperando o mito de Theuth, no qual a escrita é um Phármakon, cujo sentido etimológico se liga ao mesmo tempo a remédio e veneno.

seus relatos com tanta intensidade quanto a fome física. O incontrolável "desejo de escrever" se sobrepõe às atividades de trabalho cotidianas:

> Não comprei pão. Tem uns pedaços semi-duros. Esquentei a comida que sobrou de hontem passei o dia escrevendo o segundo ato da peça 'Seu Binidito' (JESUS apud FERNANDEZ, 2015, p. 217).

> Um homem morando comigo, enjôa-se de mim pórque eu lêio todos os dias, e estou sempre escrevendo. Mas êles tambem tem seus habitos. Gostam de beber fumar etc. E enquanto eu viver, hei de escrever pórisso hei de viver sempre só. Não vóu fazer janta. Vamos tomar cafe, e comer rosca (JESUS apud FERNANDEZ, 2015, p. 220).

Contudo, a precariedade da vida também invade o ato de escrever:

> Eu fiquei escrevendo mas é horrível escrever com lamparina. Paciência (JESUS apud FERNANDEZ, 2015, p. 220).

> Esquentei a comida para os meninos e comecei escrever. Procurei um lugar para eu escrever sossegada. Mas aqui na favela não tem estes lugares (JESUS, 1960, p. 91).

> Aproveitei minha calma interior para eu ler. Peguei uma revista e sentei no capim, recebendo os raios solar para aquecer-me. Li um conto. Quando iniciei outro surgiu os filhos pedindo pão (JESUS, 1960, p. 06).

Fruto dessa escrita inquietante, *Quarto de despejo*: diário de uma favelada e *Casa de alvenaria*: diário de uma ex-favelada, para citar apenas dois de seus livros publicados, podem ser lidos como a dose diária do remédio que manteve viva a mulher e também do veneno que levou ao fim da escritora. Se no primeiro diário a voz enunciativa é claramente da mulher que vive na favela e registra as dificuldades e a dureza de sua vida e de outros que a cercam, no segundo, há um deslocamento desse sujeito enunciador que representa para o leitor um lugar não mais tão atrativo da exclusão e da margem. Embora a Carolina de *Casa de Alvenaria* ainda carregasse na pele as vivências da exclusão, para o público, talvez, esse deslocar-se geograficamente para a casa de alvenaria, esse sair da favela e transitar em espaços privilegiados da cultura letrada, pode ter contribuído para que perdesse o atrativo e curioso estatuto de miserável, o que possivelmente havia contribuído para que tivesse sucesso editorial no lançamento de *Quarto de despejo*.

Embora tenha melhorado suas condições de vida e de escrita: "Que bom escrever atualmente com luz eletrica. A minha casa tem 14 lampadas" (JESUS, 1961, p. 129), como registra em *Casa de Alvenaria*, a cicatrização do tempo de miséria ainda não estava concluída.

Nesse sentido, vale lembrar que a escrita como veneno fada a escritora ao apagamento na vida cultural daquele momento. O fenômeno de vendagens perde o interesse para o público, e o sonho de ser escritora e poeta reconhecida fica como legado que só bem recentemente se realiza, com os esforços daqueles que propõem uma releitura e uma "redescoberta" da escritora.

Ao ter contato com sua produção, presenciamos nos diários e nos poemas cicatrizes abertas que nunca cessaram de sangrar nessa escrita do desassossego a que se dedicou Carolina Maria de Jesus.

Referências:

BARTHES, Roland. **O rumor da língua**. Trad. Mário Laranjeira. São Paulo: Marttins Fontes, 2004.

CANDIDO, Antonio. O direito à leitura. In: ________. **Textos de intervenção**. São Paulo: Duas Cidades, 2002. p. 174-5.

DANTAS, Audálio. O drama de uma favela escrito por uma favelada: Carolina Maria de Jesus faz um retrato sem retoques do mundo sórdido em que vive. **Folha da noite**, São Paulo, ano XXXVII, Nº 10.885. 9 maio 1958.

FERNANDEZ, Raffaella Andréa. **Processo criativo nos manuscritos do espólio literário de Carolina Maria de Jesus**. Tese (Doutorado) – Programa de Pós-Graduação em Teoria e História Literária, Instituto de Estudos da Linguagem, Universidade Estadual de Campinas. Campinas, SP, p. 315, 2015.

JESUS, Carolina Maria de. **Antologia pessoal**. *Organização de José Carlos Sebe Bom Meihy. Rio de Janeiro: Editora UFRJ, 1996.*

________. **Casa de alvenaria**: diário de uma ex-favelada. São Paulo: Livraria Francisco Alves: Editora Paulo de Azevedo Ltda., 1961.

________. **Diário de Bitita**. Rio de Janeiro: Nova Fronteira, 1986.

________. Minha vida. In: LEVINE, Robert M; MEIHY, José Carlos Sebe Bom. **Cinderela negra**: a saga de Carolina Maria de Jesus. Rio de Janeiro: UFRJ, 1994.

________. **Quarto de despejo**: diário de uma favelada. Organização e apresentação de Audálio Dantas. Rio de Janeiro: Livraria Francisco Alves, 1960.

LEJEUNE, P. **O pacto autobiográfico**: De Rousseau à Internet. Organização de Jovita Maria Gerheim Noronha. Belo Horizonte, MG: Editora UFMG, 2008.

MIRANDA, Fernanda Rodrigues de. **Os caminhos literários de Carolina Maria de Jesus**: experiência marginal e construção estética. Dissertação (Mestrado em Letras) – Faculdade de Filosofia, Letras e Ciências Humanas, Universidade de São Paulo. São Paulo, p. 159, 2013.

MEIHY, José Carlos Sebe Bom. Entrevista com José Carlos Sebe Bom Meihy. **Estado de Minas,** Caderno Pensar, 17 maio 2014, p. 1 e 2. Disponível em: <http://www.letras.ufmg.br/literafro/autoras/29-critica-de-autores-feminios/1023-entrevista-com-jose-carlos-sebebom-meihy>. Acesso em: 05 de abril 2019.

PERPÉTUA, Elzira Divina. **A escrita de Carolina Maria de Jesus.** Belo Horizonte: Nandyala, 2014.

Carolina Maria de Jesus e o associativismo político cultural negro nos anos 1960[143]

Mário Augusto Medeiros da Silva[144]

Agora sei que a terra me pertence / como pertence ao branco e a descoberta / do que é meu por fim me arrebata / e a minha velha alma está liberta / Agora está liberta a minha alma.../ e cresce em mim o ardor de sonhos novos: / Ah, todo negro é homem entre os homens / e pode, irmãos, erguer-se entre os povos / Festejais minha entrada entre as faces risonhas, / aplaudi o findar do meu longo lamento, / este se esvai ao longe, leva-o o vento.../ Derrubei as estátuas de faces tristonhas / que choravam meu ser, ah, irmãos, festejai! / É primavera e o inverno longe vai!

Poema da Descoberta (À Carolina Maria de Jesus), *Níger*, ACN, São Paulo, setembro de 1960.[145]

O ano de 1960 marca a edição de *Quarto de despejo: diário de uma favelada*, de Carolina Maria de Jesus. Lançado em agosto, a Associação Cultural do Negro[146] promove homenagem à autora no seu salão, em 28 de setembro, Dia

---

[143] Texto modificado de Silva, Mário Augusto M. da Silva. O negro marginal e as associações negras: *Quarto de despejo*, 1960. *A descoberta do insólito: literatura negra e literatura periférica no Brasil (1960-2000)*. Rio de Janeiro: Aeroplano, 2013, p. 284-297.

[144] Professor Doutor do Instituto de Filosofia e Ciências Humanas, IFCH-Unicamp. E-mail: marioaugustomedeiros@gmail.com

[145] Na edição de *Níger*, o poema não está assinado. Contudo, Oswaldo de Camargo afirmou que: "Fui eu quem escreveu isso aqui. Ninguém sabe. [...] Eu pus aqui [em seu exemplar da revista] O.C. Só para eu não esquecer que fui eu [*risos*]". Entrevista de Oswaldo de Camargo concedida a Mário Augusto Medeiros da Silva em 29 de julho de 2007, São Paulo. Fonte do poema: AEL – Unicamp, microfilme MR/2714.

[146] Fundada em 28 de dezembro de 1954 por um conjunto de intelectuais, ativistas e sujeitos negros preocupados com a invisibilidade de seu grupo social nas comemorações oficiais do IV Centenário da cidade de São Paulo (1554-1954). Sobre ela, ver Leite, José Correia & Cuti. ... *E disse o velho militante José Correia Leite*. São Paulo: Secretaria Municipal de Cultura, 1992; bem como a tese de Silva, Mário Augusto Medeiros da. *A descoberta do insólito*, op. Cit., além do artigo de Silva, Mário Augusto Medeiros da. Fazer História, Fazer Sentido: Associação Cultural do Negro (1954-1964). *Lua Nova*, São Paulo, n. 85, 2012. Disponível em: <http://www.scielo.br/scielo.php?script=sci_arttext&pid=S0102-64452012000100007&lng=pt&nrm=iso>. Acesso em: 4 maio 2014.

da Mãe Negra. Para tanto, convida diferentes entidades civis, como a Academia Paulista de Letras e o Grêmio da Faculdade de Filosofia e Letras da USP147. Nesse mesmo ano, a associação passa a editar, desde julho, um jornal mensal chamado Níger. Seu terceiro número (setembro de 1960) traz aquela escritora na capa.

Níger – Publicação a serviço da coletividade negra presta homenagem à autora que seria o sucesso literário de vendas do ano, bem como a grande expressão de um autor negro nacional, sem precedentes, evocando-a como um fato de extrema importância, cultural e social ao grupo que aquele jornal e associação buscavam representar. Nessa edição, são publicados um editorial – sobre a figura de De Jesus e a mulher negra –, o poema apócrifo de Oswaldo de Camargo – que serve de epígrafe a esta subparte – e um samba em deferência à escritora, de autoria de B. Lôbo. O editorial da publicação é uma exaltação, com ressalvas, à figura da mãe negra atribuída à escritora, além de uma tentativa de construir sua imagem como síntese dos propósitos do meio negro organizado:

> *Carolina Maria de Jesus é a expressiva figura, por nós escolhida, para simbolizar a homenagem que hoje rendemos à "Mãe Negra"*, num ato de nosso civismo, pelo transcurso da data de 28 de setembro, e do 89º aniversário da Lei do Ventre Livre. [...] *A nossa homenageada – a "Mãe Negra"* – é uma imagem emotiva que vive em nossa recordação, e por isso mesmo não podemos jamais olvidá-la pelos feitos que no passado ela concretizou [...] *deu ao Brasil suas melhores tradições e soube encher os velhos solares das famílias de tantas ternuras e poesias [...] Carolina Maria de Jesus é uma contradição histórica de tudo isso. Ela vem malsinada, tal qual uma sombra errante, do submundo da sociedade moderna, para contar uma história, a sua história, que galvanizou os sentidos de toda opinião pública, pelas suas revelações estarrecedoras. [...] O diário da favelada Carolina é um depoimento* que não só retrata, em seu triste conteúdo, as nossas mazelas sociais do momento, como *remontam (sic) aos erros*

---

[147] Embora convidadas, ambas não estiveram presentes. Cf. Carta de Aristêo Seixas, Presidente da Academia Paulista de Letras, que se desculpa porque "Meu estado de saúde não me permite sair à noite, razão por que deixo de comparecer a essa reunião"; e Ofício n. 273/60, de Fred Lane, Presidente do Grêmio da Faculdade de Filosofia, Ciências e Letras da USP, datadas, respectivamente, de 28 de setembro de 1960 e 5 de outubro de 1960. Cf. ACN DIE COR 1243 P018 J001 e ACN DIE COR 1244 P018 J002. Coleção Associação Cultural do Negro, Acervo UEIM-UFSCar.

> *políticos – em matéria de justiça social – desde o alvorecer da República.* [...] Pelo menos para nós esse livro foi mais que isso [sucesso de vendas], porque nele encontramos uma advertência fora do comum [...] *O significado dessa advertência tem suas ressonância nos fundamentos daqueles pontos básicos que são a razão de ser dos anseios de nossa luta* (NÍGER, 1960, grifo nosso).

Segundo as memórias de Correia Leite (1992), ainda foi feita, na casa dele, "[...] um grande almoço e foi a primeira homenagem que a Carolina de Jesus recebeu por causa de seu livro, Quarto de despejo [...] Foi uma homenagem que me deixou sensibilizado por causa da Carolina, que praticamente ofuscou o aniversariante que era eu". A figura de De Jesus passaria a ser alvo de disputa após a publicação de seu primeiro livro, de diferentes interesses e matizes intelectuais ou políticos. No meio negro organizado, embora em menor escala, não se deu algo diferente.

Se a ACN promove um número de seu recém-lançado jornal e uma homenagem na casa de um de seus principais líderes à escritora, o Clube 220, espécie de organização rival[148], sediada no mesmo prédio, a partir da publicação de *Quarto de despejo* passa a promover O Ano Carolina Maria de Jesus (1960-1961). A disputa fica clara na carta-resposta que o 220 remete à ACN, por ocasião do convite que esta fizera àquele clube, em razão do evento promovendo o Ano Cruz e Souza:

> Acusamos o recebimento de seu estimado ofício s/nº que embora datado de 31 de Janeiro, somente chegou às nossas mãos no dia 6 do fluente (?), cujo conteúdo mereceu a nossa proverbial consideração [...] Como já é sabido do conhecimento Vv. Ss., e também do domínio público, esta comissão – supervisionada pela diretoria do Club "220" instituiu o "Ano CAROLINA MARIA DE JESUS", programado para o decorrer do ano em curso uma série de festividades em homenagem

[148] "Nós fizemos um convite para o Clube 220 e eles mandaram um ofício respondendo, onde fizeram uma advertência de que eles tinham conhecimento da nossa ideia de prestar uma homenagem a Cruz e Sousa em virtude da passagem do seu centenário, mas nós estávamos errados porque ele não nascera em 1861 e sim em 1862. Nós tivemos que fazer um ofício falando sobre o então recente livro do Andrade Muricy que, definitivamente, esclareceu que a data era mesmo 1861." Esta e a citação imediatamente anterior, checar: Leite, José C. & Cuti. *...E disse o velho militante José Correia Leite*, op. cit., p. 179 e p. 184-185, respectivamente.

> ao êxito nacional e internacional conquistado por aquela escritora, com seu livro *Quarto de despejo*, best-seller de 1960, contando já esta comissão com todas as Associações interioranas à margem enumeradas[...] Como ponto alto de tais festividades, desejamos comunicar Vv. Ss., que a Câmara Municipal de São Paulo acolheu a nossa iniciativa, aprovando a concessão do título de "CIDADÃO PAULISTANA" àquela escritora, que será entregue no próximo dia 9 de março p. vindouro[...] Eis os motivos porque este Clube lamenta a impossibilidade de atender o gentil convite de Vv. Ss.[...] Outrossim, no sentido de dirimir dúvidas, apreciaríamos que Vv. Ss. consultassem novamente seus registros, uma vez que de acordo com dados oficiais que mantemos em nossos arquivos, o nascimento do emérito poeta JOÃO DA CRUZ E SOUZA, ocorreu a 9 de março de 1892(sic) transcorrendo portanto o centenário do seu nascimento no próximo ano e não neste ano. [...][149]

A ACN exaltava De Jesus como um exemplo de afirmação do negro e, particularmente, da mãe negra, talvez inaugurando uma das imagens mais associadas à escritora: a mãe negra, uma espécie de reserva moral e benigna. Simbolicamente, uma homenagem se deu no dia 28 de setembro de 1960. Todavia, é importante observar que há um embate entre essa organização e a autora. A mãe negra em questão é solteira, com três filhos, de três pais diferentes e dois anos de instrução formal, o que causava um certo empecilho para os propósitos daquela associação – o *elevamento moral* do negro, que em grande parte passava pela valorização / normatização do comportamento mundano. São sintomáticos, nesse sentido, os depoimentos de Correia Leite e Camargo, referências políticas e culturais da ACN:

> [...] Audálio Dantas me chamou de lado e disse: [...] – Leite, você que tem um certo prestígio, vê se dá uns conselhos para a Carolina porque parece que ela está deixando subir na cabeça certas bobagens por causa do sucesso do livro...[...] Eu fui falar com a Carolina e ela me prometeu que ia continuar a mesma, que não ia deixar aquilo

[149] Ofício n. 69/61, do presidente do Clube 220, Frederico Penteado Júnior a Adélio Alves da Silveira, presidente da ACN, datado de 24 de fevereiro de 1961. Documento ACN DIE COR 1254 P018 J012. Coleção Associação Cultural do Negro, Acervo UEIM-UFSCar. Algumas das associações interioranas estão listadas em nota de rodapé.

acontecer. Só que, não demorou muito tempo, ela se desligou do Audálio Dantas e andou fazendo algumas bobagens, como aparecer no carnaval com roupas excêntricas, querer frequentar certos meios que ela não tinha condições... E homens também que ela começou a encontrar. *Uma mulher sofrida que se vê, de repente, numa situação daquela, se não tiver muita força de vontade, vai fazer das suas mesmo, vai querer passar pelo que não é [...]* (LEITE, 1992, p. 182, grifo nosso).

Oswaldo de Camargo, intelectual negro que pertenceu à Associação, acentua a crítica por outro ângulo, da repentina obsolescência que a autora de *Quarto de despejo* ganha em meio à ACN:

> [...] Então, a história aí, eu só vejo o seguinte: o *Quarto* se tornou um caso... Não sei até que ponto é um caso de Literatura ou é um caso de memória. Tem Literatura sim [...] Mas você deve ver como memória, como documento... Só sei que ela ganhou repercussão e essa repercussão foi o que impediu depois, em parte, a Carolina. *Ela não soube medir muito bem, até que ponto, ela devia tomar certas atitudes.* [...] Nunca ninguém citou Carolina de não-sei-o-quê... "Vamos por a Carolina na nossa antologia... Vamos convidar a Carolina..." Não, Carolina não foi um fato! A minha opinião. A Carolina... *Unica pessoa que, se não me engano, falou que a Carolina era um modelo para os escritores negros foi um marxista: Clóvis Moura. [...] Talvez ele quisesse dizer que todo autor negro deveria entrar nesse campo. Não. Entra quem vive, quem quer. Há outros campos muito poderosos da Literatura que não são exatamente de desmesura social. Porque, na verdade, a Carolina era desmesurada: ela tava fora de todo padrão. Mas você não precisa viver daquele jeito, para ser escritor.* [...] Não altera nada a Literatura nossa. A Literatura continuou sendo feita pelos mesmos autores. As reuniões que nós fazíamos na década de 60, na casa da Nair Araújo [membro do TEN-SP e do setor cultural da ACN] e outros autores, na minha casa... ninguém pensou: *"Ah, convida a Carolina para..."* (CAMARGO, 2007, grifo nosso).

Se a ACN possui resistências à figura e ao tema de Carolina – embora ambos lhe tenham sido úteis no princípio e, mesmo que como verniz, tenha sido simpática aos dois – a mesma reserva com a conjugação das imagens não possui o Clube 220. Pelo contrário: é esta associação – autointitulada *Entidade Orgulho da Família Negra Brasileira* – que, além de promover o Ano Carolina Maria de Jesus, lança a campanha para outorga do título de Cidadã Paulistana à autora. Frederico Penteado Jr., presidente do Clube, afirma em carta à ACN que

> [...] Conforme já é do conhecimento Público, foi esta entidade autora do manifesto Público contendo mais de cinco mil assinaturas, dirigido à Câmara Municipal de São Paulo através do edil Italo Fittipaldi, pelo seu ofício nº 51 datado de 12 de setembro de 1960 o qual solicitava que a autora do livro *Quarto de Despejo*, mineira, côr Preta, de 46 anos, mãe solteira de filhos e que foi, há pouco ocupante do barraco n. 9 da Rua A, na Favela do Canindé, fosse agraciada por essa Edilidade, como "CIDADÃ PAULISTANA", cuja literatura contemporânea foi revolucionada por um livro, "QUARTO DE DESPEJO" [...] deseja esta entidade contar [...] com sua presença no próximo dia 28, para o seguinte PROGRAMA: [...] Pela manhã na igreja da Irmandade Nossa Senhora do Rosário dos Homens Pretos no largo do Paissandú, missa em homenagem a esta babá, Mãe de duas gerações da Branca e da Preta, às 9,30hs [...] Em seguida, com a presença da escritora Carolina Maria de Jesus e outros, colocará no Monumento à Mãe Preta diversos ramalhetes de flores como gratidão da família brasileira àquela ilustre personalidade [...] Às 15h no Plenário da Câmara Municipal de São Paulo quando os edis em sessão especial entregará (sic) a Carolina Maria de Jesus o título de "CIDADÃ PAULISTANA", iniciativa deste clube [...][150]

Vejamos como se dá, então, esse processo de conversão simbólica de Carolina Maria de Jesus, intermediado pelas associações negras paulistanas, com seus interesses em disputa.

> De Habitante do Monturo a "Shakespeare de Cor"
>
> Outorgamos, hoje, com a pompa necessária, o Título de Cidadã Paulistana à maravilhosa figura da mineira Carolina Maria de Jesus

[150] Ofício nº 283/61 de Frederico Penteado Júnior, presidente do Clube 220 ao presidente da ACN, datado de 26 de setembro de 1961. Cf. ACN DIE COR 1280 P018 J044. Coleção Associação Cultural do Negro, Acervo UEIM-UFSCar.

> [...] Ela é cidadã de São Paulo – cidadã do Brasil [...] Trata-se de uma personalidade invulgar, da mensageira de um protesto assombroso, de uma alma literária que, como a planta ressurge do chão, e vive, e respira, e se ramifica, pelos descendentes, no futuro [...] Da favela obscura, misérrima – quem o poderia supor? – aparece um Shakespeare de cor, um Mollière que é mulher, um Dante que descreve o inferno em terra, e a linguagem vibrante, ágil, pura e sonora que indica o verdadeiro poeta, que transporta a carne, o sangue para o papel, na pungente descrição das angústias e decepções dum canto da humanidade[151].

Se as ideias de um *protesto e revolta negros* até então se consumavam de maneira abstrata, galvanizando sujeitos ligados a associações – e, internamente, em número menor, aqueles afeitos à Literatura –, a concretização daquelas ideações em *Quarto de despejo: diário de uma favelada* é absolutamente inesperada.

A revolta e o protesto não estão ali organizados; a autora é oscilante em meio a suas constatações. Suas ligações com as associações negras são contatos ocasionais, na rua, quando ainda não era famosa. A favela, o lugar de onde fala é suspeito, até então, para o surgimento de algo como expresso em *Quarto. Ela consegue, a um só tempo, por meio da Literatura, colocar em pauta os problemas da fome, das favelas, do racismo, do clientelismo político, da marginalidade social, do negro no pós-abolição etc. visto pelos despossuídos*. Entretanto, talvez por tudo isso amalgamado, Carolina Maria de Jesus desperte o interesse quase imediato – e conflituoso, seja entre si ou com a escritora – de negros organizados, em seu movimento pendular do assistencialismo à autodeterminação.

O projeto de resolução nº 54, arquivado no processo 5480 de 1960, guardado na Câmara Municipal de São Paulo, apresenta os passos efetuados para a outorga do título de Cidadã Paulistana a De Jesus. A iniciativa partiu do Clube 220 que, em tempo recorde, encaminhou carta e abaixo-assinado, com cerca de 6.000 adesões, subscritas em 46 páginas, à Câmara, em 12 de setembro de 1960. O livro de De Jesus fora lançado no mês anterior. A carta enviada ao

---

[151] Discurso proferido pelo vereador Ítalo Fittipaldi, em 28 de setembro de 1961, em homenagem a Carolina Maria de Jesus. Fonte: Arquivo da Câmara Municipal de São Paulo, Processo n. 5480, fl. 86.

vereador Ítalo Fittipaldi[152] solicitava a aprovação de seus termos em regime de urgência pela edilidade, afirmando que

> Como é do conhecimento público, a literatura contemporânea está sendo revolucionada por um livro, cuja procedência o identifica como uma das mais arrojadas páginas [...] Trata-se de QUARTO DE DESPEJO, que tem como autora a favelada CAROLINA MARIA DE JESUS [...] QUARTO DE DESPEJO, pela força do realismo com que foi escrito, consiste, longe de CRÍTICA DESTRUIDORA, um índice do caminho a seguir para exterminar com os focos malignos das sórdidas favelas do nosso País. [...] Ainda em se tratando de regime de urgência [...] seja-nos permitido indicar a data de 28 de setembro corrente para esta solenidade, tendo em vista que transcorre neste dia mais um aniversário da "Mãe Preta", Mãe das gerações de ontem, de hoje e de amanhã.[153]

A repercussão de *Quarto* justifica, em partes, a solicitação do 220. O 220 não queria ficar de fora disso, assim como não o quis a ACN. Ambas elegem o mesmo dia para homenagear a autora, disputando o impacto causado. Todavia, dado o adiantado do tempo e os entraves burocráticos, embora aceite a outorga por mais de dois terços dos vereadores, não seria possível realizar a cerimônia naquele mês de setembro de 1960. O parecer final sobre o pedido foi emitido entre 27 de outubro e 13 de dezembro do mesmo ano, passando por diferentes comissões. Estendem-se as discussões até 1961.

Isso permite afirmar a estratégia do Clube 220 em construir uma espécie de campanha, criando o Ano Carolina Maria de Jesus, como forma de não desaquecer o ímpeto da iniciativa, enredado pela burocracia. A redação final do

---

[152] "Tendo atuado durante doze anos no antigo PSP [Partido Social Progressista, criado em 1945, por Adhemar de Barros], Ítalo Fittipaldi iniciou sua carreira política elegendo-se vereador na capital paulista em 1954, mandato que foi renovado em 1958. Ao longo desse período, Fittipaldi ocupou a Secretaria Municipal de Educação e Cultura, durante a gestão de Ademar de Barros (1955-1959). Em 1962, Fittipaldi candidata-se pela primeira vez à Câmara dos Deputados, conquistando apenas uma suplência. Após se filiar à Arena, conquista o seu primeiro mandato de deputado federal em 1966. Depois de se reeleger em 1970, o parlamentar tenta, sem êxito, a conquista de mais um mandato no pleito de 1974, deixando a Câmara dos Deputados no ano seguinte". Cf. Madeira, Rafael Machado. Integração regional e fragmentação partidária: uma análise de carreira política dos deputados federais da ARENA em São Paulo. *Sociedade e Cultura*, v. 7, n. 2, p. 219, jul./dez. 2004. Colchetes meus.

[153] Carta de Frederico Penteado Júnior ao vereador Ítalo Fittipaldi, datada de 12 de setembro de 1960. Fonte: Arquivo da Câmara Municipal de São Paulo, n. 5480/1960, fl. 4.

projeto de resolução só ocorreu em 30 de maio de 1961 e o convite para que De Jesus recebesse seu título foi enviado a 15 de setembro, como arquivado na folha 78 do processo.

A outorga, efetuada em 28 de setembro de 1961, durante a 38ª Sessão Especial da Câmara Municipal, contou com a presença (anunciada e taquigrafada) do Vice-Governador de São Paulo, General Porphyrio da Paz, do presidente da Câmara Municipal, Manuel Figueiredo Ferraz, do escritor e teatrólogo Solano Trindade, de membros do 220, além Fittipaldi, vereadores e da homenageada. O discurso proferido por Fittipaldi (folhas 86-90 do processo) associa De Jesus exagerada e retoricamente a distintas figuras da Literatura Mundial e/ou suas obras: Shakespeare (*Hamlet*), Zola (*L'Assommoir*), François Villon e Christopher Marlowe, Verdi (*Rigolleto*), Dickens (*Oliver Twist*), Machado de Assis (*Memorial de Ayres*). No plano da questão social, relaciona-a a Josué de Castro (*Geografia da Fome*). A tudo isso, a autora responde em seu discurso de agradecimento, taquigrafado às folhas 91-93 do processo 5480/60, do qual se extrai os excertos abaixo, que:

> A transição da minha vida foi impulsionada pelos livros. Tive uma infância atribulada. Não me foi possível concluir o curso primário, mas desde que aprendi a ler passei a venerar os livros fantasticamente, lendo-os todos os dias. [...] Se não fosse por intermédio dos livros que deu-me boa formação, eu teria me transviado, porque passei 23 anos mesclada com os marginais. [...] Devo agradecer aos brancos de São Paulo que deram oportunidade aos pretos, aceitando as nossas criações e acatando-nos no núcleo social. Este gesto contribui para abolir preconceitos raciais.

Não seria bem isso que as associações negras gostariam de ouvir, pelo menos não a parte a final do discurso. A igualdade deveria ser uma conquista e não uma concessão, para maioria daquelas associações. Abre-se espaço para o discurso do presidente da Câmara, Manuel Ferraz, em que exorta a falta de preconceito racial em São Paulo e no país. Como devem ter reagido Solano Trindade, os membros do Clube 220 e outros a isso? Das fontes, nada consta. Além disso, Ferraz trata o problema da favela como se De Jesus tivesse descortinado uma cena oculta da metrópole emergente. Em verdade, ela o inseriu numa pauta sociopolítica. As favelas estavam à luz dos olhos de todos. Ferraz propõe medidas que vão do assistencialismo à ação direta, fornecendo poucos elementos para a concretização de um ou de outro (folhas 94-96):

> [...] é preciso que este eco tenha ressonância nesta Casa; que não fiquemos, nós outros, indiferentes ao clamor daqueles que menos favorecidos clamam por aqueles que podem acolhê-los ou socorrê-los na sua miséria e no seu abandono. [...] Por isso, escritora Carolina Maria de Jesus, o seu apelo será atendido, por certo. [...] *Esta cidade [...] lhe é grata pelos serviços que você prestou a nossa coletividade, chamando a atenção para um problema que sabíamos conhecer mas que preferíamos desconhecer. E agora os nossos olhos estão abertos. É preciso que alertemos os demais para que este problema não constitua um problema mas que seja agora um movimento para a solução desse mal, que é o mal da favela de São Paulo* [...]

De final dos anos 1940 até meados da década de 1960, os temas da favela, da marginalidade social e da integração do negro entrarão na ordem do dia para diferentes setores sociais, no curto espaço de tempo até o começo de 1964. De Jesus estará no centro desses debates até a altura de 1962. A mobilização de alguns setores da sociedade em busca de uma *solução* para o problema **descortinado** permite uma análise interessante sobre a forma recorrente de se lidar de maneira precária com problemas sociais, irresolutos, em verdade, desde muito tempo. Ironicamente, *Quarto de Despejo: o diário de uma favelada*, é que traz a cidadania daqueles debates.

REFERÊNCIAS

CAMARGO, Oswaldo de. **Entrevista de Oswaldo de Camargo** concedida a Mário Augusto Medeiros da Silva. São Paulo, 29 de julho de 2007.

LEITE, José Correia & Cuti. **... E disse o velho militante José Correia Leite**. São Paulo: Secretaria Municipal de Cultura, 1992.

O SENTIDO Humano da Mãe Negra. **Níger**, Associação Cultural do Negro, São Paulo, setembro de 1960. Microfilme MR/2714, Arquivo Edgar Leuenroth (AEL-Unicamp) microfilme MR/2714.

Esta obra foi composta em Arno Pro Light 13 e impressa em abril de 2022,
na gráfica PSI, em São Paulo, para a Editora Malê.